U0695425

多元融合下的
高校班级建设研究

靳祺 著

吉林文史出版社

图书在版编目（CIP）数据

多元融合下的高校班级建设研究 / 靳祺著 . — 长春：
吉林文史出版社，2025. 1. — ISBN 978-7-5752-0903-8

Ⅰ . G647.34

中国国家版本馆 CIP 数据核字第 2025VG0526 号

多元融合下的高校班级建设研究

DUOYUAN RONGHE XIA DE GAOXIAO BANJI JIANSHE YANJIU

著　　者：靳　祺
责任编辑：李　丽
出版发行：吉林文史出版社
电　　话：0431-81629359
地　　址：长春市福祉大路 5788 号
邮　　编：130117
网　　址：www.jlws.com.cn
印　　刷：定州启航印刷有限公司
开　　本：710mm×1000mm 1/16
印　　张：16.75
字　　数：240 千字
版　　次：2025 年 1 月第 1 版
印　　次：2025 年 1 月第 1 次印刷
书　　号：ISBN 978-7-5752-0903-8
定　　价：98.00 元

前 言

在当今世界，全球化和信息化的浪潮推动着社会各领域的深刻变革，高等教育也不例外。习近平总书记在党的二十大报告中强调："我们要坚持教育优先发展、科技自立自强、人才引领驱动，加快建设教育强国、科技强国、人才强国，坚持为党育人、为国育才，全面提高人才自主培养质量，着力造就拔尖创新人才，聚天下英才而用之。"[①] 随着文化的多元交融和技术的迅猛发展，高校教育面临着前所未有的挑战和机遇。特别是在班级建设和管理方面，多元融合已成为一个不可回避的重要议题。《多元融合下的高校班级建设研究》这本书便是在这样的背景下应运而生，旨在探讨如何在多元文化和技术快速发展的背景下，实施有效的班级建设和管理策略，促进学生的全面发展和社会融合。

本书全面分析了多元文化理论，探讨了如何将职业规划教育与班级建设相融合，以及如何利用数字技术优化班级管理和教学互动。书中不仅提出了高校班级建设的原则、目标及其在现代教育环境中的重要性，还详细讨论了多元文化背景下班级管理的策略，如何构建规范与灵活相结合的管理体系，以及创建开放和包容的班级氛围。作者从理论与实践的结合出发，提供了班级建设的多样化方法，包括参与主体的多元化、影响因素的

---

① 人民日报理论部. 大家手笔 [M]. 北京：人民日报出版社，2023：1.

多元化和班级建设方式的多元化。书中还着重讨论了数字技术如何帮助教师和学生更有效地交流和合作，以及如何通过现代信息技术丰富班级建设的方式。最后，本书深入分析了建立一个全面的班级建设评估体系的必要性和方法，强调了评估体系在确保班级建设策略有效性和持续优化中的关键作用。

　　本书的写作基于一个核心理念：高校班级不仅是学术学习的场所，更是社会文化交流和个人成长的重要空间。在多元化的环境中，班级建设必须超越传统的教学管理范畴，融入对学生多样化需求的深刻理解和对未来社会需求的前瞻性思考。因此，本书从多元融合的角度出发，详细分析了班级建设的理论与实践，提供了一系列创新的策略和方法，旨在帮助教育管理者和教师在多变的教育环境中作出适应和引导。通过研究多元融合下的班级建设，探讨如何在多元化和信息化的背景下，有效地进行班级管理和文化融合，从而促进学生的全面发展和提高其社会融合能力。这不仅增强了学生的社会融合能力，还有助于提升学生的国际视野和跨文化交流能力，也符合国家对于高等教育国际化和现代化的追求。

　　通过以上的系统论述，本书不仅提供了理论指导，也提出了实践中的具体步骤和策略，旨在为高校班级建设提供全面而深入的指导和参考。我们期待本书能够激发更多的教育工作者和学者对高校班级建设的关注和研究，共同推动教育的创新与发展。

　　由于时间、水平有限，书中难免存在疏漏之处，恳请广大读者批评指正，以便我们在未来的研究中不断完善和提高。最后，我们相信，这本书将为您带来新的思考和启示，为您的事业和生活带来更多的帮助和指导。

靳祺

2024 年 5 月

目　录

第一章　多元融合下高校班级建设理论探究

第一节　多元文化综述

一、多元文化的内涵

多元文化作为一个概念，自 20 世纪初在美国首次提出以来，就围绕其内涵和影响展开了广泛的学术和政策讨论，并逐渐演化成一个全球性的讨论话题。这一概念的核心在于承认和尊重由不同地理环境、人口流动、民族分布等多种因素所塑造的文化多样性。正是这些因素综合作用，使得各个国家和地区呈现出丰富且复杂的多元文化局面。在实践层面，多元文化政策旨在支持和鼓励各种族或族群发展和保留自己独有的文化传统和风俗习惯。这种政策的实施不仅表现为对存在差异的文化群体的认可，更重要的是提倡尊重和理解这些文化间的差异，从而促进社会的和谐与整合。多元文化强调各民族文化的独特性，其关键在于世界不同文化的对话与沟通。各民族文化的独特性构成了一个国家多元文化的基础。以中国为例，五十六个民族的多样性构建了中华民族的独特文化景观。这种文化多样性源于各民族在风土习俗、生活环境及思维方式等方面的差异。在中国共产党的领导和兼容并蓄的原则指导下，各民族文化得以相互尊重和包容，实现了共同繁荣发展。这种文化的相互尊重和融合，促进了国家多元文化框架的形成和发展，使得我国的多元文化展现出丰富多彩的特色。

随着时间的推移，尤其是在 20 世纪 60 年代之后，多元文化的讨论变得更为深入，其定义也随之扩展。学者们指出，多元文化不仅关乎不同民族或种族间的文化差异，同样适用于不同地理区域或不同类型的文化群体之间的多样性。这种扩展的定义强调了文化多样性的普遍性和复杂性，将文化多元性视为一个普遍的社会现象，这不仅包括语言、宗教、艺术、传统等领域，也涵盖日常生活实践。这种理解强化了对文化差异深层次理解的重要性，表明文化多样性跨越了社会的多个层面，是我们共同生活世界的一部分。1995 年，联合国教科文组织在澳大利召开了"全球文化多样性大会"（Global Cultural Diversity Conference），该组织提交给大会的报告对"多元文化"之内涵做了如下总结：多元文化包含各族群平等享有"文化认同权、社会公平权及经济受益需求"(the right to cultural identity, the right to social justice and the need for economic efficiency)。①

多元文化格局的发展受到多种因素的影响，信息技术进步加速了国与国之间的交流，导致不同国家的文化不断交融和碰撞，这种文化互动在一定程度上对本土文化产生了影响。在这一背景下，本土文化的有序发展与外来文化的影响之间的平衡显得尤为重要。因此，我们需要采取一种辩证的态度来看待国际文化的交流和融合。这意味着在强调本土文化的保护和发展的同时，也应关注和管理外来文化的渗透。尤其是在全球化日益加深的今天，文化之间的交流带来了丰富的文化成果，也带来了对本土文化的潜在冲击。在文化交流的过程中，我们既要认识到各国文化交流所取得的积极成效，也要警觉于这些交流可能对本土文化造成的冲击。为此，应该及时甄别和筛选外来文化中的价值观，尤其是那些可能侵蚀本土文化的元素。对于那些可能瓦解本土社会道德基础的外来文化内容，我们应该坚决抵制，并采取措施防止其负面影响。

我国对多元文化的研究始于 20 世纪 80 年代，主要从教育的角度探讨这一主题。作为一个多民族国家，中国特别关注各个民族独有的文化特征及不同民族间的文化交流与碰撞。这些文化交互作为研究多元文化的切入点，揭示了文化多样性的复杂性和丰富性。研究重点包括如何通

---

① 李明欢."多元文化"论争世纪回眸 [J]. 社会学研究，2001（3）：100.

过教育推广对多元文化的理解，以及如何在尊重各民族文化特色的基础上促进文化的交流与融合。社会学家费孝通先生认为中华民族是多元一体的格局，即它既具有多元性，又具有一体性。[①] 他把文化的多元与民族的多样共存相融合，提出"中华民族多元一体格局"理论，这一理论强调文化与民族之间的平等与团结，以及国家统一与民族文化多样性的和谐共处。这种思想不仅深化了对我国民族关系的理解，也成为教育研究领域的指导思想和理论基石，指引着我国教育的高质量发展。

纵观中西方对"多元文化"的解读，在理解"多元文化"的内涵时，核心在于把握两个基本要素。一是文化具有明显的群体性特征，每个民族在其发展历程中形成了独特且难以改变的文化属性，这种属性凸显了文化的"存异"性。文化的这一特性强调保持文化差异的重要性，认为文化的多样性是民族和文化自身鲜明个性的体现。二是从更广阔的历史视角来看，不同文化之间的交流与互动一直是推动社会进步的重要力量。在一个国家乃至全人类的发展历程中，各种文化经常处于相互影响和相互吸收的状态。这种文化的"求同"性不仅促进了不同文化之间的融合和共生，还保障了国家和民族的稳定与发展。

多元文化是一个涵盖广泛的概念，它既指一个国家内部本土文化的多样性，也包括通过国与国之间的文化交流而形成的不同文化的相互作用和融合。它还指在一个国家中，本土文化与外来文化并存并发展的情况。在理解和应对多元文化时，重要的是以主流文化作为引导，识别和吸纳各种文化中有益的元素。在文化的发展和融合中，应注重保持文化多样性，鉴别那些能够促进社会和谐与文化丰富的部分，而去除可能不利于社会和谐发展的元素。

---

① 袁旭阳.浅析费孝通"中华民族多元一体格局"的形成 [J].黑龙江史志，2015（13）：19.

二、多元文化的组成

多元文化交流是一个促进不同文明互学互鉴、共同进步的过程。随着全球化的加速，各国文化的互动变得越来越频繁，这种交流不仅丰富了本土文化的表达和内容，也不可避免地对本土文化产生了深刻的影响。这种影响扩展至多个领域，特别是在高等教育中，对班级建设带来了新的挑战和机遇。在这种背景下，深入分析文化的多样性成分，成了理解和应对多元文化影响的关键，这些文化组成元素在历史的长河中形成了独特的文化景观。通过系统地分析这些文化要素，可以更好地理解本土多元文化的核心价值和特性。对于高校班级建设而言，了解和利用这种文化多样性，可以使高校更有效地设计和实施班级建设，以适应文化多样性带来的新要求。我国多元文化的组成元素如图1-1所示。

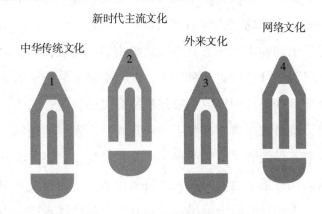

图1-1　我国多元文化的组成元素

（一）中华传统文化

中华传统文化，作为一种历经数千年的文化积淀，代表了中国地域内由中华民族及其祖先所创造并代代相传的文化遗产。这一文化体系在思想文学、风土民俗及众多其他领域中展现了其深厚的历史根基和独特的民族性。它不仅是中华民族的独特文化瑰宝，更是中华民族精神与智慧的体现。中华传统文化的特点在于其深刻的群体性和历史性，这种文化通过琴棋书画、医学、文学思想、建筑、风俗等多个领域的长期发展，形成了一种独有的、丰富多彩的文化体系。它在漫长的发展过程中不断融合吸收，也在不断地传承和创新之中推陈出新，展示了一种动态的文化发展模式。

在中华文化中，尤其突出的是其优秀的传统文化。这些文化不仅积累了五千多年的历史宝贵财富，还孕育了"民为邦本""革故鼎新""任人唯贤"等核心理念，以及"精忠报国""舍生取义"等高尚精神。这些文化和精神理念在塑造中华民族的性格、特征和思维方式中起到了决定性的作用，它们不仅构筑了中华民族的共有精神家园，也为中国人提供了安身立命的根基。中华传统文化在当代中国社会的发展中仍发挥着重要的作用。它是中国特色社会主义文化的坚实基础，也是中华民族在全球化时代背景下能够屹立不倒的文化根基。不过，中华传统文化在传承与发展的过程中同样需要注意其内部消极内容的处理，这些内容可能在某种程度上阻碍了社会的进步和发展。我们需要采取辩证的态度来审视中华传统文化，既要从中汲取能够促进社会发展和符合现代社会价值观的优秀内容，也要敢于摒弃那些不适应现代社会发展的糟粕。通过这样的过程，我们不仅能够保留和弘扬中华文化的精髓，还能够确保这些文化遗产在新时代背景下继续发挥其独特的价值，从而与社会主义核心价值观相结合，推动社会的全面进步，提升人民的整体素质，为实现中华民族伟大复兴提供坚实的文化支撑。

（二）新时代主流文化

主流文化是一个社会、一个时代由政府倡导，并被广大群众所认同的文化。① 当下中国的主流文化是指新时代中国特色社会主义文化。这一文化体系具有先进性、人民性、时代性和民族性四个基本特点。

1. 先进性。这种先进性要求文化发展必须坚持马克思主义的指导地位，通过马克思主义的立场、观点和方法来研究和指导文化的发展。马克思主义为文化的发展提供了科学的理论基础。这意味着，在文化的各个方面，无论是艺术、文学还是教育，都必须贯彻马克思主义的基本理论，尤其是其关于社会发展和人类解放的核心思想。通过这样的理论指导，可以确保文化活动和文化产出不仅反映出时代的进步性，还能推动社会主义现代化建设的深入发展。

新时代主流文化先进性的核心在于坚持文化的社会主义先进性，确保文化发展方向和社会主义现代化建设保持一致，以确保文化的科学性和先进性得到体现。坚持文化的社会主义先进性，意味着文化发展必须与社会主义现代化建设同步推进。这不仅要求文化内容要与社会主义核心价值观相契合，还要求文化形式和传播方式要符合社会主义社会的基本要求。

2. 人民性。新时代主流文化的人民性标注了文化建设的核心导向，即文化必须服务于人民，回应人民的需求，这是社会主义文化发展的根本目的。人民性的核心在于把人民的福祉和需求作为文化发展的出发点和落脚点，确保文化活动和文化政策的设计、实施都紧密围绕满足人民群众日益增长的精神和文化需求展开。这意味着文化产品和文化活动应当反映人民的实际生活和精神追求，体现人民的价值观和审美趣味。通过这样的方式，文化不仅能得到人民的广泛认同，更能促进文化的深入人心，发挥其教育和启迪的作用。

人民性要求文化的发展方向和政策调整必须符合国家的实际情况，

① 肖铮，张志雄．文化自信与新时代中国现代化发展理念研究 [M]．厦门：厦门大学出版社，2021：167．

这包括考虑经济社会发展水平、人民的基本需求和长远利益。例如，随着社会的进步和科技的发展，人们对于文化产品的形式和内容也在不断变化，这就要求文化建设能够适应这种变化，不断创新和完善。人民性也强调文化的社会责任，文化不仅要传递知识和信息，更要承担起教化和引领的职责。这就要求文化工作者和文化机构在创作和传播文化产品时，必须承担起社会责任，传播积极向上的价值观念，引导公众形成正确的世界观、人生观和价值观。

3. 时代性。时代性要求文化建设与国家的发展同向而行，反映出时代的特征，并促进了文化自信和国家文化软实力的提升。这一特点使得文化不只是历史的传承，更是创新的驱动力，必须不断进行创新和调整，以适应不断变化的国际形势和国内发展的需要。时代性要求文化必须与时俱进。这意味着文化内容和形式都应当反映现代社会的特点和趋势，这不仅是对传统文化的现代解读和再创造，也是对新兴文化现象的积极响应和引导。文化应当在保持传统精髓的基础上，吸收现代科技和艺术的新成果，通过这种方式来丰富文化的表达和提高文化的传播效率。

文化的时代性特点要求文化工作者和政策制订者不断进行创新。这包括艺术形式、文化传播机制及文化产业的运营模式等方面的创新，以确保社会主义文化能够适应快速变化的国际竞争环境。文化创新不仅能够满足人民群众日益增长的精神文化需求，也是推动社会整体进步的重要力量。

4. 民族性。新时代主流文化的民族性是指在全球化的背景下，文化发展应着重继承和发扬中华优秀传统文化，增强文化自信和提升本土文化的独特性。民族性的核心在于保持文化的根和魂，确保在国际文化交流中能够展示中华文化的独特价值，并有效地抵御不适宜的外来文化影响。在全球化快速发展的今天，各种文化在全球范围内流动和交融，带来了前所未有的文化多样性。这种多样性虽然丰富了世界文化景观，但同时也提出了保持文化民族性的挑战。对于中国而言，继承和发扬中华优秀传统文化不仅是文化自信的源泉，也是文化发展不可或缺的基石。中华文化，拥有深厚的历史积淀和独特的文化特质，从古至今影响着亿万中华儿女的思想和行为。

民族性要求我们对中华传统文化进行深入的挖掘与研究。这包括对传统哲学、文学、艺术、医学、科技等领域的传统知识和实践的全面理解。例如，儒家思想的仁爱观、道家的自然观和佛教的宽容观，这些都是中华传统文化中的精髓，对今天依然具有指导意义。民族性还要求我们在现代化的过程中，不断创新和发展传统文化。这意味着要在保持传统文化核心价值的基础上，适应现代社会的需求，使传统文化在新的社会条件下焕发新的生机。这种创新不仅是形式上的变革，更是内容和精神上的深化和拓展。

增强文化自信是民族性的重要组成部分。文化自信来源于对本民族文化价值和贡献的充分认识和自豪感。只有深刻理解中华文化的独特性和优越性，才能在全球文化交流中坚定地传播和展示中华文化，增强国家的文化软实力。同时，抵御不适宜的外来文化影响也是民族性的要求。在全球化的文化交流中，应有选择地吸收有益的外来文化元素，防止那些可能冲击或削弱本土文化核心价值的外来文化侵蚀。通过这种方式，可以确保中华文化的纯正和长远发展。

（三）外来文化

外来文化是指具有代表性的，能够反映西方主流价值观念的文化。在经济全球化和信息技术飞速发展的当代背景下，文化交流已成为一个不可逆转的趋势。这种广泛的文化交流为不同文化的相互影响和融合提供了前所未有的机会。特别是西方文化，通过各种媒介和渠道，其影响力在全球范围内不断扩展，包括对中国的深远影响。只是这种影响并非总是积极的，西方文化中的某些消极成分也通过同样的渠道进入中国，对国内的主流价值观构成了挑战。西方文化广泛的文化内容和形式在丰富中国文化生活的同时，也带来了一些挑战。其中最为显著的就是对国内社会成员的价值观、国家认同感、社会认同感与文化认同感的潜在侵蚀。这些影响表现在多个层面，如生活方式的模仿、价值观念的冲突及对传统文化的忽视等方面。因此，除了吸收外来文化优秀的方面，还要在增强国民辨别能力、提升国民文化素养上下功夫，同时要弘扬中华优秀传统文化，增强文化自信，筑牢主流文化的主导地位。一是增强国民的文化辨别能力。这意味着必须通过教育和公共传媒等手段，加强人们对本土文化和外来文化特点的了解，引导人们从批判的视角审视和接纳外来文化。二是提升国民的文化素养也至关重要。文化素养的提升不仅是知识的增加，更是对文化多样性的理解和尊重的培养。国民需要被教育认识到，任何文化都有其独特性和局限性，只有在充分理解和尊重这一前提下，才能正确处理文化差异带来的冲突和挑战。三是弘扬中华优秀传统文化，增强文化自信，是筑牢主流文化主导地位的关键。通过各种渠道（如教育、艺术、媒体等）来重新评价和推广中华文化的精华，可以有效地增强公众对本土文化的认同和自豪感。这不仅有助于构建坚实的文化自信，也有助于抵御外来文化中消极成分的影响。

（四）网络文化

网络文化，作为当代多元文化的重要组成部分，已经成为现代社会文化交流和文化创新的重要平台。网络文化内容广泛、样式丰富、载体先进、风格多样，是近十多年来发展最为迅速、影响越来越大的文化新形态。[①] 随着信息技术的飞速发展，尤其是互联网技术的普及，网络文化以其独特的形式和传播方式，对全球文化景观产生了深远的影响。这种影响不仅体现在文化内容的创造和分享上，更在于网络文化如何重塑人们的交流方式、生活方式及价值观念。

---

① 李腊生.网络文化与思想政治教育[M].武汉：武汉大学出版社，2023：3.

1.网络文化的核心特征之一是开放性。互联网作为一个开放的平台，彻底打破了传统文化传播的地理和时间限制。这意味着任何人都可以在任何时间和地点发布或获取信息，极大地丰富了文化的表达形式和内容。这种开放性使得来自不同文化背景的人们能够更容易地分享和交流自己的文化产品，从而促进了全球文化的互相理解和融合。只是这种无边界的文化交流也带来了一定的挑战，尤其是文化同质化的风险。在全球化背景下，强势文化，特别是西方主流文化，可能会通过互联网这一平台对边缘文化产生压制和同化的效应。这种文化影响力的不平等分布，使得一些小众或地方性文化在面对全球文化潮流时，可能逐渐失去其独特性和生命力。例如，地方语言和传统可能会因为缺乏足够的网络表现力而被边缘化，从而影响这些文化的传承和发展。

2.网络文化的另一个显著的特征是互动性。网络平台如社交媒体、论坛和博客等允许用户不仅是文化内容的接受者，也是内容的创造者和评论者。这种互动性极大地激发了普通用户参与文化创造的热情，推动了文化的快速发展。用户生成的内容（UGC）现已成为网络文化的核心组成部分，它展示了从个体到群体的创意和智慧，丰富了文化表达的多样性。不过，这种互动性同时也带来了隐私和网络道德等方面的挑战。例如，用户在创建和分享内容时可能无意中侵犯了他人的版权或泄露了私人信息，这些问题需要通过法律和网络规范得到妥善处理。网络文化的互动性不仅改变了文化交流的方式，也对现有的法律和社会规范提出了新的要求，需要社会各界共同努力以维护健康的网络文化环境。

3.网络文化体现了一种即时性，表现在信息传播的速度极快，使任何事件或现象都能迅速通过网络平台获得广泛传播和影响。这种特性极大地加速了信息消费的节奏和文化趋势的更迭，使文化现象在短时间内达到巨大的影响力。但即时性也带来了文化的一些负面效应，尤其是在文化深度和持久性方面。快速的信息流通可能使文化内容变得浮躁，缺乏足够的深度和反思，这对文化的长期发展和深层次的文化积累构成挑战。文化传承需要时间沉淀和世代间的交流，而网络文化的即时性可能削弱这种跨时代的文化交流和深入理解。这就需要我们警惕其可能带来的文化浅尝辄止的问题，探索如何在迅速变化的文化景观中保持文化的深度和丰富性。

4.网络文化的普及化是其另一个重要特征，表现为互联网技术的广泛接入，使得文化内容能够迅速且广泛地传播到社会的各个角落。这种普及化深刻影响了人们的生活方式和思维方式，无论在城市还是在农村，网络文化均已成为日常生活的一部分。这不仅在推动信息的快速流通和文化的广泛分享方面起到了积极作用，也使各种文化观念和生活方式得以快速传播和接受。不过，网络文化的普及化同时带来了数字鸿沟。这种鸿沟表现为不同社会群体在获取和利用网络资源方面的能力存在显著差异。尤其是在一些偏远地区或经济较弱的社区，由于基础设施的落后和教育资源的不足，居民在接触和利用网络文化方面面临较大困难。这种差异可能阻碍了文化资源的均等化分布，影响了网络文化潜在的整体积极效应。

三、多元文化的特征

（一）文化多样性

文化多样性是多元文化的一个核心特征，它涵盖了社会内不同文化的广泛存在和表达。这一概念不仅涉及各种文化的并存，还强调这些文化如何在相互作用中保持自身的独特性和活力。文化多样性在体现一个社会的复杂性和包容性方面起着至关重要的作用。通过多样的文化背景、语言、艺术形式、生活习惯等元素，文化多样性展现了一个社会的开放性和多维度。

文化多样性的存在为社会创新提供了丰富的资源。创新是社会进步的驱动力，而文化的多样性通过提供不同的思想和观念，为创新提供了必要的条件。这些不同的文化元素相互碰撞和交流，促进了新思想的生成和新观念的形成。例如，多种语言和表达方式的交融可以产生新的艺术形式和文学体裁，从而丰富人类的文化遗产。文化多样性还增强了社会的适应能力。在全球化迅速发展的当今世界，一个能够接纳和适应不同文化的社会更可能在全球竞争中保持优势。文化的多样化使得社会成员能够从不同的视角看待问题，增强解决复杂问题的能力。同时，多样的文化环境有助于培养社会成员的跨文化交际能力，这在多元化的国际环境中显得尤为重要。

文化多样性也是社会包容性和开放性的重要体现。一个文化多样性高的社会通常也是一个包容性强、开放性大的社会。这种社会能够尊重并欣赏不同文化之间的差异，促进不同文化群体之间的和谐共处。此外，文化多样性作为衡量一个社会文明程度的标准，反映了该社会对内在价值和外来影响的处理方式。在中国这样一个有着 56 个民族的国家，文化多样性尤为显著。各民族文化在地理环境、历史背景、生活习惯等方面的差异，共同构成了中国丰富的文化景观。这种多样性不仅体现在传统文化上，随着经济和技术的发展，新兴的文化形式如网络文化也正在成为影响社会的重要力量。网络文化作为现代信息社会的产物，它的即时性、互动性和普及性使得文化交流更加广泛和深入。

（二）文化交互性

文化交互性涉及不同文化之间的互动和交流方式，以及在全球化背景下文化如何相互影响和融合。这种交互性不仅有助于文化的传播和接受，还促进了文化的创新和发展。随着经济全球化的不断推进，文化交互性已成为推动民族文化和全球文化繁荣发展的重要因素。

1.跨文化交流是文化交互性的基本表现形式。不同文化之间的互动和交流方式极其多样，包括语言交流、艺术交流、教育互访、科技合作等。这些交流方式不只是文化传递的渠道，更是文化创新和融合的催化剂。通过这些互动，不同文化可以相互学习、相互启发，从而丰富各自的文化内涵。例如，通过国际艺术节、学术会议等活动，不同国家和民族的文化代表能够共享各自的文化成就，学习别国的优秀文化实践。

2. 全球化与文化融合是文化交互性的另一重要层面。全球化不仅推动了经济的交流，更加速了文化的全球流动。在这个过程中，文化融合成为不可避免的现象。文化融合通常涉及文化元素的互相借鉴和创新，这不仅使得全球文化景观更加多元，也促进了文化的深层次发展。然而，文化融合也带来了文化同质化的风险，可能导致某些弱势文化的消失。因此，如何在促进文化融合的同时保护文化多样性，是文化交互性中的一个重要议题。

3. 在文化交流的具体实践中，既需要推广本民族的文化，又要吸收外来的有益文化元素。这一过程应遵循平等原则，尊重每种文化的独立性和完整性。例如，在中国，推动文化"走出去"策略的同时，也积极"引进来"外国文化，以丰富国内的文化生态。这种文化交流不限于表面的文化展示，而是深入文化思想和价值观的交流与融合。中国特色社会主义文化在这一过程中发挥了主导作用，确保文化交流既符合国家发展的整体需求，又能促进全球文化的和谐与共生。

（三）文化平等性

文化平等性强调每种文化都具有独特性和内在价值，应受到平等尊重和保护。这一原则是多元文化共存的基础，确保文化多样性能够在全球化的背景下健康发展。文化平等性的推广不仅有助于维护社会和谐，还能促进文化之间的交流和理解，加深人们对不同文化价值的认识。

1. 文化平等性要求尊重每种文化的独特性和发展路径。每种文化都是其历史、地理和社会背景的产物，因此具有无可替代的价值和意义。在多元文化环境中，强调文化的平等性意味着认可每种文化对人类文明的独特贡献，并且给予每种文化平等的发展空间。这种尊重不仅体现在口头上，更应通过法律和政策来实现，确保所有文化都能在无歧视的环境中发展。

2. 尽管强调文化的平等性，但在具体实践中需要考虑到文化内容与国家主流价值观的一致性。多元文化中的文化并存必须符合社会的整体利益，与本国的主流价值观念保持一致。这并不是要求文化同质化，而是确保文化的多样性不会威胁到社会的稳定与发展。对于那些可能侵蚀本国主流文化或价值观的外来文化，需要通过合适的策略加以引导和调整，以促进文化的健康融合与发展。

3. 提倡文化平等性也意味着要强化对主流文化的保护和宣传。主流文化往往承载着国家的历史传统和民族精神，是塑造国家认同和社会凝聚力的核心。在多元文化的环境中，维护主流文化的地位不仅保障了国家的文化主权，还为不同文化之间的健康互动提供了基础。通过教育、媒体、公共政策等多种渠道，加强对主流文化价值观的宣传，是实现文化平等的关键。这种策略确保所有文化在相互尊重的基础上共同发展，促进了社会的和谐与文化的多样性。这样的措施不仅强化了国家文化的连续性，也为全社会的文化发展提供了坚实的基础和积极的引导。

4. 实现文化平等性的挑战在于如何平衡不同文化之间的利益与冲突，确保每种文化都能在公平的条件下发展，同时又不损害社会整体的利益。这需要政府、社会团体和文化组织等多方面的共同努力，通过对话和协商来解决文化差异产生的问题，制订科学合理的文化政策，推动社会的全面和谐发展。

（四）文化包容性

文化包容性涉及接纳外来文化、适应与整合多样文化及处理文化同化与异化的过程。在全球化加速的当代，文化包容性不仅是文化交流的必要条件，也是社会和谐与稳定的重要保障。

1. 接纳外来文化是文化包容性的首要表现。这一过程要求社会开放

多元融合下的高校班级建设研究

其文化边界，欢迎和接受不同的文化表达和实践。这种开放不仅促进了文化的丰富多彩，还增强了社会成员之间的理解和尊重。通过接纳外来文化，一个社会能够吸收新的思想和技艺，这对于文化创新和社会发展具有深远的意义。但这一过程也要求精心管理，以确保外来文化的融入不会破坏本土文化的核心价值和社会结构。

2.适应与整合多样文化是文化包容性的进一步体现。在多元文化社会中，来自不同背景的文化元素并存时，如何有效地整合这些文化，是实现社会和谐的关键。文化整合涉及在保留各自文化特色的同时，寻找共同点和相互尊重的平衡点。整合过程中，社会需要不断调整其文化政策和社会实践，以适应不断变化的文化景观。有效的文化整合能够促进不同文化群体之间的互信与合作，为社会带来更大的创新潜力和更强的凝聚力。

3.文化同化与文化异化构成了文化包容性的复杂动态。文化同化指的是较弱小或边缘文化被主流或占优势文化吸收的过程，而文化异化则涉及在多元文化交流中，某些文化特征得以保留甚至被强化。虽然文化同化有时可以促进社会统一和稳定，但过度同化可能会导致文化多样性的丧失。相反，文化异化虽然保护了文化多样性，但过度的异化可能阻碍社会整合。因此，如何在同化与异化之间找到恰当的平衡，是实现文化包容性的重要挑战。

· 16 ·

第二节　高校班级建设概述

一、高校班级建设的核心内容

（一）班级物理环境建设

班级物理环境建设涉及学生的学习环境，直接影响学生的行为习惯、情感发展及学习效果。一个良好的物理环境不仅能够提供必要的学习支持，更是塑造学生审美观念、情操培养和激发学生向上精神的重要因素。

班级物理环境的建设是指教室的空间规划与管理。这些环境应当保持整洁与卫生，因为一个干净的学习环境可以减轻学生的生理和心理负担，帮助他们更好地专注于学习和其他活动。同时，教室的布置也应体现出功能性与美观性的结合，使用温馨舒适的色彩和布局，以提升学生的心理舒适度和学习动力。

班级物理环境的美学设计对学生的审美教育和情操培养同样至关重要。环境中的艺术装饰、色彩搭配和绿化程度等都可以对学生的审美观念产生潜移默化的影响。通过环境中的艺术作品展示、墙面的文化画和精心设计的绿化植物，不仅美化了学习生活环境，也丰富了学生的文化生活，陶冶了学生的情操。班级物理环境的持续优化需要校方、教师和学生的共同努力。学校应提供必要的资金和政策支持，教师和学生应参与环境优化的实践，比如通过定期的环境卫生检查、学生自主管理小组等方式，共同维护和改进学习生活环境。

（二）班级制度建设及日常管理

班级制度建设及日常管理是高校班级建设的重要内容，它们为建构和谐班级、凝聚班级人心提供了根本保障。通过制订合理的制度和有效的管理策略，高校可以为学生创造一个有利于学习和个人成长的环境，同时促进学生的社会适应能力和团队合作精神。

班级制度的建立和完善需要依据学生的特点和班级人员构成的具体情况。一个有效的班级制度应涵盖班级建设、管理、团学活动等多个方面，确保各项活动有序进行。制度的设计应考虑到促进学生自主管理的同时，也要兼顾指导和监督的必要性，以保持班级活动的效率和效果。在班级制度建设方面，应当制订明确的班级角色分配和责任体系，如班长、团支部书记等职务的职责和选举方式，这些都是班级管理的基础。班级管理制度的完善，则涉及日常的纪律管理、学习监督和心理健康关怀等方面。制订合理的出勤、考勤制度，明确课堂纪律和作业要求，对于维护教学秩序和提高学习效率至关重要。此外，应关注学生的心理健康和适应问题，通过定期的心理健康教育和辅导，帮助学生有效管理学习和生活压力。

团体活动制度的创新则是班级制度创新的重要方面。通过设计富有创意和吸引力的团体活动，不仅可以增强学生的班级归属感，还可以激发学生的创新能力和实践能力。例如，可以组织主题性强、参与度高的项目，如社会服务、科研竞赛和文化交流等，使学生在参与中学习和成长。班级日常管理的有效性直接影响制度执行的效果。因此，日常管理需要强调透明度和公正性，确保所有学生都清楚自己的权利和义务。管理过程中应采用合理的激励和惩戒措施，如表彰优秀个人和团队，对违纪行为进行适当的惩罚，以维护班级秩序和激励学生遵守规章制度。

（三）班级文化建设

1.班风建设。班风建设是高校班级文化建设中的核心环节，它直接关系班级整体的氛围和效能，以及学生的个人成长。良好的班风不仅是班级建设的奠基石，也是一种无形的教育力量，能够深刻影响学生的思想和行为，从而对班级的凝聚力和发展起到关键作用。

（1）班风建设的基础在于加强集体意识。通过强化集体观念，可以培养学生对班级的自豪感和责任感。这种自豪感和责任感是班风建设的起点，是激发学生积极参与班级活动的动力源泉。为此，班级领导需通过不断沟通与引导，建立一种正面的集体舆论环境，使学生能够在日常互动中体验到团结协作的价值和乐趣。

（2）明确的班级奋斗目标是班风建设的支柱。设定具体且实现可能的班级目标，不仅能够指导学生的学习和行为，还能增强学生对共同目标的认同感。班级目标的制订应充分考虑学生的需求和意见，确保目标具有挑战性和吸引力。一旦目标被确定，它应成为学生日常学习和活动的导向，鼓励学生为之共同努力。

（3）班风建设需制度化和科学化。制度化的班风建设意味着要有一套完整的规章制度来支撑，这些规章制度应以学校的校规校纪为基础，确保班风的建设有据可依。班风建设应围绕学风进行，因为学风的优良直接反映了班风的成效。因此，应通过定期评估和调整学习策略、优化学习环境等方式来持续改善学风。

（4）班风的形成需依靠班级组织的各项活动。班级活动是学生展示创新能力和实践能力的舞台，同时也是增强班级凝聚力的有效途径。通过组织多样化的活动，如学术竞赛、文化节、社会实践等，不仅可以丰富学生的校园生活，还能增强学生的团队协作能力和集体荣誉感。

2.进行学风建设。学风建设是高校班级文化建设中的核心环节，它不仅反映了一个班级的学术氛围和学习态度，而且是提高学生整体素质的基础。学风是一个班级的灵魂，良好的学风是提高学生整体素质的前提和保证。良好的学风能够激励学生追求卓越，促进其全面发展。

（1）班级学风的建设需要依靠一支素质过硬的班级干部队伍。班干部的选拔应注重思想品质、学业成绩和奉献精神，确保选出能够带领班级向好的方向发展的领导者。班干部不仅是学风建设的组织者，更是师生互动的纽带和桥梁，他们应树立强烈的责任感和正确的服务意识，以身作则，引领班级形成积极向上的学习氛围。

（2）班级内部应该营造一个良好的学习环境。通过成立学习小组和实施"互帮、互助、互教、互学"的策略，可以增强学生之间的学习合作，尤其是对学习有困难的学生，应通过组织成绩较好的学生进行辅导，从而促使全班同学共同进步。维护课堂纪律和加强考勤也是学风建设中不可忽视的方面。对于经常缺席的学生，应采取必要的监督措施，并及时与辅导员沟通，确保学生能够参与所有教学活动。

（3）学风建设需通过一系列与学习相关的活动来加以强化。班委会应积极策划和组织各种学术活动，如班级竞赛、学习经验交流会等。这些活动不仅可以增加学生的学习兴趣和动力，还能提供一个展示学习成果和交流学习经验的平台，进一步增强学生的学习动力和班级的学术氛围。

3. 班级凝聚力建设。凝聚力是任何一个单位或组织发展的动力之源。班级凝聚力建设是高校班级文化建设的关键组成部分，它直接影响班级的稳定性和发展潜力。在多元化和信息化迅速发展的当代社会背景下，不同思潮的涌现对大学生的思想和行为产生了复杂影响，因此，通过明确的目标设定、激发学生的主体性及加强学生干部队伍建设等多方面努力，共同构建一个团结向上、积极健康的班级文化环境，形成强有力的班级凝聚力成为确保学生健康成长和促进其全面发展的必要条件。

（1）建立有利于增强班级凝聚力的班级建设目标至关重要。这些目标不仅要反映班级的具体需求，还应与高校的教育目标和社会发展需求相一致。班级建设目标应聚焦于促进学生的健康成长与全面发展，包括学术成就、人格形成和社会责任感等方面。为此，需要在班级成员中树立团结协作和共同进步的集体意识，鼓励学生积极参与班级和院系的集体活动，从而在日常互动中形成支持和激励的环境。

（2）发挥大学生在班级文化建设中的主体作用是提升班级凝聚力的关键。作为班级文化建设的主力军，大学生的文化活动、价值观念和行为模式共同构成了班级的文化特色。因此，高校应充分调动学生的积极性和创造力，尊重学生的意见和需求，使他们在班级管理和文化建设中发挥更大的作用。这不仅能增强学生的归属感和自我价值感，还能通过学生的直接参与，使班级文化更加贴近学生的实际需求和发展趋势。

（3）加强班级学生干部队伍的建设是增强班级凝聚力的有效途径。学生干部作为班级的领导核心，他们的行为和风范在很大程度上决定了班级风气和文化的方向。因此，选拔富有责任心和组织能力的学生担任班级干部，对他们进行定期的培训和考核，可以确保他们能在班级凝聚力和文化建设中发挥积极和稳定的引领作用。

4."精神港湾"建设。在高校班级文化建设中，"精神港湾"的构建是一个关键环节，它不仅是学生在思想和精神上的寄托地，也是他们情感和心理支持的核心空间。这一概念强调为学生创造一个安全、支持性强的环境，使之成为学生在校期间共同的"家"。精神港湾的建设涉及心理知识辅导、心理环境营造及受挫能力的培养等多个方面，每个环节都对学生的心理健康和个人发展至关重要。

（1）加强心理知识辅导是精神港湾建设的基础。随着高校学生面临的学术和生活压力日益增大，心理问题逐渐显现，因此，提供专业的心理知识辅导成为必要。通过定期的心理健康教育和辅导活动，不仅可以帮助学生了解和管理自身的情绪，还可以增强他们的自我意识和心理调适能力。心理辅导应注重理论与实践的结合，通过工作坊、讲座、小组讨论等形式，使学生能够在实际操作中学习如何处理人际关系和应对压力的技巧。

（2）营造和谐向上的班级心理环境对于精神港湾的建设同样重要。

一个积极健康的班级环境能够有效地提高学生的整体心理健康水平。这需要班级管理者和教师共同努力，通过建立开放、包容和支持的班级文化，鼓励学生之间的正向互动和相互支持。此外，通过组织团队建设活动和增强班级凝聚力的活动，如户外拓展、班级聚会等，也有助于加强学生之间的情感联系，共同营造一个温馨的学习和生活环境。

（3）锻造学生的受挫能力是精神港湾建设中不可忽视的一环。现代大学生虽然具有较高的学术能力和创新精神，但在面对挫折和失败时往往显得心理脆弱。因此，高校应通过系统的心理教育和实践活动，帮助学生建立正确的挫折观，教授他们如何积极面对并克服困难。这不仅涉及心理辅导的常规开展，还包括通过模拟挑战活动、失败和成功的分享会等形式，让学生在实践中学习如何调整心态和策略。

二、新时代高校班级建设的特点

（一）在培养行为能力的基础上注重素质拓展

在高等教育中，班级作为大学生成长成才的关键环境，长期以来一直是实现教育目标的基本单元。传统高校班级建设注重培养学生的行为能力，强调规范性和实践性，以适应国家对实用型和应用型人才的需求。这种教育模式在一定程度上确保学生能够获得必要的职业技能和行为规范。但随着经济社会的快速发展和文化环境的变化，单一的行为能力培养已难以满足现代社会对高素质复合型人才的需求。因此，班级建设的重点逐渐转向于行为能力培养的基础上，更加注重学生的素质拓展。

行为能力的培养主要集中在增强学生的实际操作能力和规范其社会行为。这包括但不限于组织纪律性、团队协作能力及基本的职业技能等。这些能力的培养为学生的职业生涯提供了基础技能的支持。但当前社会对大学生的要求已经不局限于具体的技能或行为规范，更加强调创新能力、批判性思维、人际交往能力及跨文化沟通能力等综合素质。因此，班级建设的新格局要求将素质拓展作为教育的重要组成部分。通过开展各类素质拓展活动和训练，如领导力训练、创新思维培养、公共演讲、艺术创作等，高校旨在培养学生的多元能力，从而提升他们的综合素质。这种教育模式不仅促进学生在专业技能上的成长，更重要的是促进其在社会认知、情感表达和价值判断等方面的全面发展。

另外，面对全球化带来的文化多样性和价值观的多元化，班级建设中也必须包含对学生进行国际视野和文化敏感性的培养。这包括对外来文化的理解和接纳能力的提高，使学生能够在日益全球化的环境中更好地适应和发展。信息技术的迅猛发展要求在班级建设中融入信息素养教育，如网络文化理解、信息筛选分析能力等。这些都是现代社会特别重视的能力，也是当前高校班级建设中不可忽视的部分。

（二）体现人文关怀

新时代的班级管理已从以往的行政命令式向更加人性化的管理模式转变。这种转变不仅响应了多元文化背景下的教育需求，也体现了教育管理理念的进步，特别是在强调尊重、理解和宽容的教育环境中，人文关怀的特点尤为突出。

人文关怀在班级建设中的体现，一是对学生主体性的重视。在传统的班级管理中，学生往往处于被动接受的位置，管理方式多以辅导员和班干部的行政命令为主。但这种方式往往忽视了学生的个性需求和心理感受，不能有效激发学生的主动性和创造性。现代高校教育强调将学生置于班级建设的中心位置，认为学生是班级的真正主人。这种观念的转变要求管理者在班级建设中采取更多的引导与服务方式，而非简单的命令或强制。二是现代高校班级建设中的人文关怀体现在建立更加平等和谐的师生关系。高校广泛采用沟通、对话、协商等方式，代替以往的单向命令传达方式。通过这些互动性强的沟通方法，师生之间能够建立起相互尊重和理解的关系，这不仅有助于解决学生在学习和生活中遇到的问题，也促进了师生关系的和谐，增强了班级的凝聚力和向心力。三是人文关怀体现在对学生个体差异的尊重和包容。在多元文化的背景下，学生的背景、价值观念和行为方式存在较大差异。高校班级建设中强调对这些差异的理解和尊重，通过个性化的教育策略来应对不同学生的特定需求。这种策略不仅有助于学生的个性发展，也使得班级管理更加人性化，更能体现现代教育的精神。四是人文关怀体现在班级管理中加强心理健康教育和支持。随着学生心理问题的日益凸显，高校更加重视心理健康教育的普及和心理辅导的提供。通过建立完善的心理辅导机制和定期的心理健康教育，不仅可以及时发现和解决学生的心理问题，也有助于营造一个支持和关怀的学习环境。

（三）以学生为主体，强调自我管理

学生是班级的真正主人，是班级建设的主力军和生力军，离开他们班级建设便无从谈起。真正的集体并不是单单聚集起来的一群人，而是具有一定共同目标的集体。这涉及激发学生的主动性、创造性和责任感，将他们从被动的接受者转变为班级建设的积极参与者和决策者。

传统的班级管理往往是上层决定、下层执行，学生在这种结构中通常扮演较为被动的角色。教师和辅导员通过指令和规定来维持班级秩序，学生的主体性和创造性往往被忽视。然而，随着社会多元化的发展和个体意识的觉醒，学生们开始意识到自己在班级中的重要性，也越发渴望在班级事务中发挥主导作用。在以学生为主体的班级建设中，学生的主人翁精神被大力倡导和鼓励。学生不仅参与班级决策和活动策划，更在日常管理和长远规划中担当重要角色。通过这种方式，学生能够发展自我管理的能力，包括设定个人和集体目标、管理时间和资源及解决班级内外的问题。

实现这一目标，需要教育管理者进行一系列的改革和尝试。学校应当提供必要的培训和资源，帮助学生了解自我管理的原则和技巧。学校应当鼓励和支持学生发起和实施各类项目，从学术研究到社会实践，从

文化活动到公共服务，这些都是学生展示自我管理能力的舞台。学校和教师需要创造一个开放和包容的环境，允许学生在尝试和错误中找到最适合自己的成长路径。通过实践中的不断尝试和调整，学生可以逐步建立起自信和自主性，为未来的社会生活和职业发展奠定坚实的基础。

（四）对学生进行多元评价

学生评价是班级建设的重要内容之一，对学生融入班级具有极其重要的导向、激励和推进作用。[①] 传统的学生评价体系往往侧重于量化指标，如考试成绩、参与活动的频率及奖项等，这种单一的评价方式虽然在某种程度上保证了评价的客观性和简便性，但却忽略了学生的多样性和个体差异，未能全面反映学生的综合素质和能力。随着新时代的教育改革，以及多元文化背景下对复合型人才需求的增加，更为全面和多维度的学生评价系统应运而生。这种新的评价系统旨在通过更广泛的评价维度来激发学生的潜能，促进其全面发展。

第一，多元评价体系要扩大评价的维度，不仅关注学生的学术成绩，更加重视学生的创新能力、批判性思维、社交能力、领导力及道德情操等非学术领域的表现。例如，可以通过团队项目、领导力训练、社会实践和志愿服务等多种方式，评估学生在实际操作中的表现和在解决复杂问题时的能力。

第二，评价方法应从传统的自上而下单向评价转向包含自评、互评和师评的 360 度全方位评价。这种评价方式能够更全面地收集关于学生表现的信息，帮助学生从不同角度了解自身的优势和不足。自评鼓励学生进行自我反思和自我监控，互评则促进学生之间的交流和相互学习，师评则提供专业的反馈和指导。

---

① 成荷萍. 多元文化背景下高校班集体现状及特点探析 [J]. 中南林业科技大学学报（社会科学版），2014（1）：156.

第三，多元评价应重视过程评价与结果评价的结合。传统评价往往侧重结果，如最终的考试成绩或项目成果，而忽视了学习过程中的努力和进步。过程评价强调记录和分析学生的学习过程，关注学生如何通过努力达到最终目标，这有助于培养学生的学习动机和持久兴趣。

第三节　职业规划教育与班级建设的融合分析

职业生涯规划涉及对个人职业道路的详细规划与安排，旨在实现职业发展的成功与个人满足感。而班级管理不仅关注学生在学术知识和技能上的培养，也强调情感、认知和行为方面的全面发展，以此提高学生的综合素质，这种全方位的发展是学生将来职业及人生走向成功的基石。职业生涯规划融入班级管理，意味着将职业指导和规划纳入日常教育活动，帮助学生在日常学习和生活中便能考虑和规划未来的职业道路。这包括提供职业咨询服务、组织职业发展研讨会、实施职业兴趣测试及邀请行业专家进行职业生涯指导等。通过这些活动，学生能够更早地了解不同职业领域的需求与挑战，对未来的职业选择和职业发展有一个明确的规划和准备。同时需要特别强调实践机会的提供，如实习、项目研究和行业参观等，这些都是职业技能发展的重要环节。通过参与实践活动，学生不仅能够将理论知识应用于实际，还能够在实际工作中继续探索和确认自己的职业兴趣和职业方向。

一、职业素养培养与班级活动结合

在现代高校教育中，班级管理的核心目标之一是提升学生的综合素质及职业素养，使其不仅在学术领域取得成功，也能在职业发展中展现竞争力和适应性。为了实现这一目标，将职业素养培养与班级活动有效结合不仅能够加强学生的职业相关技能，还能够提高其对未来职业环境的适应能力和创新能力。

　　第一，职业素养的培养需要教育者在班级管理中设计和实施一系列与职业发展密切相关的活动。这些活动的主要目的是为学生提供实际的职业技能训练及深入了解各种职业环境。通过组织职业素养工作坊和专题讲座，学生不仅可以获得必要的职业知识，更重要的是这些活动通过促进互动和开展讨论，极大地增强了学生的批判性思维和问题解决能力。可以邀请行业专家和资深职场人士来校分享他们的经验和见解，为学生提供从业指导和职业规划的第一手资料。

　　通过系统的职业素养培养活动，学生不仅提升了具体的职业技能，也在更广泛的层面上发展了解决复杂问题的能力，这对于他们未来无论是继续深造还是直接进入职场都具有极大的帮助和影响。这些职业素养活动还应包括案例分析、角色扮演和模拟面试等互动环节，使学生能在模拟的职业环境中应用所学知识，提前体验真实工作场景的挑战。通过这样的实践活动，学生可以更好地理解职业角色，提升自身的适应性和灵活性，从而更加自信地迎接职业生涯的各种挑战。

　　第二，班级活动中的职业素养培养可以通过模拟职场的班级活动来实现。这类活动通过创造一个与真实工作环境相似的场景，使学生能够在安全且受控的环境中学习和练习必要的职业技能。具体而言，模拟职场项目通常涉及分配给学生的实际工作任务，如项目管理、客户服务、产品设计等，这些任务要求学生应用他们在课堂上学到的理论知识。通过参与这些模拟职场活动，学生不仅可以加深对专业知识的理解和应用，更重要的是，他们能够在实践中学习如何在团队内有效沟通和协作。这些活动强调团队成员之间的沟通技巧、合作态度和领导能力，这些都是职场上极为重要的素质。同时，学生也会面临与现实工作环境中类似的冲突和挑战，学习如何在压力下寻找解决方案，以及如何进行时间管理和资源分配。

　　模拟职场的活动还特别强调职业道德的培养。学生在完成任务的过程中需要遵守一定的职业道德规范，如诚实、责任、公平和尊重等，这些都是职场成功的关键因素。通过这种方式，学生不仅学会了技术技能，也在道德和伦理上得到了锻炼。最终，通过这些精心设计的模拟职场活动，学生可以获得一次宝贵的"预演"职业生涯的机会。这不仅使他们在理论和实践中都得到了充分的准备，而且帮助他们建立了自信，明确了职业发展方向，为未来进入真实职场环境打下坚实的基础。

第三，班级活动中的企业实践助学基地实习活动为学生提供了宝贵的职业发展实践机会。这些基地与各种企业和行业建立了密切的合作关系，旨在通过实践学习桥接学术与职业领域之间的差距。通过在这些基地进行实习、访学和接受就业指导，学生能够获得直接从事行业工作的经验，这不仅增强了他们的职业技能，还深化了对所学专业在实际工作中应用的理解。

在企业实践助学基地中，学生有机会进入真实的工作环境，从而直接面对职业发展过程中的各种挑战与机遇。这种经验使学生能够更加深入地了解特定职业的需求、工作流程及行业标准，也帮助他们识别和培养解决实际问题所需的关键技能。例如，通过参与项目管理、客户服务和技术操作等任务，学生可以在导师的指导下学习如何有效地管理时间、协调资源和优化工作流程。更重要的是，这些实践经历不限于技能的积累，还包括职业素养和道德的培养。学生在与同事和客户的互动中，需要运用他们的沟通技巧和团队协作能力，也需要展现出职业责任感和伦理标准。实践基地经常提供职业规划研讨会和职业导师一对一辅导，帮助学生根据自己的兴趣和职业目标制订更为明确和实际的职业路径规划。

第四，在设计高校班级活动时，考虑到职业发展的多样性至关重要，因为它不仅反映了市场需求的广泛性，也体现了教育对学生个体差异的尊重和支持。通过提供覆盖多个行业和领域的职业探索活动，教育者可以为学生打开一扇窗，让他们洞察各种可能的职业路径，这不仅能够满足他们当前的职业兴趣和需求，还能激发他们对未知和新兴职业领域的好奇心和探索欲望。例如，班级活动包括职业日、行业专家讲座、实地考察等，每一项活动都可以围绕不同的行业展开。这样的安排使学生能够从多角度了解各行业的工作内容、职业前景及所需技能。通过与行业专家的直接交流，学生可以获得宝贵的第一手行业信息和职业建议，增强他们的行业敏感性和职业适应性。通过实施这些多样化的职业探索活动，高校不仅能帮助学生构建起广阔的职业视野，还能促进学生的自我发现和职业成长。

二、职业生涯规划与主题班会相结合

职业生涯规划与班级管理活动中的主题班会相结合，不仅能有效地向学生传递职业规划的重要性，还能创造一个互动性强的环境，激发学生对未来职业生涯的思考和规划。主题班会作为一种常规的班级活动形式，提供了一个平台，让学生能够在辅导员的引导下探索职业发展的各种可能性。

第一，通过主题班会宣传职业生涯规划知识和相关政策，学生可以接触到关于职业市场的最新信息，包括各行各业的发展趋势、不同职业角色的具体要求及职业路径的广泛多样性。这种信息的普及和讨论对学生的职业规划具有重大的指导意义，帮助他们形成对未来职业世界的清晰认识和理解。在主题班会中，辅导员和教师可以利用多种资源，如行业报告、专业人士的见解及成功案例，向学生展示各种职业的现实情况。学生不仅能了解这些领域的职业需求，还能探索与自己学科背景和兴趣相符的职业机会。

第二，辅导员在主题班会中引导学生进行职业发展的自我探索和职业定位讨论，这是帮助学生了解和确认自己的职业兴趣、技能和潜力的关键环节，对于学生未来的职业规划和决策具有深远影响。

通过自我探索活动，学生可以系统地分析和评估自己的兴趣和能力，这些活动包括职业兴趣测评、职业故事分享、角色扮演等。例如，职业兴趣测评能够帮助学生识别与其个性和兴趣相匹配的职业领域；职业故事分享则提供了来自实际工作环境的第一手经验，使学生能从中观察不同职业的日常生活和挑战；角色扮演活动则让学生身临其境地体验特定职业角色，增强他们对职业实际需求的理解。这不仅促进了学生对自身职业兴趣和能力的了解，还鼓励他们积极规划和构建自己的职业生涯。通过在班会中进行的这些系统的自我探索和讨论，学生能够在辅导员的帮助下，进行更加科学和合理的职业规划。这为学生未来的职业发展奠定了坚实的基础，并为他们提供了实现职业目标的策略和工具。

第三，邀请职业规划师在班会中进行专题演讲或讲座是一种非常有效的方法，用以深化职业生涯规划教育并提供专业的职业指导。职业规划师具备专业知识和丰富经验，他们不仅了解广泛的行业趋势，而且熟悉各种职业路径的具体需求和挑战。通过这些演讲和讲座，职业规划师可以向学生传授关于如何有效规划职业生涯的策略，以及如何应对职业生涯中可能遇到的困难和挑战。

职业规划师可以通过讨论当前市场中的新兴职业和变革趋势，帮助学生识别那些具有未来增长潜力的领域。这种信息对于学生来说至关重要，因为它可以帮助他们在广阔的职业选择中做出更为明智的决定，选择那些既符合自己兴趣又具有长期职业前景的领域。通过与职业规划师的互动，学生可以直接向他们询问关于职业发展的具体疑问，获得个性化的建议和反馈。这种对话和交流不仅增强了学生对职业规划重要性的认识，也鼓励他们建立起一种积极主动探索和规划自己职业生涯的心态，为未来的职业挑战做好准备。

第四，班会应包括对职业道德和职业责任的讨论，这种讨论帮助学生理解，职业发展不仅关乎个人的职业成功和满足感，也深刻关联着对社会的贡献及遵守职业行为的道德标准。通过系统的讨论和学习，学生可以形成一个负责任的职业态度，认识到每一个职业角色都承担着社会责任，每一项职业决策都应基于伦理原则和道德考量。在班会中，辅导员和教师可以引入具体的职业道德案例，如业界知名的伦理争议或者职场道德典范，让学生分析和讨论这些案例中的道德问题和相关职责。这不仅能够增强学生对职业伦理的实际理解，也能够提高他们在未来职业生涯中面对伦理挑战时的判断和处理能力。

　　主题班会上的讨论还应包括如何在职业选择和职业发展过程中考虑社会影响和个人价值的匹配。学生应被鼓励思考和探讨他们的职业选择如何反映他们的个人价值观，以及这些选择如何为社会发展贡献力量。

　　为了有效地收集学生对于主题班会中职业生涯规划部分的反馈，并有针对性地改进未来的班会活动，下面我们设计一份关于职业生涯规划主题班会的问卷调查，如表1-1所示。

表1-1　职业生涯规划主题班会问卷调查表

职业生涯规划主题班会反馈问卷
一、基本信息
1. 年级：
2. 专业：
二、班会活动满意度
1. 今天班会中讨论的职业规划话题对您的职业规划有帮助吗？ －非常有帮助 －有帮助 －一般 －没有帮助 －完全没有帮助
2. 班会中的哪些内容对您最有价值？ －职业规划知识和政策宣传 －自我探索和职业定位讨论 －职业规划师的专题演讲或讲座 －对职业道德和职业责任的讨论 －其他（请说明）：＿＿＿＿＿＿

三、演讲者和内容评价

3.演讲者的讲解是否清晰易懂？
- 非常清晰
- 清晰
- 一般
- 不够清晰
- 不清晰

4. 提供的职业信息是否满足您的需求？
- 非常满足
- 满足
- 一般
- 不满足
- 完全不满足

5.您是否了解到了新的职业信息或职业规划工具？
- 是
- 否

四、互动和参与度

6. 班会的互动环节是否有助于您参与讨论？
- 非常有助
- 有助
- 一般
- 无助
- 非常无助

7. 班会的形式是否鼓励了您的积极参与？
- 非常鼓励
- 鼓励
- 一般
- 不鼓励
- 完全不鼓励

续　表

五、改进建议
8.您希望在未来的班会中加入哪些职业规划相关的内容或活动？
[开放性答案区域]
六、其他建议
9.对改善职业生涯规划主题班会有何建议？
[开放性答案区域]

———

这份调查问卷通过详细的问题设计，旨在深入了解学生对职业生涯规划主题班会的满意度及其对职业规划认识的影响。通过收集学生的详细反馈，教育者可以更精确地调整和优化班会内容，以更有效地支持学生的职业发展需求。

三、开展职业生涯扩展体验

为了使学生更全面地理解职业生涯规划的重要性，并为未来职业生涯做好准备，高校可以开展一系列职业生涯扩展体验。这些活动不仅能增强学生对职业生涯的认识，还能帮助他们进行有效的自我定位和职业规划。

扩展体验活动应设计得更为广泛，包括国内外实习、学术交流、社会服务项目等。这些活动使学生能够在实际环境中应用其学术知识，发展必要的职业技能，如团队协作、领导力和解决问题的能力。例如，通过参与国际实习项目，学生不仅可以提升语言和跨文化交流能力，还可以拓宽视野，增强在未来职场的竞争力。

开展这些职业生涯扩展体验，不仅可以丰富学生的校园生活，更重要的是能够系统地提高他们的职业认知，帮助他们在未来职业生涯中做出更明智的选择。通过这样的教育实践，高校能够有效地将职业规划教育与班级建设相融合，培养出更多具备良好职业素养和高度职业适应性的毕业生，为他们的职业成功奠定坚实的基础。

四、建立职业生涯规划指导小组

为了提升职业生涯规划的有效性与系统性，建立一个由辅导员、职业规划师及相关学科教师组成的职业生涯规划指导小组是一种实用的方法。此类小组能够为学生提供持续且系统的职业生涯规划支持，从而优化学生的职业准备和提升他们的职业适应能力。

第一，职业生涯规划指导小组的主要职责是帮助学生认识自己的职业兴趣、能力和潜力，并根据这些因素制订符合个人特点的职业发展路径。通过组织定期会议和提供个性化的一对一咨询，这个小组不仅向学生提供专业的职业指导和未来职业机会的相关信息，还帮助他们制订具体而实际的学习和职业发展计划。小组的工作重点之一是建立和维护一个详尽的职业生涯档案系统，每个学生的档案中包含他们的职业兴趣、职业发展目标、学习成绩、实习经历及其他相关活动的记录。这些信息为职业规划师提供了宝贵的数据支持，使他们能够更精确地评估学生的需求和潜力，从而提供更加个性化和目标导向的职业建议。

职业生涯规划指导小组还负责监控学生职业发展计划的实施情况，定期评估和调整职业目标以确保学生的职业路径与市场需求和个人职业兴趣保持一致。小组通过与行业专家和企业建立联系，为学生提供实习机会、职场体验及职业发展研讨会，这些活动极大地丰富了学生的实际经验，提高了他们的职业竞争力。

职业生涯规划指导小组的存在对班级管理具有重要的辅助作用。通过对职业档案的分析，辅导员和教师能够更好地理解学生的需求和期望，从而在教学和班级管理设计中更加精准地满足学生的个性化发展需求。这种以数据驱动的管理方式不仅提高了教育的有效性，也增强了教育的个性化和针对性，为学生的全面发展和未来职业成功提供了坚实的基础。

　　第二，职业生涯规划指导小组应该具备跨学科的特性。这种跨学科特性汇集了心理学、教育学、行业专家及其他相关领域专家的知识和经验，使得小组能够从多个维度全面评估学生的职业适应性和发展潜力。这种综合性的评估有助于发现学生的兴趣、能力和潜在的成长空间，为他们提供更加个性化和针对性的职业发展路径和建议。例如，心理学家可以通过心理测评工具来帮助学生识别他们的性格特征、动机、压力处理方式等，这些因素都是职业选择和职业成功的重要影响因素。教育学专家则可以提供有关学习策略和教育路径的指导，帮助学生制订有效的学习计划，以及利用教育资源来实现职业目标。同时，行业专家的参与则确保了职业指导的实际性和前瞻性，他们可以提供关于行业趋势、职业技能需求及未来职业机会的第一手信息。

　　通过跨学科团队的协作，职业生涯规划指导小组能够为学生提供一个宽广的视角，帮助他们在复杂的职业规划中做出明智的选择。这种跨学科的合作还有助于构建一个支持性的学习和发展环境，其中每位专家为学生的职业成长贡献自己的专业知识，从而促进学生的整体发展。

　　第三，为了确保职业生涯规划指导的实效性，小组还需要定期评估其服务的有效性，收集学生反馈，不断调整和优化指导策略。通过这种方法，指导小组能够持续适应学生的变化需求和外部环境的变化，从而提供更为精准和有针对性的职业规划服务。

　　收集学生反馈是确保服务质量的关键步骤。小组通过问卷调查、面对面访谈和小组讨论等多种方式，收集学生对职业指导服务的直接反馈。这些反馈提供了宝贵的第一手数据，帮助小组了解学生的满意度、期望及他们在职业规划过程中遇到的具体挑战。基于收集到的数据和反馈，职业生涯规划指导小组会不断调整和优化其指导策略，包括引入新的职业探索工具、调整咨询方法或增强与行业的联系以提供更多实习机会。通过这种动态调整过程，小组确保其服务始终能够有效响应学生的需求，促进他们的职业成长，从而大幅提高职业生涯规划指导的整体质量和效果。

为确保职业生涯规划指导小组的服务有效性和适应性，下面我们设计一份关于职业生涯规划指导小组工作评估的问卷调查，旨在收集学生对指导小组工作的反馈，以便不断调整和改进服务，如表1-2所示。

表1-2　职业生涯规划指导小组工作评估问卷调查表

职业生涯规划指导小组服务评估问卷

一、基本信息

1. 年级：

2. 专业：

二、职业生涯规划服务满意度

1. 您对职业生涯规划指导小组的总体满意度如何？
   - 非常满意
   - 满意
   - 一般
   - 不满意
   - 非常不满意

2. 指导小组帮助您识别职业兴趣和能力的效果如何？
   - 非常有效
   - 有效
   - 一般
   - 无效
   - 非常无效

三、职业发展支持

3. 您认为小组在帮助您制订职业发展路径方面做得如何？
   - 非常好
   - 好
   - 一般
   - 差
   - 非常差

4. 指导小组的跨学科特性是否帮助了您更全面地评估自己的职业适应性？
  – 非常有帮助
  – 有帮助
  – 一般
  – 没有帮助
  – 完全没有帮助

四、监控与调整

5. 您觉得指导小组在监控和调整您的职业发展计划方面做得如何？
  – 非常好
  – 好
  – 一般
  – 差
  – 非常差

6. 小组定期评估服务的有效性对满足您的职业发展需求有多大影响？
  – 非常大
  – 大
  – 一般
  – 小
  – 非常小

五、反馈与改进

7. 您对职业生涯规划指导小组有哪些建议或反馈？

[开放性答案区域]

———

　　通过这份问卷，教育者可以了解学生对职业生涯规划指导小组服务的满意程度和效果，从而对服务进行必要的调整和优化，确保小组活动更加贴合学生的实际需求和职业发展目标。

第二章 高校班级建设的原则、目标及意义

第一节　高校班级建设的原则

一、有利于教育的原则

有利于教育的原则是高校班级建设的首要原则。这不仅有助于形成一个支持和促进教育活动的班级环境，而且对于提高教育质量、满足学生的学习需求，以及促进其个人和职业发展具有决定性的影响。这种以教育为核心的班级建设策略，确保了教育活动能够在理想的条件下进行，最终达到培养学生综合能力和知识掌握的教育目标。

有利于教育的原则是确保班级建设在活动选择、组织结构和文化塑造等各个方面首先服务于教育目标的核心原则。这个原则强调，班级建设远超过简单的行政安排，它是教育过程中不可或缺的一部分，承担着优化教学环境和提高教育质量的重要任务。在这个框架下，所有班级活动的设计和实施都必须直接支持教育的核心使命，确保每项决策和实践都能有效地增强学生的学习体验和成果。这种原则要求教育者在进行班级管理和活动规划时，始终以教育的效益为先，确保班级的每一个组成部分都在推动学生的认知、情感及社会技能的全面发展。

该原则突出强调，在班级建设的所有决策中，教育活动的有效性必须是首要考虑的因素。这意味着班级的组织架构、管理策略、常规活动及文化建设都必须以支持和增强教育目标为核心目的进行规划和执行。例如，在制订班级规章及组织各类活动时，必须确保这些措施能有效激发学生的学习积极性，提供充足的学习资源，并营造一个促进学术交流与深入探究的学习环境。通过这种方式，每一项班级活动和决策都将直接贡献于提升学习效果和教学质量，确保教育活动能够在最佳的条件下进行，从而全面提升学生的学术成就和综合素质。

当班级建设中的其他原则与有利于教育的原则发生冲突时，必须无条件地让步于促进教育的需求。这一规则是班级管理中的一个核心策略，旨在确保所有教育活动能够有效地增强学生的学业成就和个人发展。例如，在规划班级活动时，教育者应首先考虑那些直接促进学生认知、情感和社会技能发展的活动，而不是那些仅仅提供娱乐或休闲的选项。这种策略不仅强调了教育的核心目的——提高学生的整体能力和知识水平——也确保了教育资源的最优分配和使用。

二、以学生为主体原则

在高校班级建设中，坚持以学生为主体原则强调将学生的需求和成长放在教育活动的中心位置，同时转变教师的角色，从传统的权威导师转变为引导者和支持者。此原则的实施是基于认识到每个学生都是独特的个体，具有不同的学习方式、思考模式和兴趣，教育的目的应是促进每位学生的个性化发展。

（一）以学生为主体，尊重学生个体差异

在高校的班级建设中，"以学生为主体，尊重学生个体差异"的原则涵盖了班级管理和文化塑造的各个方面。此原则要求班级建设活动必须围绕学生的需求进行设计和实施，确保每个学生的潜能得到发掘和尊重，同时促进他们在班级中的主动参与和个人成长。

第一，实施以学生为主体的班级建设原则意味着要创建一个促进个体发展和表达的环境。在这一环境中，学生能够自由地探索个人兴趣，表达意见，并参与影响他们学习和生活的决策过程。例如，班级活动的选择、规则的设定甚至日常的管理方式，都应考虑学生的意见和建议，确保这些决策过程是透明和包容的。

第二，尊重学生个体差异是这一原则的核心。班级建设不应采用"一刀切"的方式，而是需要根据学生的不同背景、能力和兴趣进行个性

化的调整。这包括为不同需要的学生提供定制化的支持和资源，如为学习有障碍的学生提供特别的学习辅助，或为特别有才能的学生开设挑战性更大的项目。

第三，班级文化的塑造必须贯彻以学生为主体的原则。应鼓励建立一个开放、互相尊重和积极的班级氛围，其中每个学生都感到被接纳和价值被认可。通过举办多样化的班级活动，如多文化节日庆祝、才艺展示和公开讨论会，可以增强学生的归属感和班级的凝聚力。

（二）教师的引导和支持

在以学生为主体的班级建设原则中，教师的角色转变至关重要。教师不再单纯作为知识的传递者或严苛的监督者，而是应成为引导者和支持者，这种角色的转变是高校班级建设成功的关键因素。这一角色要求教师在理解和尊重学生个体差异及需求的基础上，提供必要的指导和支持，帮助学生应对学习和成长过程中遇到的挑战。

第一，教师的引导作用在班级建设中表现为对学生发展方向的明确指导。这种指导基于对班级整体和个别学生需求的深入理解，包括学术指导、心理辅导及职业规划等方面。教师通过建立开放的沟通渠道，鼓励学生表达自己的想法和感受，从而更好地理解学生的需求，提供有针对性的建议和解决策略。例如，教师可以通过定期的一对一谈话，了解学生的学习进展和心理状态，及时发现并解决学生在学习和生活中遇到的问题。

第二，教师的支持不限于学术上的帮助，而是包括对学生个人成长和班级社会化过程的支持。这种支持表现在教师为学生提供必要的发展资源，教师还应关注学生的情感和心理健康，为他们创造一个安全、支持和包容的学习环境，帮助学生建立团队协作能力和社交技能，增强班级的凝聚力。

第三，在高校班级建设中，教师不仅扮演着知识传递者的角色，更是班级文化的塑造者和价值观的引导者。在这一框架下，教师的模范带头作用显得尤为关键，特别是如何在多元化的学习环境中维持尊重和公正的行为模式方面。教师通过自身的行为和态度，不仅可以示范如何尊重每一位学生的个体差异，还可以引导学生学习如何在班级社区内进行有效的沟通和积极的互动。

教师作为模范的具体表现可以在多个层面上实现。一是教师应通过日常行为展示如何尊重每位学生的意见和背景，确保所有学生在班级中感受到平等和被尊重。例如，在班级讨论时，教师应公平地分配发言机会，确保不同背景和能力的学生都有机会表达自己的观点，这种做法有助于培养学生的自信和归属感。二是教师在处理班级冲突或学生行为问题时，应公正无私，坚持原则，这能够有效地传递公正和诚信的重要性。通过这种方式，教师不仅解决了眼前的问题，还通过自己的处理方式教育学生如何在尊重他人的基础上解决差异和冲突。这种行为的模范作用对学生的长远发展具有深远影响，帮助他们建立正确的社会交往原则和冲突解决技巧。三是教师应通过自己对知识的热情和敬业精神，激励学生追求学术卓越和个人成长。例如，教师可以分享自己的学习经历和职业发展过程中的挑战与成功，以此激发学生在面对困难时不放弃的勇气和持续努力的动力。通过这种个人故事的分享，教师不仅增强了与学生的情感连接，也强化了学生的学习动机和目标意识。

三、全面发展原则

党的二十大提出要办人民满意的教育，全面贯彻党的教育方针，落实立德树人根本任务，培养德、智、体、美、劳全面发展的社会主义建设者和接班人。[①] 在高校班级建设中，全面发展原则要求教育活动不仅关注学生的学术成就，还应涵盖学生的情感、社交、身体和道德发展。

---

① 刘次林."大思政"的学理依据和育人机制[J].上海教育，2023（7）：46.

这一原则的实施旨在培养出全面发展的个体，这些个体不仅在学术领域有所成就，还能在社会和职业生涯中展现出良好的适应性和综合能力。全面发展原则强调教育的多维度性，认为学生的成长不应局限于传统的学术教育。相反，应通过多元化的教学活动和丰富的班级活动来促进学生在多个层面上的成长。这包括对学生的情感智力、社会技能、身体健康和道德判断能力的系统培养，使学生能够在未来的学习和生活中表现出高度的复合型能力。

（一）情感管理和社交技能的发展

在高校班级建设的全面发展原则中，情感管理和社交技能的发展不仅对学生在学习场景中的表现至关重要，更是学生未来在多元化社会中成功交往的关键。因此，教育者需要通过系统的策略和方法来促进这些技能的发展，确保学生能在多方面实现个人成长和社会适应。

1.情感管理的培养旨在帮助学生认识和理解自己的情感，并学会有效地表达和调控这些情感。通过培养情感管理能力，学生可以更好地应对学习压力、人际冲突和个人挑战，从而在各种学习和生活环境中表现得更为成熟和自信。

情感管理的教育需要从情感识别训练开始。情感识别是情感智力的基础，涉及认知自己的情绪状态及识别他人的情绪。这可以通过多种训练方法来实现，如角色扮演活动可以让学生在模拟的社交场景中练习表达和管理情绪，模拟冲突解决或团队合作场景。除了情感识别，情感管理的教育还需要教授学生如何调控情绪。有效的情绪调控策略包括深呼吸、正念冥想、积极思考等技巧，这些技巧可以帮助学生在遇到压力或挑战时保持冷静和理性。例如，通过引导学生实践正念冥想，可以提高他们的情绪自我感知能力，帮助他们在情绪高涨时快速恢复平静。情感管理教育还需包括同理心的培养。同理心是理解和响应他人情感的能力，对于建立健康的人际关系至关重要。教育者可以通过团队合作活动、小组讨论和社会模拟游戏等方式，训练学生如何感知和理解他人的情绪和需求。通过这些活动，学生不仅能学习到如何在实际生活中运用同理心，还能理解同理心在社交互动中的重要性。

2.社交技能的发展专注于培养学生的交际能力和团队协作能力。它涉及如何在日常班级互动中建立和维持有效的沟通，以及如何在团队项目中展现领导力和协作精神。这种技能的培养不仅对学生的学术成功至关重要，更对他们未来的职业生涯和人生发展具有深远的影响。

（1）社交技能的培养需要从有效沟通开始。沟通能力是社交技能中最基本的组成部分，包括听力、口语、非言语表达和书面表达等方面。高校可以通过组织小组讨论、演讲比赛和写作工作坊等活动来培养学生的沟通能力。例如，小组讨论不仅可以提高学生的口头表达能力，还能锻炼他们的倾听技巧，使学生学会如何更有效地理解他人观点并做出回应。

（2）团队协作能力的培养是社交技能教育中的另一个重要方面。团队协作能力包括领导力、协调能力、共情能力和冲突解决能力等。教育者可以通过组织合作学习任务和团队竞赛等形式，鼓励学生在实践中锻炼和提升这些技能。例如，通过团队项目让学生扮演不同的角色，不仅锻炼了他们的组织和领导能力，还提高了他们解决问题和调解冲突的能力。这种团队基础的学习和工作方式有助于学生理解团队动力和增强团队凝聚力。

（3）教育者应重视培养学生的社交礼仪和跨文化交际能力。随着全球化的发展，学生未来很可能在多元文化的环境中工作和生活。因此，学校应通过国际交流项目、多文化节日庆祝等活动，教育学生如何尊重不同文化的社交习俗和交流方式。这不仅有助于学生在国际环境中自信地表达自己，也能促进不同文化背景下的有效沟通和合作。

（4）社交技能的培养应包括网络社交能力的发展。随着数字技术的普及，网络已成为重要的社交平台。高校应教育学生如何在网络环境中

多元融合下的高校班级建设研究

保持专业形象，如何有效利用社交媒体进行信息传播和人际交流，以及如何处理网络社交中可能遇到的问题，如隐私保护和网络欺凌等。

这些技能不仅提升了学生的个人魅力和团队协作能力，还为学生将来的职业发展和社会适应奠定了坚实的基础。社交技能的培养也有助于形成积极向上的班级文化和社会氛围，使高校班级成为学生学习和成长的良好环境。

下面我们设计一个旨在培养高校学生社交技能的班级活动，可以采用以下结构，这样的活动能有效提升学生的交流、团队合作及领导力等关键社交技能，如表 2-1 所示。

表 2-1　社交技能提升活动策划

活动名称：社交技能提升日
活动目标：
增强学生的团队合作与沟通能力。 提升学生的公共演讲和领导技能。 培养学生的冲突解决能力和同理心。
活动内容：
1. 团队建设工作坊
目的：通过团队合作游戏和活动，强化学生之间的合作精神和团队协作能力。
活动：分组进行信任跌落、盲人方阵等团队信任建设游戏。这些游戏要求学生相互依赖，通过非语言沟通完成任务。
例：盲人方阵：学生被蒙上眼睛，需要依靠队友的口头指示来排列成一个正方形。
目标： 增强团队成员间的信任。 提升非语言沟通的效率。

评估方式：

通过观察和记录团队完成任务的时间和效率来评估团队协作水平。

收集参与学生的感受，了解活动对他们信任感的影响。

2. 角色扮演和情景模拟

目的：提升学生在各种社交场景下的应对能力和冲突解决技巧。

活动：模拟职场冲突、顾客服务场景，学生扮演不同角色进行互动。通过角色互换，学生能体验并理解不同角色的需求和反应。

活动安排：

设计具体的职场冲突解决情景，如办公室内的资源分配争议。

学生扮演不同的角色，如经理、员工等，并进行模拟对话。

目标：

培养学生在复杂情境中的沟通和冲突解决能力。

增强理解不同角色视角的能力。

评估方式：

观察学生在模拟中的表现，特别是他们如何处理冲突。

活动后，通过反馈表格收集参与者对不同处理策略的看法。

3. 公共演讲大赛

目的：锻炼学生的公共演讲能力，增强自信和表达能力。

活动：主题演讲，每位学生准备并演讲一个 5 分钟的主题演讲，内容涉及个人经历、见解或任何创新主题。提供反馈和建议，以帮助学生改进。

活动安排：

每位学生准备一个关于个人成长或激励主题的短演讲。

演讲结束后由同学和老师提供建设性反馈。

目标：
提高学生的口头表达能力和自信心。
学习接受公众评价和如何从中获益。

评估方式：
通过演讲前后的自我评估问卷，了解学生自信水平的变化。
收集听众的反馈，评估演讲的效果和影响。

4. 同理心训练

目的：增强学生的情感理解和同理心。

活动：通过观看并讨论涉及多元文化和社会问题的短片，引导学生讨论并分享自己的感受和看法，以培养对不同背景人士的理解和尊重。

活动安排：
观看涉及文化差异和社会问题的短片。
分组讨论影片内容及其引发的感受。

目标：
培养学生的同理心和对社会多样性的理解。
增进学生对不同文化背景下个体行为的理解。

评估方式：
通过讨论的深度和广度来评估学生的同理心水平。
使用反馈问卷收集学生对活动的看法和学习成果。

5. 领导力研讨会

目的：培养学生的领导能力和责任感。

活动：组织领导力理论讲座，随后进行小组讨论，让学生扮演领导角色，规划和执行一个小项目，例如社区服务或校园活动。

活动安排：
组织关于领导力理论的讲座。
学生分组承担领导角色，规划和执行一个小型项目。

目标：
培养学生的领导力和项目管理能力。
强化学生团队领导下的决策和执行能力。

评估方式：
观察和评估学生在项目管理中的表现，尤其是领导力的运用。
项目结束后，通过反馈和讨论会收集参与者和观察者的见解。

整体活动评估方法指导：
即时反馈：活动结束后立即收集学生和指导教师的反馈。
长期跟踪：通过定期的问卷和班级表现观察，评估活动对学生社交技能的长期影响。

这些活动设计旨在通过具体、实际的交互和实践环境，促进学生的社交技能发展，使他们在今后的学习和未来的人生中具备更强的人际交往和团队协作能力。

（二）体质方面的发展

在全面发展原则中，体质方面的发展强调通过体育活动的积极参与，不仅增强学生的身体健康，也培养其团队合作精神和面对挑战的能力。因此，学校和教育者需要系统地设计和实施丰富的体育教育活动，以确保每位学生都能在这些活动中获得成长和发展。

1.体质发展的基础在于规律的体育活动。体质的发展不仅关乎学生的健康，而且直接影响他们的学习效率和未来的职业表现。体育活动的多样化极为重要。班级应多为学生提供接触各种体育活动的机会，如球类运动（足球、篮球、排球）、田径（跑步、跳远、投掷）、游泳及现代健身训练。这种多样化不仅满足不同学生的兴趣和体能状况，也有助于他们发现和培养自己的运动天赋。例如，球类运动能够提高学生的团队协作能力和战略思维，而田径则更侧重于个人的耐力和速度，游泳则是一项全身性的运动，能有效提高心肺功能。

体育活动的规律性同样重要。规律的体育锻炼有助于学生建立持久的运动习惯，这不仅能够增强他们的身体健康，还能够提高抗压能力和自我控制力。通过定期的体育锻炼，学生能够在体育活动中设定并实现目标，如通过系统的训练提高游泳技能或田径成绩，这种过程有助于他们理解目标设定和努力实现目标的重要性。体育竞技还能教会学生如何在压力下保持冷静和坚持到底的心理素质。在比赛中，学生不仅要面对身体上的挑战，还要应对来自对手和观众的心理压力。如何在这种环境下保持专注并发挥出最好的水平，是体育教育中极为重要的一课。这些经历能够在学生心中培养抗挫折能力，这种能力对他们未来的学业和职业生涯具有深远的影响。

体育活动在增强学生团队精神和领导能力方面也起到了不可替代的作用。在团队体育项目中，学生不仅要发展自己的技能，还要学会如何与队友沟通协作，共同为团队目标努力。同时，体育活动中的领导角色，如队长，能够提供学生展示和培养领导才能的机会。

2.体育活动的设计需要注重团队精神的培养。体育活动的设计不仅要着眼于学生的身体健康，更应注重社交能力和团队合作精神的培养，这对于学生的个人成长及其未来的社会适应能力具有深远的影响。

（1）团队体育活动如篮球、足球和排球等，天然要求参与者在团队中协作以达到共同的目标。在这些活动中，每位成员的表现都直接影响团队的整体成绩，因此，团队精神的培养成为这类体育活动不可或缺的一部分。通过这些活动，学生不仅能学习到体育技能，更重要的是学会如何在团队中扮演不同的角色，如何与队友有效沟通，并在团队中寻找自己的位置。

（2）体育活动中的公平竞争和相互尊重是体育精神的核心。在比赛中强调诚信和公正的竞争，不仅能提高比赛的质量，还能教育学生在生活中也应遵守规则和尊重他人。例如，通过裁判和教练的引导，以及对体育规则的严格执行，学生可以体验到规则的重要性，并学习在遵守规则的前提下寻求胜利。

（3）通过组织球队、跑步俱乐部等体育小组，学生的社交圈可以得到拓展。这些小组活动提供了一个社交平台，学生可以在此结识志同道合的朋友，增强彼此的联系。集体的训练和比赛不仅加深了学生之间的友谊，也增强了他们对班级和学校的归属感。

（4）定期举办的校际或班级间体育比赛是团队精神培养的另一大舞台。这类比赛能激发学生的集体荣誉感，使他们为班级或学校的荣誉而努力。在这过程中，学生不仅在体育技能上获得提升，更在精神上得到锻炼。团队的胜利将成为他们共同的记忆，为班级带来更紧密的团结和更强的凝聚力。

3. 体育活动应当强调自我挑战和自我超越的重要性。这种教育方法不仅通过体育活动提升学生的体能，更通过心理和情感的挑战，促进学生的个性发展和自我实现。体育活动中的自我挑战既包括个人层面的挑战，也包括团队合作中的集体挑战，这些都是培养学生坚持和勇气的有效途径。

（1）体育活动设计应包括一系列逐步升级的体能挑战，如长跑、游泳耐力赛或力量训练等。这些挑战通过设定具体的目标，如跑步的时间、游泳的圈数或举重的重量，鼓励学生不断突破自己的极限。在这一过程中，学生学习到的不仅是体育技能，更重要的是，他们在追求目标的过程中体验到努力的价值和成功的满足感。这种经历对于学生形成积极向上的人生态度和面对困难不退缩的性格特质至关重要。

（2）团队中的挑战同样重要。通过团队接力、篮球联赛或足球比赛等集体项目，学生不仅要挑战个人的极限，还要在团队中协作，共同克服困难。这种活动强调了团队合作的重要性，并教育学生如何在集体中寻找支持，如何为共同的目标贡献个人的力量。团队挑战活动可以显著增强班级的团结和同学间的互助精神，为班级创造一个支持和鼓励的环境。

（3）安全是体育活动中不可忽视的方面。学校必须确保所有体育设施的安全性，适当地指导学生在活动中采取正确的技术动作，避免不当的运动姿势带来的伤害。教师和教练应定期参与相关的安全培训，并在活动中严格监督学生的动作执行。另外，学校还应提供必要的安全装备，如头盔、护膝或救生衣等，确保学生在进行潜在风险较高的运动时能够得到充分的保护。

（三）道德教育

道德教育是高校班级建设不可或缺的部分，它通过多样化的班级活动及社会实践，不仅教导学生道德知识，更重要的是培养他们成为有责任感和正义感的人。这种教育不仅影响学生的个人发展，更是其成为新时代大学生的基础。通过这样的教育，学生将能够在未来的生活和职业中，为建设更加公正和谐的社会作出贡献。

1.教育者可以定期组织班级会议，讨论实际的道德困境和现实案例。道德教育不仅涉及传授道德知识，更重要的是通过实际的情境讨论，培养学生的批判性思维、道德判断力和责任感。这种教育方式通过直面现实的道德困境，让学生在虚拟的讨论中体验道德决策的复杂性和多维度，从而提升他们在实际生活中应用道德原则的能力。

（1）班级讨论作为道德教育的一种形式，能有效地引导学生深入探讨诚信、公平和尊重等基本道德价值。通过精心设计的讨论话题，如学术诚信的重要性、在团队项目中公平分配任务的方法或尊重多元文化的实践，教育者可以激发学生对这些普遍道德问题的关注。在这些讨论中，学生不仅学会了批评和分析道德问题，还能通过听取同伴的不同观点，增强自己的理解和包容性。

（2）案例分析法是道德教育中一个极为有效的工具。通过引入真实世界中的道德困境，如企业的环境伦理问题、政治中的道德冲突或日常生活中的道德选择，学生能够直观地看到道德原则在实际情境中的应用。

这种方法促使学生思考并论证在特定情境下何为正确的行为，如何平衡个人利益与社会责任，以及如何在冲突中寻找道德上的解决方案。

（3）班级讨论强调了在现实生活中做出道德决策的重要性和复杂性。教育者可以设计模拟活动，让学生在虚拟环境中扮演决策者的角色，面对设定的道德问题作出决策。这种模拟不仅提供了一个安全的环境让学生犯错并从错误中学习，也使他们能够理解在道德决策中权衡不同价值的难度。

（4）班级讨论是培养学生批判性思维能力的重要途径。通过对道德议题的讨论和辩论，学生需要不断地评估信息，构建论据，并挑战现有的观点。这种思维的锻炼有助于学生在面对复杂和多元的信息时，能够独立思考，做出理性和道德的决策。

2.参与社会实践服务是实现道德教育的有效方式。通过将道德教育与实际行动相结合，学生不仅能将抽象的道德概念具体化，还能通过实践活动培养社会责任感和公民意识。这种教育模式通过直接参与，使学生能够体验到自己的行为对社会的积极影响，从而增强他们的道德承诺和提高他们的行动力。

（1）社会实践服务提供了一个平台，让学生将课堂上学到的道德和伦理知识应用于现实生活中。通过组织学生参与社区清洁、帮助老年人或参与慈善募捐等活动，学生不仅能够实践诸如善良、责任和奉献等道德价值，而且能够在实际操作中理解这些行为的社会意义。例如，参与社区清洁不仅提高了环境质量，更让学生理解到环保的重要性和个人参与的价值。

（2）这些社会实践活动能够有效提升学生的社会责任感。当学生参与老人院助理或食物银行志愿服务时，他们直接与受助者互动，这种经历可以极大地增强学生的同理心和关怀他人的意识。通过这些互动，学生不仅能看到自己行为的直接影响，还能学习到在社会中作为一个有责任感的成员的重要性。

（3）参与社会服务活动能增强学生的自我价值感。当学生看到自己的努力能够带来积极的社会变化时，他们的自信心和自我效能感会显著提高。这种成就感是驱动学生继续参与社会活动和积极行动的重要动力。更重要的是，这些活动帮助学生建立长期的道德承诺，将道德教育的成果转化为终身的道德行为。

（4）通过定期的反思和讨论，学生可以进一步深化对社会实践活动的理解。教育者可以引导学生在活动后进行集体反思，讨论他们的体验、遇到的挑战及对个人和社会的影响。这种反思不仅加深了学生对活动的认识，也促进了他们对自己道德和伦理观的持续审视和成长。

3.道德教育需要教师的积极参与和模范作用。教师不仅是知识的传递者，更是价值观的塑造者和道德行为的示范者。通过教师的日常行为和专业互动，学生能够观察、学习并实践社会所期望的道德标准。

（1）教师的言行举止在学生心目中具有极高的观察和模仿价值。当教师在班级管理和教学过程中展现出诚实、公正和尊重等道德品质时，这些行为会直接影响学生的道德认知和行为倾向。例如，教师在处理学生学术不端行为时，坚持公正不偏，并对所有学生一视同仁，这种行为能够深刻地向学生传达公正的重要性。

（2）教师在日常教育活动中的责任担当是道德教育的一个重要方面。教师通过自己对教育事业的热情和对学生成长的关注，展示了责任感和职业道德的实际应用。这种模范作用对学生而言，不仅是学习道德行为的榜样，更是激励他们将来在任何职业角色中都能发挥正面影响的动力源泉。

（3）教师的模范作用包括在面对道德困境时所表现的决策能力和行为准则。当班级中出现道德争议或冲突时，教师如何处理这些情况，如何在保护学生利益和维护教育公正之间找到平衡点，都是对学生进行道德教育的实际教学过程。通过这些实际案例的处理，学生能学习到道德决策的复杂性及其在现实世界中的应用。

（4）教师的道德示范不限于遵守社会的基本道德规范，还应该在教学的内容和方法中融入道德思考。这包括在课程内容中穿插道德议题的讨论，鼓励学生思考并表达自己对于复杂道德问题的看法。这样的教学策略不仅培养学生的批判性思维能力，也促进了他们道德认知的深度和广度。

四、民主性原则

在高校班级建设中，民主性原则是确保教育过程中每位学生都能参与和表达意见的基本原则。这一原则强调班级管理和决策过程中的公平性、开放性和包容性，目的是培养学生的批判性思维能力、决策能力及对民主社会的理解和尊重。实施民主性原则，可以有效促进学生的个人成长，增强他们的社会参与感和责任感。

第一，民主性原则要求教育者在班级建设和管理中确保学生的参与权。在班级管理中体现为学生参与班级决策的过程。这包括班级规则的制订、教学活动的选择、课程内容的讨论及对教学方法的反馈。例如，班级可以通过定期的班会或小组讨论的形式，邀请学生表达他们对班级活动的看法和建议。这种参与不仅使学生感受到自己对学习环境有一定的控制权，也是他们学习民主程序和决策过程的实践机会。民主性原则还要求教育者在实施班级政策和活动时考虑到学生的多样性和个体差异。这意味着在决策过程中需要公平考虑各种背景和需求的学生意见，确保班级政策的公正性和包容性。通过这种方式，班级建设不仅反映了多数学生的意愿，也照顾到少数或边缘化群体的需要。

在具体实践中，班级民主可以通过引入投票机制来决定重要事务，如班级代表的选举、重大班级活动的选择等。这种方法不仅能提升学生的参与感，还能教育他们关于民主选举和多数决定的重要性。同时，通过这些活动，学生可以学习到如何合理表达自己的观点，如何在集体讨论中寻求共识，以及如何在不同意见中找到平衡点。在民主性原则的指导下，班级管理成为一个开放和动态的过程，教师和学生共同参与，共同负责。这种管理方式不仅能够激发学生的积极性和创造性，还能够在日常教学中培养学生的批判性思维能力和公民意识。学生通过实际参与，了解民主的价值和挑战，为将来在更广泛的社会和政治环境中有效参与做好准备。

第二，民主性原则要求教育者尊重学生的多样性。这种原则的实施对于形成一个包容、开放和公正的学习环境至关重要，特别是在当前多元化社会背景下，尊重每位学生的文化、性别和意见差异是班级建设的基本要求。一是教育者需要在班级的日常管理和教学活动中公正无私地对待每一位学生，确保教育资源的平等分配。这不仅包括提供相同的学习机会，还包括在课堂讨论和班级活动中给予每位学生发言的机会，让他们能够自由表达自己的观点和感受。这种做法有助于建立学生的自信，促进其个性的发展和自我价值的实现。二是尊重多样性要求教育者在教学内容和方法上展现出对不同文化和背景的包容性。例如，教材的选择和课堂讨论的主题应涵盖不同文化和历史背景，避免文化偏见和刻板印象的传播。此外，教育者应鼓励学生从多元文化视角出发思考问题，这不仅有助于学生扩展视野，还能增强他们在全球化世界中的竞争力和适应性。

在实际操作中，教育者可以通过多种方式实施这一原则。例如，可以设立主题多元的小组讨论，每个小组由来自不同文化背景的学生组成，共同探讨给定的问题或主题。这种多样化的小组设置有助于学生相互学习和欣赏彼此的文化差异，也促进了跨文化的理解和沟通。班级规章和日常行为准则的制订也应体现尊重多样性的原则。通过明确禁止任何形式的歧视和排外行为，确保所有学生都在一个安全和尊重的环境下学习和成长。同时，班级管理应采取开放的沟通策略，鼓励学生表达关于班级环境改善的建议，确保这些改进措施能反映和满足多样化的学生需求。

第三，实施民主性原则的班级建设是对学生进行民主教育的过程。

在高校班级建设中，民主性原则的实施不仅是一个行政管理策略，更是一种深远的教育方法，旨在通过日常教育活动中的民主实践，培养学生的民主意识和公民责任感。这种以实践为基础的民主教育方法可以让学生在理解和体验民主过程中成长，为他们未来作为积极的社会成员和责任公民打下基础。

班级的民主建设为学生提供了一个实践民主的直接平台。通过参与班级决策、规则制订和活动组织，学生能够亲身体验到民主的运作过程。例如，学生可以通过选举班级代表或参与班级会议，直接参与班级管理。这不仅让他们感受到自己的意见被重视和尊重，也教会了他们如何在集体中表达自己的观点，以及如何听取并尊重他人的意见。

民主性原则的实践还有助于学生理解和欣赏民主制度的价值。在班级中实行民主不仅是关于选择何种活动或如何解决问题的简单决定，它还涉及公平性、透明性和责任性的教育。通过在班级中实施这些民主原则，学生可以学习到民主决策过程中的复杂性和挑战，以及为何在一个民主社会中每个人的参与都是必要的。班级中的民主实践也是对学生进行民主教育的重要手段。通过模拟民主投票、开展辩论和组织公开讨论等活动，学生不仅能够提升自己的沟通和批判性思维技能，还能够在实践中学习到如何协商、如何解决分歧及如何在多元意见中寻找共识。这些技能是学生未来在更广泛的社会和政治场景中参与决策和社会活动的基础。

将民主性原则融入班级建设还有助于学生建立正向的人际关系和社会网络。在一个民主且尊重多样性的班级环境中，学生更容易感到被接纳和尊重，这种感觉可以增强他们的社会归属感和集体身份感。此外，民主环境促进的开放和包容的讨论氛围，为学生提供了表达不同观点和解决冲突的平台，这对于他们将来在复杂社会中与人交往是极其宝贵的经验。

五、开放性原则

(一) 开放的沟通渠道

开放性原则强调班级建设参与者之间应保持开放的沟通渠道，这包括教师与学生之间、学生与学生之间及学校与外部社会之间的交流。一是教师与学生之间的开放沟通是实现班级有效建设和促进学生个人发展的关键。在开放的班级环境中，教师应鼓励学生表达自己的想法和疑问，并对学生的反馈保持开放和接受的态度，这种互动促进了学生参加班级建设的主动性。二是学生之间的开放沟通同样重要。在班级内部，学生应被鼓励在小组活动、项目合作中自由交流思想和意见。这种同学之间的互动不仅有助于知识和技能的互补，还能增进学生之间的相互理解和尊重。通过团队合作解决实际问题的过程中，学生能够学习如何协调不同的观点和利益，培养团队精神和领导能力。

(二) 豁达的包容态度

开放性原则倡导在班级建设中应对来自不同文化背景的学生持包容态度。这不仅是在种族和文化多样性上的包容，也包括对不同思想和观点的包容。在这种教育环境中，学生被鼓励探索和尊重多样的文化和意见，从而培养全球视野和跨文化交流能力。

1.豁达的包容态度要求教育者和学生对来自不同文化背景的同学持开放和尊重的态度。这种文化的包容不限于接受和欣赏不同的文化特征，如风俗、语言和宗教习惯，而是理解和尊重这些文化背景所带来的不同视角和思维方式。通过增加对多元文化的教育，如设立多元文化课程、举办国际文化节等活动，可以有效地提高学生的文化敏感性和适应性，为学生将来在多文化环境中工作和生活奠定基础。

2.包容性表现在对不同意见和观点的接纳上。在班级讨论和学术交流中，应鼓励学生表达自己的看法，也要学习如何倾听和理解与己观点不同的声音。教育者可以通过引导学生进行辩论、研讨会等形式，教授他们如何在尊重对方的基础上进行有效的沟通和讨论。这种对多样观点的包容不仅有助于学生构建更加全面和深入的知识体系，也是其培养批判性思维和解决复杂问题能力的重要过程。

3.高校应通过制订相应政策和措施，保护文化和意见多样性，确保学生在没有歧视和偏见的环境中成长。这包括但不限于设立文化交流平台、提供心理健康支持等。通过这些系统性的支持，学校不仅能够促进学生间的平等与尊重，还能够营造一个包容和支持的学习氛围。

六、公平公正原则

营造公平公正的班级环境是高校班级建设中的一项基本原则，这一原则要求在教育实践中为每一位学生提供均等的机会和公正的对待，无论其背景、能力或其他个人特征。实现这一原则不仅涉及班级活动的设计，还包括班级文化的塑造、评估方式的制订及教育资源的分配。

第一，公平的教育环境要求教育者在班级管理过程中保持公平公正，而非任何形式的偏见或偏好。这需要教师在班级管理、课堂教学和学生评估等各方面坚持客观公正的原则。例如，在学生评定中，应采用标准化的评分系统，并对评分标准进行透明化管理，确保每位学生都能了解评分标准和过程，从而减少任意性和不公正现象。

第二，营造公平公正的班级环境包括对学生个体差异的认识和尊重。高校班级中的学生背景多样，他们可能来自不同的经济、文化和地理背景，具有不同的学习需要和教育期望。教育者需要通过个性化的教学策略来满足这些差异，比如为有特殊学习需求的学生提供个性化的学习计划或调整教学方法，以适应不同学生的学习速度和风格。

第三，公平公正的班级环境的营造需强化正义感的培养。学校应通过课程和班级活动教授学生正义的重要性，如通过开展关于社会正义、道德伦理的讨论和项目，让学生在实践中学习如何认识和应对不公平和不正义的行为。

第二节　高校班级建设的目标

高校班级建设的核心目标是在新时代背景下，根据国家、社会、高校及学生的需求，全面推动大学生的全面发展和成才。这项工作不仅要紧密结合大学生成长的实际目标，而且需要在内容和方法上与学生的成才目标高度一致，以确保教育的有效性。以学生为立足点的高校班级建设的核心目标包括四个主要方面：立场坚定、全面发展、风华正茂、砥砺奋进。这些方面不仅体现了新时代大学生的培养目标，而且是高校在推动学生全面发展过程中的主要聚焦点。通过这些综合目标的实施，高校班级建设不只是形式上的管理和组织，而是深入影响学生思维和行为的各个层面。这种教育方式确保了学生能够在迅速变化的社会环境中保持竞争力，也有助于他们形成坚实的价值观和人生观。因此，这些核心目标的实现，是新时代高校班级建设成功的关键，也是对未来社会负责的体现。

一、立场坚定

在新时代的中国高等教育中，立场坚定不仅是一种教育目标，更是培养社会主义建设者和接班人的根本要求。教育的首要任务是培养拥护中国共产党领导和社会主义制度的有用人才，他们将为中国特色社会主义的发展奋斗终生。因此，确保教育方向与党的教育方针政策高度一致，是每一所高等教育机构必须遵循的原则。

第一，立场坚定的建设目标，体现在教育内容的设计上。高校需通过课程设置、教学活动及校园文化的塑造，确保学生能在正确的思想指导下成长。这不仅是对学生思想政治素质的培养，也是高等教育响应国家教育方针的具体实践。

1.立场坚定的教育目标要求高校在课程设置上强化政治教育的重要性。这包括加强课程思政建设及开设形势与政策课程，系统地向学生传授国家的基本政策、发展战略及国内外的重大政治经济形势等。通过这些课程，学生不仅可以获得必要的政治理论知识，更能够理解和把握时代发展的脉络，从而在思想上与党和国家保持高度一致。

2.国情教育和社会主义核心价值观的教学是立场坚定教育目标的重要内容。通过组织学生学习中国的历史、文化和社会发展成就，增强他们的民族自豪感和责任感。社会主义核心价值观的教育，特别是在培养学生的爱国主义、集体主义和社会主义荣誉感方面，是形成正确世界观、人生观和价值观的基石。

3.高校应通过各种主题教育来加深学生的历史使命感和国家意识。红色教育和革命传统教育活动，如参观革命纪念地、开展革命故事分享会等，能够有效增强学生对中国革命历史和革命先烈精神的认识和尊重。这些活动不仅丰富了学生的校园生活，更是加深他们对社会主义建设者和接班人身份认同的有效途径。

4.高校还应通过日常教学和校园文化的塑造，不断强化和巩固学生的政治立场。这包括在课堂教学中融入国家发展的大局观念，以及在校园媒体和公共讲座中持续推广社会主义核心价值观和爱国主义教育。

第二，在高校班级建设中，确保"立场坚定"不仅是课程内容的问题，更深层次地涉及日常班级管理和教师的政治责任。高校作为培养社会主义建设者和接班人的摇篮，其教育活动和班级管理必须坚守正确的政治方向，确保每一项教学活动和管理实践都能够对学生进行正确的政治引导。

1.班级管理中的政治正确性要求教师在日常教学和学生互动中始终坚持社会主义核心价值观。这不仅意味着教师在传授学术知识的同时，也要深入地进行政治思想教育。例如，教师在讨论国内外时事时，应引导学生从社会主义立场出发进行分析和判断，培养学生的政治敏锐性和鉴别力。通过这种方式，学生能够在学习专业知识的同时，增强政治意识和历史责任感。

2. 立场坚定的原则要求教师队伍本身必须具备坚定的政治立场和高度的政治责任感。这不仅是对教师专业能力的要求，更是对其政治素质的要求。教师作为学生思想政治教育的第一责任人，其言行对学生具有深远的影响。因此，高校需要通过定期的政治学习和师德师风建设，不断提升教师队伍的政治觉悟和教育能力，确保他们能在教育实践中做好学生的思想政治工作。

3. 为了保持教育内容和方法的时代性和先进性，高校应定期对教育内容进行评估和更新。通过收集学生反馈、分析教育效果和考虑社会需求的变化，高校可以调整教育策略和内容，确保教育活动不仅满足学生的学习和成长需要，也符合国家的教育方针和政治要求。例如，引入新的教育技术、更新教学大纲和教材，以及开发与时俱进的教学方法，都是实现这一目标的有效途径。

第三，立场坚定包括通过班级文化建设来强化这一目标。班级应通过丰富的校园文化活动，培养学生的爱国情怀和社会责任感。

1. 班级文化建设的目标是营造一个有利于学生思想成长的环境。这种环境通过组织各类文化和思想政治教育活动实现，如庆祝国家重要节日、参与红色教育基地的学习旅行、开展形势与政策教育等。这些活动不仅丰富了学生的校园生活，更重要的是让学生在参与过程中感受到国家的发展脉络，理解社会主义核心价值观的深刻含义，从而在无形中加强了学生对社会主义制度的认同。

2. 通过班级文化活动可以有效培养学生的爱国情怀和社会责任感。例如，通过组织学生参与社会服务活动如志愿教育、环保项目和社区服务，学生能够亲身体验服务社会的实践，学习如何为社会做出贡献。这些经历不仅帮助学生建立正确的世界观、人生观和价值观，也促进了他们的全面发展。

3.班级文化建设应包括对学生进行道德教育和法治教育。通过定期的道德教育课程和法律知识讲座，增强学生的法治观念和道德规范意识。教育学生在遵守国家法律的同时，也要学会尊重他人、公正诚信、助人为乐等基本道德行为，从而在学生心中树立起坚定的道德标准和行为准则。

第四，高校班级建设中的立场坚定需与国际视野的培养相结合。在当今全球化日益加深的背景下，高校班级建设的核心目标之一是确保学生在坚持社会主义立场的同时，能够拓宽国际视野，这不仅是对学生个人全面发展的需求，也是国家对高等教育的战略要求。这种教育目标的实现，要求学生能在全球舞台上理解多元文化，尊重不同价值观，同时有效传达中国的立场和文化，增强国家的软实力和国际影响力。

在高校班级建设中应加强对国际问题的敏感性和正确处理国际问题的能力培养。这包括教授学生如何在尊重国际规则的同时维护国家利益，如何在国际舞台上恰当表达自己的观点，如何作为中国的年轻一代在国际上发声。这种能力的培养是立场坚定与国际视野相结合的具体体现，是学生成为能够在国际环境中有效工作和生活的全球公民的关键。教育者还应在班级建设中注重利用现代信息技术，如网络课程、远程教育平台等，为学生提供更多接触国际先进教育资源的机会。利用这些工具和平台，学生可以更方便地获取全球知识，拓宽学习视野，增强国际竞争力。

二、人际和谐

党的二十大报告中强调了中国式现代化的"五位一体"目标：经济上的富强、政治上的民主、文化上的文明、社会上的和谐、生态文明上的美丽。① "社会上的和谐"已经成为新时代我们国家和社会建设的重要目标和内容。

国家和社会的和谐深植于人际关系的和谐之中，而这种和谐又根基于无数个小家庭和小集体的相处之道，这也是我们国家与社会和谐的基础和前提。因此，大学生人际和谐应成为新时代高校班级建设的核心目标，通过这样的教育目标，我们不仅能培养出具有高尚品德、深厚文化修养和丰富情感的现代青年，还能为他们将来在国家建设和社会发展中扮演关键角色做好准备，从而推动实现更广泛的国家和社会和谐。

第一，高校班级建设中的人际和谐目标旨在培养学生的沟通能力和团队协作精神。通过组织各种团队建设活动，如小组讨论、合作学习、团队项目等，学生能够在实际的互动中学习如何有效沟通，理解并尊重多样的观点和文化。这种教育过程不仅教会他们在多元化的团队中协作，还涉及如何在遇到意见不合时寻找共识，处理和解决人际冲突。

班级可以定期举办沟通工作坊和冲突解决讲座，通过专业的引导帮助学生识别不同的沟通风格和冲突类型，学习适应不同情境下的沟通策略。通过这些实践，学生不仅增强了自身的社交技能，也提高了他们解决实际问题的能力，同时培养了他们的同理心和责任感。这样的培训为学生未来无论是进入职场还是日常生活中的团队合作和人际关系管理打下了坚实的基础。

第二，班级中的人际和谐需通过教育学生尊重多样性和包容性来实现。教育者应通过不同的班级活动引导学生欣赏不同文化和背景的价值，学会如何在多样性环境中展现尊重和包容。通过丰富的班级活动，如多文化节日庆祝、国际学生交流项目及跨文化研讨会，学生有机会直接接触和了解全球各地的文化习俗和生活方式。例如，可以组织文化周活动，

---

① 白重恩，蔡昉，樊纲，等. 中国式现代化的新路径[M]. 北京：中译出版社，2023：303.

邀请不同民族和不同国籍的学生介绍他们的文化背景，通过食物、音乐、舞蹈和传统服装展示他们的文化特色。班级可以定期他们之间的交流会，让他们共同参与讨论和项目合作，从而在实践中学习如何克服文化差异，促进相互理解；讨论如何在尊重和包容的基础上处理国际关系和社会多元化问题。通过这些教育活动，学生不仅能增强文化敏感性和全球视野，还能在日常生活和未来的职业生涯中，更有效地与来自不同文化背景的人士进行交流和合作。

第三，高校应重视学生的情感教育和心理健康，这是确保人际和谐的另一个关键因素。高校可以设立专业的心理咨询中心，提供定期的心理咨询服务和紧急心理支持，以支持那些面临心理困扰或情感问题的学生。通过这些服务，学生可以获得专业的指导和帮助，学习如何处理复杂的情感和社会交往问题。心理咨询师可以通过一对一的会谈，帮助学生探讨和解决个人问题，同时组织小组咨询和工作坊，促进学生之间的相互理解和支持。

三、风华正茂

风华正茂是描述青年大学生生机勃勃、充满活力和梦想的一个生动形象，它不仅描绘了青春的外在风采，更重要的是反映了内心的理想和追求。因此，高校班级建设中应当重视并充分发展这一阶段学生的特质，鼓励学生勇于追梦和实践，使他们在全面发展的道路上，成为具有理想、有担当的新时代青年。

（一）激发学生的积极性和创造性

班级建设应注重激发学生的积极性和创造性。教育者应通过设计富有启发性和挑战性的教学活动，如科研项目、创新实验、创业竞赛等，提供平台让学生敢于尝试和实践自己的想法。

1.创设一个鼓励探索和实验的学习环境是培养学生积极性和创造性

的前提。这种环境应当允许学生自由表达思想，并鼓励他们对已有知识进行质疑和批判性思考。教育者可以通过组织开放式的讨论和辩论，促使学生围绕特定的问题或主题展开深入的分析，并鼓励他们提出创新的解决方案。如设置特定的课题，让学生从多角度探讨并发表自己的见解和研究成果。

为了支持学生的创新活动，学校应为各班级提供必要的资源和设施，包括科研设备、实验材料、工具和创新基金等。这些资源可以帮助学生将他们的创意具体化，并进行实际操作，从而在实践中学习和成长。通过这样的措施，学生不仅能够在技术或学术上获得实践经验，还能够在过程中培养解决复杂问题的能力，为将来的职业生涯或进一步的学术研究打下坚实的基础。

2. 教育者应设计一系列富有挑战性的项目和竞赛，如科学研究项目、创新计划大赛等，这些都是激励学生发挥创造力和解决问题能力的有效途径。通过参与这些活动，学生不仅能将课堂上学到的理论知识应用于实际问题解决中，还能在与同伴的合作与竞争中锻炼其人际交往和团队协作技能。例如，一个跨学科的项目要求学生综合运用多方面的知识和技能，从而促进了创新思维的发展。

3. 为了全面激发学生的积极性和创造性，学校应定期组织专家讲座和研讨会，邀请行业专家、创新领袖及成功的企业家来校交流。这些活动可以为学生提供了解实际工作环境、行业发展趋势和前沿技术的机会。通过与这些专家的面对面交流，学生不仅可以获得宝贵的职业指导，还能激发他们对未来可能的职业道路的兴趣和热情。这些交流会也是学生展示自己创新项目和研究成果的平台，允许他们接受外部专业人士的反馈和建议。通过这种方式，学生能够在实际操作中不断完善自己的项目，提高其问题解决和项目管理能力。这些经验不仅有助于学生的个人成长，也鼓励他们勇于追求自己的梦想并将学术研究转化为实际应用。

（二）营造一个充满激情和活力的学习环境

班级建设需要营造一个充满激情和活力的学习环境，使每一位学生都能感受到青春的朝气和发展的动力。在高校班级建设中，营造一个充满激情和活力的学习环境是至关重要的。这种环境不仅能够激发学生的学习热情和创造力，还能够增强他们的团队合作能力和自我实现的动力。

1.优化班级文化是营造激情和活力环境的基础。班级文化应当鼓励学生在学术、艺术、体育等多个领域追求卓越。通过树立正确的学习态度和价值观，学生可以在日常学习和活动中不断追求进步。教育者可以通过定期组织主题文化周，如科学创新周、文化艺术节或体育竞技周，这些活动能够激发学生的探索精神和创新意识，增强他们的集体归属感和荣誉感。

2.建立学生自主管理的组织是营造活力环境的关键。学生组织如学生会、兴趣小组和社团不仅可以自行策划和执行各类活动，还可以作为学生意见和需求的代表，与教师及管理人员进行有效沟通。这样的自主性极大地提升了学生的参与感和满足感，使他们能够积极主动地贡献自己的力量于班级和校园的建设。

四、砥砺奋进

历史和现实都告诉我们，青年一代有理想、有担当，国家就有前途，民族就有希望，实现中华民族伟大复兴就有源源不断的强大力量。[①] 在新时代高校的班级建设中，"砥砺奋进"这一目标强调的是激发学生在大学阶段这一关键时期的积极性和主动性，让他们把握住这一生命中的黄金时段，积极培养和提升自己的专业技能，同时塑造和强化自己的品德素质。

---

① 陈云涛，凌云志，等．大学生诚信文化理论与实践：修订版[M]．杭州：浙江工商大学出版社，2019：3．

（一）专业知识与技能方面

"砥砺奋进"要求学生在专业学习上下功夫，深入掌握专业知识和技能。这不仅需要学生在课堂学习中表现出极高的勤奋和专注，更重要的是要在实际应用中精练和提升这些技能。为此，教育者应通过设计实习、实训及与企业的合作项目，为学生提供真实的工作环境体验。这些经验不仅能增强学生的职业技能，还能帮助他们理解理论与实践的联系，提高他们解决复杂问题的能力，培养出能够适应快速变化的行业需求和具备国际视野的专业人才。

（二）优良品格角度

"砥砺奋进"强调培养学生的优良品格，强调将诚实守信、坚韧不拔等优良品格融入学生的日常学习和生活之中。高校班级应通过整合课程教育和师德建设，配合丰富的校园文化活动，如定期的志愿服务活动、社会调查和社区参与项目，系统地加强学生的品格教育。例如，学校可以定期举办学习沙龙，邀请业界专家和社会榜样分享他们的经验和故事，从而激发学生对社会价值和个人责任的深刻理解。这种教育方式旨在培养学生在面对生活和学术挑战时表现出的坚韧不拔和正直的态度，同时，通过实际行动让学生学会关心他人，积极回馈社会，成为具有全局观和责任感的全面发展的人才。

（三）个人理想与国家发展大局的融合

"砥砺奋进"在激励学生个人理想与国家发展大局融合方面，强调学生应将个人成长与国家需求紧密联系，让学生在实现个人价值的同时，能够为社会做出贡献，成为国家建设的栋梁之材。为此，高校应积极推行国情教育和历史责任教育，通过讲座、研讨会及相关课程，深入介绍国家发展的战略目标及历史和文化传承。通过这些教育活动，学生可以更好地理解自己未来职业和生活选择对社会的影响和贡献。教育者应鼓励学生思考如何将自己的职业规划与国家需求相结合，激发他们为实现国家富强和民族振兴投身科技、教育、经济、文化等领域的热情和责任感。例如，可以通过响应的活动，使学生深入体验和探讨个人与国家命运的交汇点，从而更加明确自己的人生发展方向和使命，培养成为能够在全球舞台上代表和服务国家的国际化新人才。

第三节　高校班级建设的意义

加强高校班级建设是培养优秀大学生的基础，它关乎学生的全面发展和未来职业道路的发展。通过有效的班级管理和建设，可以显著提升班主任、班级辅导员及班级学生干部的领导能力，使他们在培养良好班风和学风中起到关键的引领作用。一个团结向上的班级环境不仅增强了学生的凝聚力和向心力，还为学生的健康成长和综合能力的提高创造了有利条件。强化班级建设还有助于弘扬人文主义关怀精神，为大学生的职业生涯规划和就业提供指导，从而在推动社会现代化进程中发挥重大作用。通过这种全方位的班级建设，学校能够更好地配合教育改革的需求，优化教育资源的配置，确保学生能够在学术和职业技能上都获得系统的提升，成为社会发展的有力支撑。

一、促进学生身心和全面发展

（一）身心安全与健康

高校班级不仅是知识传播的平台，也是学生身心发展的重要环境。特别是在学生身心安全与健康方面，高校班级的建设起到了至关重要的作用。身心安全与健康是高校班级建设中的首要任务，它直接关系学生的整体发展和未来潜力的实现。

1. 班级作为大学生日常生活和学习的核心场所，其规章制度的合理性和完善度对学生的行为规范和心理健康具有深远的影响。一个明确且公正的班级规章制度不仅维护了班级秩序，而且通过预防和解决学生行为问题，提升了班级的整体氛围。良好的班级规章制度包括详尽的行为准则和相应的奖惩机制，这些规定能够引导学生自觉遵守纪律，防止不良行为的发生。适时的奖励和公平的惩罚不仅增强了规章制度的执行力，还提高了学生对规章公正性的认同感，从而为学生营造了一个安全、有序且富有正向激励的学习环境。

2. 班级中和谐的人际关系是维护学生身心健康的关键。一个和谐的人际环境能够显著减少学生的心理压力，增进同学之间的相互理解与支持，从而提升整个班级的凝聚力和学生的个体适应能力。为了实现这一目标，教育者和辅导员应积极采取措施促进学生之间的积极互动，例如通过组织团队建设活动，如户外拓展训练、团队运动会等，增强学生的团队合作精神。同时，可以通过定期的班会和小组讨论，强化班级集体意识，让学生在分享个人经验的过程中建立信任与支持。

3. 高校辅导员的专业素养和责任感在维护学生身心健康方面起着至关重要的作用。作为学生日常生活和学习的直接管理者，辅导员不仅承担着班级管理的职责，更是学生心理健康的第一线守护者。他们需要具备高度的敏感性和专业的观察能力，能够及时识别和干预那些可能危害学生身心健康的因素，如学习压力过大、人际关系紧张或其他情绪问题。

4. 创造有利的成长环境和成才条件是高校班级建设的重要职责。这涵盖了丰富的学习资源，如图书、科研设备和在线学习材料，以及舒适的学习空间，包括良好的教室照明、适宜的学习家具和安静的学习氛围。高校应当提供广泛的实践机会，如实验室实习、行业实习和国际交流项目，使学生能够将理论知识应用于实际问题解决中，从而加深理解和技能的掌握。通过这些综合措施，学校不仅可以促进学生的学术成就，还能够支持他们的身心健康，培养出能够适应未来社会和职场挑战的全面发展的人才。

（二）拓宽视野，促进全面发展

高校班级建设的一个核心目标是拓宽学生的视野，促进其全面发展。这不仅涉及专业知识的深入掌握，更包括培养学生在多维度的认知和能力提升。班级作为学习和交流的基本单元，其建设质量直接影响学生的成长轨迹和未来潜能的实现。

1.拓宽视野意味着要提升学生的专业能力，并帮助他们建立学习自信。高校班级通过搭建一个开放和互助的学习环境，使学生能在同侪之间学习和交流，这种环境鼓励学生自由分享学习经验和探索方法，相互激励，共同进步。例如，通过小组讨论、研讨会和案例分析等形式，学生可以从同学那里学习到不同的解题思路和学习策略，从而提高解决专业问题的能力。这种相互学习的过程不仅加深了学生对专业知识的理解，也增强了他们处理复杂问题的自信和能力。通过组织专业讲座和学术交流活动，引入行业专家和学术先锋的见解，可以进一步拓展学生的视野，激发他们的学术好奇心和创新意识，为他们未来的职业生涯和学业发展奠定坚实的基础。

2.高校班级建设应注重促进学生在精神和文化层面的成长。这包括鼓励学生参与更广泛的文化、艺术和社会活动，如学术竞赛、文化节、艺术表演等。通过这些活动，学生的视野得到拓展，感受到不同文化和艺术的独特魅力，这不仅丰富了他们的大学生活，也有助于培养他们的全球视角和文化敏感性。

3.高校班级建设应致力于激发学生的创新精神和实践能力。通过组织科研项目、实习实训和创业挑战等活动，学生可以将课堂所学知识应用到实际问题的解决中，这不仅提高了他们的专业技能，也锻炼了他们的创新思维和团队协作能力。例如，通过参与跨学科研究项目，学生不仅可以学习如何运用科学方法来解决实际问题，还能学习如何在团队中发挥自己的长处，有效协作。

二、增强班级凝聚力，传递正能量

（一）增强团队精神，促进班级和谐发展

在高校班级建设中，增强团队精神并促进班级和谐发展是至关重要的。团队精神不只是一个抽象概念，还是大学生应具备的重要素质之一，它直接关系个人及集体的发展和成功。

1.团队精神的培养有助于加强学生之间的合作能力。在大学生活中，学生们需要通过合作完成学术项目、参与体育活动，以及参与各类团队竞赛。例如，通过团队学习小组，学生们可以共同探讨学术问题，分享不同的见解和学习方法，这种互助合作不仅加深了学术理解，还增强了彼此之间的信任和支持。它要求学生们在实际操作中应用理论知识，共同解决实际问题。这种合作过程中，学生们必须学会如何沟通协调、分配任务和共同应对挑战，这些都是未来职场中不可或缺的技能。体育比赛则是培养团队精神的另一个有效途径，它通过共同的体育活动，让学生在竞争和合作中学习如何尊重对手、鼓励队友，并在团队中找到自己的角色。通过这些团队活动，学生不仅能提高个人的社交技能和问题解决能力，还能在团队中发挥领导作用，为未来的职业生涯和社会生活打下坚实的基础。

2.强化团队精神有助于提升班级的凝聚力和归属感。当学生在班级活动中共同努力，实现共同目标时，他们能够体验到集体合作的力量，从而增强对班级的归属感。这种归属感是班级凝聚力的重要基础，它促使学生在面对困难和挑战时能够相互支持，共同克服。

通过团队合作取得的成就和成功不仅可以增强学生的自我效能感，还能激发他们的荣誉感和成就感。这些正向情感反过来又会促进学生更

加积极地参与班级和学校的各项活动，从而形成一种积极向上的班级文化。例如，参与学校的体育赛事或学术竞赛，班级成员共同为了胜利而努力，这种经历可以大大增强同学之间的团结和协作精神。随着时间的推移，这种团队精神将会深植于学生的心中，使他们在未来的学习和生活中，无论是在学术还是在职场环境中，都能更好地展示团队合作的能力，实现个人与集体的和谐发展。

（二）增进同学间的友谊

在高校班级建设中，增进同学之间的友谊对于营造健康的学习环境、提高学生的社交能力，以及促进情感的健康发展具有重要意义。友谊的建立不仅能够帮助学生在学术和生活上相互支持，还能够增强班级的凝聚力，形成积极向上的班级氛围。

1. 友谊的形成起始于共同的学习和生活经历。在课堂上，通过小组讨论和合作学习的形式，学生们不仅可以分享知识和学习资源，还可以在解决问题的过程中增强相互之间的信任和理解。例如，当一个学生在某个学术问题上遇到难题时，同伴的解释和帮助可以加深他们之间的友情。

大学生在宿舍的共同生活也是友谊深化的重要场景。在这里，同学们共同管理日常生活的各种细节，如协调清洁责任、共享生活用品，以及支持对方在情感和学业上的挑战。这种日常的互动不仅减轻了离家的孤独感，还让他们学会了如何在密切的人际关系中展现尊重和同情心。通过这些共同的经历，同学们的友谊得以在日常的点滴中逐渐累积和加固，最终形成长久的情感纽带，这对他们未来的社交能力和情感发展都有着不可估量的正面影响。

2. 班级活动是增进友谊的有效平台。通过学校组织的各类文体活动、社团活动和节日庆祝等，学生们得以在非正式的环境下展示自己的多样才华，也有机会发现和欣赏他人的独特性和优点。这些活动不仅是技能和兴趣的展现平台，更是社交和交流的场所，学生们在合作与竞争中建立起深厚的友情和相互理解。

（三）传递正能量

良好的班级建设能显著促进正能量的传播，为学生们营造一个和谐的学习和生活环境。通过维护积极的班级风气，如诚实守信、公平公正、团结友爱和艰苦朴素，学生们可以在这样的环境中得到成长，以自己的行为来反哺并强化这种班级文化，形成一种良性循环。在这种文化影响下，学生们的每一个正面行为都会受到班级的鼓励和效仿，而那些破坏班级风气的行为则会自然被排斥。

在这样的班级环境中，学生更易受到积极影响并乐于将这种正能量传递出去，从而逐步养成良好的个人习惯和形成优秀的个人品质。学生学会坚持正确的行为，及时纠正错误，并具备明辨是非的能力。此外，他们还会培养一种积极乐观和向上的人生态度。这种教育方式不仅在学生当前的学习和个人发展中起着关键作用，同时，这种积极的班级氛围也是学生未来在职业和社会生活中的宝贵财富。

这种班级建设的意义在于，它不仅促进了个体的发展，还通过个体的积极参与进一步促进了整个班级乃至更广泛社会环境的正向发展。通过这种方式，高校班级不仅是学术学习的场所，更成了社会责任和公民意识培养的重要阵地。

三、提高学生的社会适应能力

高校班级建设在促进学生社会适应能力的提高中扮演着极为重要的角色。班级不仅是学生学习的场所，更是一个微观社会，其中的社会结构、人际互动及角色分配都是社会生活的缩影。因此，班级环境成为学生学习和实践社会技能的重要平台。

（一）班级具有独特的组织结构和社会职能

高校班级作为大学生日常活动的核心场所，不仅是学术学习的平台，也是一个具有独特组织结构和社会职能的小型社会。班级的这种特性使其成为培养学生社会适应能力的重要环境，通过班级的多样化活动和日常管理，学生可以学习并实践必要的社会技能，为其未来的社会生活和职业发展奠定基础。

1.班级独特的组织结构。班级通常包括班级干部和普通成员，这种结构这种结构设计不仅模仿了社会的组织层次，还提供了一个平台，使学生能在安全的环境中练习社会角色和责任。在班级中担任干部，如班长、学习委员或组织委员等角色的学生，需要学习如何高效地管理时间、协调复杂的人际关系及领导团队达成具体目标。例如，班长不仅负责组织和召开班会，还需要协调班级内外的各种活动，处理突发情况，这在实际操作中锻炼了他们的领导能力、决策能力和应急处理能力。通过这些实际的管理经验，学生能够更好地理解和预备将来在更大社会环境中的各种角色和职责，这对于他们未来的职业生涯和社会适应具有重要意义。这样的实践不仅提高了学生的组织和领导能力，也增强了他们在真实世界中应用这些技能的自信心和能力。

2.班级的社会职能包括培养学生的团队合作精神、领导力和冲突解决能力。通过组织各种形式的团队活动，如团体讨论、项目合作和班级竞赛等，学生有机会将课堂理论与实际情境相结合，学习如何在多元化的团队环境中有效沟通和协作。这些活动不仅要求学生运用专业知识解决问题，还要求他们在团队中发挥领导作用，管理活动进程，并在面对意见分歧和冲突时展现出高超的调解技巧。

3.班级作为学生的主要社交场所，是他们学习社会交往规则的场所。在日常的班级互动中，通过同伴评价、集体决策和公开表达意见等活动，学生能够实践和理解社会互动的基本原则。这些活动不仅要求学生学会尊重他人，还需要他们倾听并理解不同的观点，并鼓励他们勇于表达自己的想法和立场。例如，在集体决策过程中，学生必须协商一致，找到最受大多数人支持的解决方案，这不仅锻炼了他们的沟通技巧，还增强了他们处理复杂人际关系的能力。通过这种互动，学生不仅提高了自己的人际交往能力，也增强了自我表达的能力和自信心，为将来在更广泛的社会环境中有效沟通和建立良好关系打下了坚实的基础。

（二）班级提供相对安全的模拟社会环境

1.班级活动为学生提供了一个模拟社会环境，使他们能够在相对安全的条件下练习社会交往和职业角色扮演。通过提供一个模拟的社会环境，这些活动使学生能够在一个相对安全且受控的条件下练习和发展其社会交往能力及职业角色扮演技能。班级活动多样化，包括学术讨论、文体竞赛、社会服务活动等，每一种活动都设计有特定的目的和学习成果。例如，学术讨论活动鼓励学生批判性思考和有效沟通，文体竞赛则旨在培养团队合作和竞争精神，社会服务活动则强调社会责任感和公民意识。这些活动不仅丰富学生的校园生活体验，更是培养他们未来职业素养的重要环节。通过参与这些活动，学生可以学习如何在团队中发挥作用，如何与不同背景和观点的人有效交流，并在过程中解决问题和管理冲突。这些是社会职业环境中不可或缺的技能，通过班级活动的模拟实践，学生可以在安全的环境中犯错、学习并最终精通这些技能。

班级活动还提供了一个探索和实践社会角色的平台。学生在这些活动中可能扮演领导者、协调者、执行者等多种角色，这种角色扮演有助于学生理解和准备将来可能担任的职业角色。例如，担任项目负责人的学生需要学习如何制订计划、动员团队和监督项目进度，这些经验直接对应未来职场中的管理职责。

2.班级中的人际关系处理是提高社会适应能力的重要方面。班级作为学生社会化的主要场所，提供了一个独特的环境，其中学生不仅需要获取专业知识，而且必须学会如何在复杂的社会关系中找到自己的位置。这一过程要求学生学习和实践尊重、理解和包容，这些社会技能是他们未来成为负责任的社会成员的基础。

（1）尊重他人是班级人际关系中最基本的要求。高校应教育学生认识到，每个人都有自己的独特性，包括不同的背景、信仰和观点。通过日常的班级互动，如团队讨论和合作学习，学生可以学习到如何在尊重个体差异的基础上建立有效的沟通和合作。例如，教师可以通过角色扮演和情景模拟的方法，让学生体验和解决实际的人际冲突，这些活动帮助学生理解不同观点，提高解决问题的能力。

（2）理解和包容不同观点和行为是构建和谐人际关系的关键。班级环境应鼓励学生开放心态，接受和理解多样化的思想和文化。这种开放性不限于接受不同的学术观点，还包括对各种生活方式和文化传统的包容。教育者可以通过组织多文化节日庆典、国际学生交流等活动，增强学生的跨文化理解力，从而促进班级内外的人际和谐。

（3）班级教育应强调培养学生的社会责任感和道德观。通过讨论社会当前的重大问题和道德困境，学生不仅可以学习到如何做出道德决策，还可以加深对公民责任的认识。例如，通过社会服务项目和志愿活动，学生可以亲身体验帮助他人和服务社区的重要性，这些活动有助于形成他们的道德框架和责任感；可以引导学生探讨多样的社会议题，如环保、社会正义等。这些活动不仅增强了学生的批判性思维能力，也使他们认识到作为一个合格公民的责任，激发他们对正义和道德行为的深刻反思。通过这种方式，学生学会在复杂的现实情境中做出合理的道德判断，培养出积极参与社会改革和促进公共利益的意识。这样的教育不仅是学术上的成长，更关乎形成学生的人格和价值观。

四、满足学生个性发展需要

在当前的高等教育领域，满足学生个性发展的需要已成为大学班级建设的一项重要任务。这不仅是对学生全面发展原则的具体体现，也是对现代教育理念的响应，强调尊重和促进每个学生的独特性和多样性。班集体作为大学生活的一个核心环境，提供了丰富多样的学习和社交机会，这些机会是发展学生个性和特殊才能的重要资源。班级内部的互动和活动不仅可以帮助学生构建社交网络，还可以通过各种形式的学术和非学术活动，提供一个平台，让学生能够探索和发展自己的兴趣和才能。

（一）良好的班级建设为学生提供了一个展示自我和发现他人的场所

班级环境的设计和文化的塑造，应侧重于创建一个开放和包容的学习社区，其中每个学生都可以自由表达自己的思想和感受。这种环境鼓励学生积极参与班级活动，从而使学生能够在各种社交和学术活动中展现自己的才能和激情。例如，通过组织辩论赛或音乐会，学生不仅能够展示自己的艺术天赋，也能通过这些活动与具有相似兴趣的同学建立联系，促进了深层次的社交交流和理解。班级中的互动和合作项目促使学生在团队中找到自己的角色，学习如何与不同背景和专业的同学协作，这些是未来职场中不可或缺的技能。通过团队合作解决问题的过程中，学生不仅能够提高自己的沟通能力和团队协作技能，还可以学习如何在多样化的工作环境中适应和创新。

班级文化的建设还应注重反映和尊重每位学生的个性和独特性。教育者应鼓励学生探索自己的兴趣和潜力，支持他们在学术和非学术领域追求卓越。通过定期的学生展示和成果分享会，学生可以获得反馈和认可，这不仅增强了他们的自信心，也激励他们进一步发展自己的专业技能和个人爱好。良好的班级建设应包括对学生个人发展的持续支持和指导。辅导员和教师应定期与学生进行一对一的交流，了解他们的需求和期望，提供个性化的指导和资源，帮助他们设定和达成个人和职业目标。这种持续的关注和支持有助于学生在大学期间建立清晰的职业规划，为未来的社会生活和职业发展打下坚实的基础。

（二）良好的班级建设为提供了一个尊重个体的包容环境

1.尊重个体差异的班级环境可以促进学生的自我认识和自我尊重。每位学生都具有自己独特的生活背景、学习能力和兴趣爱好，这些差异在班级环境中应得到充分尊重和合理利用。在班级建设过程中，教育者应通过设计灵活多样的教育策略来满足不同学生的需求，让每个学生都能找到自己的热情所在。班级可以鼓励组建各类兴趣小组和工作坊，如摄影俱乐部、编程班或创业工作坊，这些活动不仅丰富学生的校园生活，还帮助他们在探索中发现自我、确认自我，从而提高了学习的积极性和自我驱动力。

2.一个包容的班级环境鼓励学生表达自己的观点和想法，促进了思想的多元化和创新。教育者应倡导和维护这种开放对话的文化，确保每位学生都能在一个无偏见的环境中分享他们的观点。通过组织多样的互动活动，学生不仅能够提高自己的语言表达和逻辑推理能力，也能在交流中学习到如何有效地听取并评估不同的观点和信息。这些活动不限于学术领域，也涉及社会、政治和文化议题，通过这种方式，学生可以更好地理解复杂的全球问题和不同文化背景下的差异，成为具有全球视野的公民。这种互动还促进了学生之间的相互尊重和理解，为建立一个和谐的学习社区打下了坚实的基础。

第三章　职业规划教育与班级
　　　　建设的融合路径

第一节　丰富教师角色和职责，融合职业规划教育与班级建设

　　辅导员、班主任是高等学校教师队伍的重要组成部分，是高等学校从事德育工作，开展大学生思想政治教育的骨干力量，是大学生健康成长的指导者和引路人，[①] 肩负着教育者、管理者和朋友的三重责任。他们的核心职责是加强大学生的思想政治教育，指导学生成长成才。这一职责要求辅导员、班主任不仅要从传统的权力象征中走出，还需脱去纯行政的外衣，转而专注于思想的引领、品格的塑造、行动的指导和日常的支持，从而更清晰地认识到自己的角色定位和所承担的责任。

　　在新时代的背景下，辅导员、班主任的班级建设工作必须坚持以学生为中心的原则，实行"从学生中来，到学生中去"的工作路线。这意味着辅导员、班主任需深入学生群体，主动学习和实践，不断向发展进步学习，通过增强与学生的交流与沟通来深入了解学生的思想和需求。辅导员、班主任应当努力理解、尊重、关怀并帮助学生，通过建立平等和谐的师生关系，使学生感受到人文关怀和教育的温度。辅导员、班主任在促进高校班级建设和推动学生管理工作方面发挥着关键作用。他们应通过组织各类教育活动和实践项目，引导学生正确理解和积极参与班级和学校的集体生活。通过这种方式，辅导员、班主任不仅帮助学生建立起正向的价值观和积极的生活态度，还能有效地消除师生之间的隔阂，建立一种基于相互理解和支持的健康互动关系，成为学生的良师益友，

---

　　① 教育部.教育部关于加强高等学校辅导员、班主任队伍建设的意见［Z/OL］. http://www.moe.gov.cn/s78/A12/szs_lef/moe_1407/moe_1409/s3016/s3017/201006/ t20100608._88984.html.

实现良性循环互动，促进高校班集体建设，进而推进高校学生管理工作。

一、以立德树人为核心，切实担负起"引路人"的职责

辅导员、班主任的工作远超日常的管理职责，他们需要从多维度出发，深入学生的学习和生活实际，通过多种教育方式和活动，切实担负起引导学生正确成长的"引路人"角色。这不仅是对学生负责，也是对社会负责，是高等教育立德树人根本任务的具体体现。

辅导员、班主任在高校中担负的角色不限于学生日常活动的管理者，而是教育者和引导者。其核心任务在于全面推进学生的道德、智力、体质和美育等多方面的发展。这要求辅导员、班主任具备广泛而深入的教育知识，以及高度的责任感和教育热情。辅导员、班主任需要深入掌握涵盖思想政治教育、法治教育、安全教育及身心健康教育等多个教育领域的内容，这些都是学生个人成长和职业发展的关键要素。辅导员、班主任的教育活动不应局限于传授知识，更重要的是通过系统的教育方案来塑造学生的世界观、人生观和价值观。

在实际工作中，辅导员、班主任还需要利用自己的专业知识和实践经验，帮助学生正确处理日常生活中遇到的道德和行为挑战，引导他们在多元文化和多变社会环境中做出恰当的决策。通过这些教育活动，不仅增强了学生的社会适应能力，也提高了他们解决实际问题的能力。因此，辅导员、班主任的工作远超出常规的管理职责，他们在教育学生、引导学生正确成长过程中起到了不可或缺的"引路人"作用，对学生的全面发展和社会的长远进步具有深远的影响。

二、以指导育人为根本，切实承担起"指导员"的角色

高校辅导员、班主任不仅是学生日常学习与生活的直接管理者，更是学生个性发展和职业生涯规划的重要指导者。作为"指导员"，辅导员、班主任的任务远超出传统的教学和管理职能，更多地涉及对学生进

行个性化指导和支持，帮助他们在多方面实现自身的潜能和发展。

第一，辅导员、班主任需要建立与学生之间的信任关系，这是有效开展指导工作的基础。在现代高等教育中，辅导员、班主任作为学生日常学习和生活的第一责任人，其角色已经从传统的教学管理者转变为全方位的学生发展指导者。在这一角色中，建立和维护与学生之间的信任关系尤为关键，它是进行有效教育和指导的基石。信任关系的建立基于对学生个性的深入了解和尊重。辅导员、班主任需要通过日常的互动，了解学生的个性特点、学习习惯、兴趣爱好，以及他们在学习和生活中遇到的具体问题。这种了解不应仅限于表面的问询，更应通过观察、交流和反馈等多种方式进行。例如，辅导员、班主任可以通过定期的一对一谈话，收集学生的反馈，关注他们的情绪变化和需求，从而提供更符合个体需求的指导和支持。

第二，在职业和成长指导方面，辅导员、班主任的指导作用同样至关重要。高校辅导员、班主任不仅要关注学生的学术成长，还需重视学生的职业意识培养和职业规划指导。辅导员、班主任需要引导学生认识自身的兴趣和特长，了解就业市场的需求，帮助他们制订切实可行的职业规划。这一过程不仅涉及职业目标的确定，还包括具体行动计划的制订和实施。

辅导员、班主任应对学生进行职业意识的培养。这可以通过开展职业生涯规划讲座、职业兴趣测评等活动，使学生在进入大学阶段便开始思考未来的职业方向。辅导员、班主任应帮助学生认识到职业规划的重要性，指导他们如何将自己的兴趣和特长与市场需求相结合，找到最适合自己的职业路径。例如，辅导员、班主任可以通过分享成功校友的职业发展经验，使学生对不同职业领域有更具体的了解，从而更好地做出职业选择。在提供就业市场信息方面，辅导员、班主任需要及时掌握和传递最新的就业动态和行业趋势，包括就业市场的供需情况、不同职业领域的发展前景、用人单位的要求等。辅导员、班主任可以通过定期举办就业指导讲座、邀请行业专家举办讲座，以及组织学生参观企业等方式，帮助学生了解就业市场的实际情况。同时，辅导员、班主任还应帮助学生认识到在职业选择中需要综合考虑的因素，如薪酬待遇、工作环境、职业发展机会等，从而做出更加理性的职业决策。

辅导员、班主任在社会实践指导方面也扮演着重要角色。社会实践是大学生综合素质提升的重要途径，辅导员、班主任应指导学生如何平衡学习与兼职、实习等工作的关系，帮助他们合理安排时间，提升时间管理能力。在这一过程中，辅导员、班主任可以通过分享自己的实践经验和实用建议，帮助学生更好地应对工作中的挑战，提高工作效率和职业素养。例如，辅导员、班主任可以教授学生如何制订详细的时间计划，如何在繁忙的学习和工作中保持高效的工作状态，以及如何在面对挫折时保持积极的心态。辅导员、班主任还应鼓励学生积极参加社会实践活动，如志愿服务、社团活动等，培养他们的社会责任感和综合素质。社会实践不仅可以拓宽学生的视野、丰富他们的社会经验，还能帮助他们在实践中检验和应用所学知识。通过参与各种社会实践活动，学生可以学会如何与不同的人群打交道，如何在复杂的社会环境中解决问题，从而提升他们的社会适应能力和综合素质。

第三，辅导员、班主任应承担健康指导的职责。其需要全面关注学生的身心健康，及时发现并有效干预可能影响学生健康的因素，如情绪问题、人际关系冲突等。通过提供心理健康教育和相关的辅导服务，辅导员、班主任能够为学生的健康成长提供必要的支持，确保他们在大学期间能够身心健康地成长和发展。

辅导员、班主任应具备敏锐的观察力，能够及时识别学生在情绪和心理健康方面的问题。大学生正处于人生的重要转折阶段，面对学业压力、人际关系、未来规划等多方面的挑战，容易出现情绪波动和心理问题。辅导员、班主任应通过日常的观察和交流，了解学生的心理状态，及时发现那些可能面临情绪困扰或心理压力的学生。例如，通过定期的个别谈话和班级活动，辅导员、班主任可以了解学生的心声，及时捕捉到他们情绪上的异常变化，从而提供及时的干预和帮助。在发现学生存在情绪问题或心理困扰时，辅导员、班主任需要采取适当的干预措施。首先，辅导员、班主任应与学生进行深入的沟通，了解他们的问题根源，并给予适当的心理疏导和支持。这种沟通不仅可以缓解学生的情绪压力，还能增强他们的信任感和安全感，使他们感受到被关注和理解。同时，辅导员、班主任应根据学生的具体情况，建议他们参加心理咨询或心理治疗，提供专业的心理支持。此外，辅导员、班主任可以组织一些情绪管理和压力缓解的工作坊或讲座，帮助学生学习如何调节情绪、应对压力，提升他们的心理韧性。

辅导员、班主任还应重视人际关系的指导。大学生在校园生活中会遇到各种人际关系问题，如室友矛盾、恋爱困扰、同学竞争等，这些问题如果处理不当，可能会对学生的心理健康造成负面影响。辅导员、班主任应通过人际关系教育，帮助学生理解和掌握正确的人际交往技巧。例如，辅导员、班主任可以开设人际关系处理的专题讲座，邀请专家分享如何有效沟通、解决冲突的方法，增强学生在面对人际问题时的处理能力。同时，辅导员、班主任应鼓励学生积极参加集体活动和社团组织，培养他们的团队合作精神和社会交往能力，促进他们在人际关系中的自信和成熟。

心理健康教育是辅导员、班主任健康指导的重要内容之一。辅导员、班主任应通过多种形式的心理健康教育活动，提高学生的心理健康意识和知识。例如，辅导员、班主任可以组织心理健康宣传周、心理健康知识竞赛等活动，普及心理健康常识，帮助学生认识到心理健康的重要性。同时，辅导员、班主任应结合实际案例，通过生动的讲解和互动，向学生传授一些实用的心理调适技巧，如放松训练、认知重构等，帮助他们掌握维护心理健康的方法。辅导员、班主任在提供心理健康教育和相关辅导服务的过程中，应注重个性化和人性化。每个学生的心理状况和需求各不相同，辅导员、班主任应根据学生的具体情况，制订个性化的辅导方案，提供有针对性的心理支持。例如，对于那些容易产生焦虑和抑郁情绪的学生，辅导员、班主任可以采取个别辅导的方式，帮助他们进行情绪调适和认知调整，增强他们的心理弹性。对于那些在人际关系中遇到困扰的学生，辅导员、班主任可以通过小组辅导或工作坊的形式，帮助他们提升沟通技巧和解决冲突的能力，促进他们建立健康的人际关系。

辅导员、班主任在健康指导中的一个重要职责是建立和维护一个支持性的班级环境。一个和谐、支持性的班级氛围对学生的心理健康有着积极的影响。辅导员、班主任应通过组织班级活动和集体建设，增强班级成员之间的互助和合作精神，营造一个温暖、包容的班级文化。例如，辅导员、班主任可以定期组织班级团建活动，如郊游、体育比赛、读书会等，增强同学之间的情感联系和团队凝聚力。同时，辅导员、班主任应鼓励学生互相关心和帮助，形成一种互助共进的班级氛围，使每个学生都能在班级中找到归属感和支持。

三、以管理育人为手段，做好学生的"管理员"

辅导员、班主任作为学生的"管理员"，其职责远超过传统意义上的监督和管理。他们通过日常管理实践，不仅维护学校的教学秩序和生活规范，更通过管理育人的策略，促进学生的全面发展，为学生的未来社会生活和职业发展奠定坚实的基础。这种以人为本的管理哲学，确保了教育活动能够在有序和积极的环境中进行。

第一，日常管理是维护学校正常教学、生活秩序的必要保障。通过监督学生遵守校规校纪、管理学生的日常行为和安全，以及维护学习环境的稳定，辅导员、班主任在高校班级建设中发挥着不可替代的作用。这不仅有助于预防和解决问题，更是教育学生自律和自我管理能力的重要环节。

辅导员、班主任应密切关注学生的生活状况，通过定期的寝室检查，确保学生的生活环境整洁、安全和健康。寝室是学生日常生活的重要场所，良好的寝室环境对学生的身心健康和学习效率具有重要影响。辅导员、班主任应通过定期或不定期的检查，了解学生的生活习惯，及时发现并解决潜在的问题。例如，辅导员、班主任可以检查寝室的卫生状况、用电安全和生活用品的摆放情况，确保学生遵守学校的安全规定。辅导员、班主任还可以通过与学生的面对面交流，了解他们在生活中的困惑和需求，提供必要的帮助和支持。这种监督不仅有助于维护寝室的安全和卫生，还能培养学生良好的生活习惯和责任感。

　　学业监督是辅导员、班主任日常管理工作的重要组成部分。辅导员、班主任应通过各种途径了解学生的学习情况，及时发现学业上的问题，并采取相应的干预措施。例如，辅导员、班主任可以通过定期与任课教师交流，了解学生的课堂表现和学习进度；通过组织学习小组和学习辅导活动，帮助学业困难的学生提高学习成绩。辅导员、班主任还可以通过学业督促和学业警告等方式，提醒学生重视学业，督促他们制订合理的学习计划，克服学习中的困难。学业监督不仅有助于提高学生的学习成绩，更是培养学生学习自律和自我管理能力的重要手段。

　　辅导员、班主任在日常管理中还需注重学生行为规范的管理。高校学生来自不同的背景，有着不同的行为习惯和价值观，辅导员、班主任需要通过有效的管理和教育，引导学生树立正确的行为规范。例如，辅导员、班主任可以通过组织班会、专题讲座和案例分析等活动，向学生宣传校规校纪和行为规范的重要性，帮助他们理解并遵守学校的各项规定。同时，辅导员、班主任应通过日常的观察和记录，及时发现并纠正学生的不良行为，给予必要的教育和引导。例如，对于违反校规校纪的学生，辅导员、班主任可以通过谈话、警告和处分等方式，督促他们改正错误，养成良好的行为习惯。行为规范的管理不仅有助于维护学校的教学和生活秩序，更是教育学生树立正确价值观和行为准则的重要途径。

安全管理是辅导员、班主任日常管理工作的另一个重要方面。高校学生正处于青春期，容易受到外界的影响和诱惑，辅导员、班主任需要通过有效的安全管理措施，保障学生的身心健康和安全。例如，辅导员、班主任可以通过组织安全教育讲座和演练，提高学生的安全意识和防范能力；通过与保卫部门的合作，建立健全的安全管理制度，及时处理安全隐患和突发事件。此外，辅导员、班主任还可以通过心理咨询和辅导，帮助学生应对情感问题和心理压力，预防和减少心理危机和安全事故的发生。安全管理不仅是保障学生安全的必要措施，更是培养学生安全意识和自我保护能力的重要手段。

第二，大学与中学的教学模式和生活环境存在很大的"鸿沟"。这种差异不仅表现在学习方式上，也在生活管理中体现得淋漓尽致。在中学阶段，学生的学习和生活较多依赖教师和家长的监督和指导，而在大学阶段，学生则需要更多地依靠自我管理和自我约束。面对这种转变，许多新生在刚入学时常常感到不适应，出现了诸多学习和生活上的问题，这时候辅导员、班主任就需要切实做好"管理员"的角色。

辅导员、班主任还应通过各种形式的活动和教育，增强学生的"自省"意识。自省是大学生自我管理和自我发展的重要能力，通过自省，学生可以认识到自己的不足，明确改进的方向，从而不断提升自我。例如，辅导员、班主任可以组织"自省"主题的班会，邀请优秀学长学姐分享他们的学习和生活经验，帮助新生树立榜样。辅导员、班主任还可以通过个别谈话、问卷调查等方式，了解学生的思想动态和心理状况，及时发现并解决他们在学习和生活中的困惑和问题。

辅导员、班主任在日常管理中还需注重培养学生的规则意识和责任感。大学阶段是学生从依赖性向独立性转变的关键时期，通过严格的规则管理和责任教育，辅导员、班主任可以帮助学生认识到遵守校规校纪的重要性，增强他们的规则意识和责任感。例如，辅导员、班主任可以通过组织校规校纪的学习和考试，让学生深入理解学校的各项规定和要求；通过班级公约的制订和实施，培养学生的集体荣誉感和责任感。此外，辅导员、班主任还可以通过奖惩机制，鼓励学生遵守规则，改正不良行为，形成良好的行为习惯。

四、以服务育人为基础，争做学生的"知心人"

在高校辅导员、班主任的众多职责中，服务育人是最贴近学生生活实际的一个方面。尽管大学生已是成年人，但他们大多社会阅历浅、生活经验不足，特别是在初入校园时，常常面对各种困难而手足无措。辅导员、班主任在这一时期所提供的各项服务，对学生的成长和发展具有重要意义。辅导员、班主任不仅为学生提供了"后勤保障"，还在精神上为他们"排忧解难"，因此，辅导员、班主任不仅要履行教育和管理的职责，还需做好服务工作，成为学生的"知心人"和"贴心人"。

第一，辅导员、班主任需要积极做好咨询服务。在大学生面临学业、生活或心理问题时，辅导员、班主任应主动提供咨询，帮助他们解决困惑。咨询服务不限于学术上的指导，还包括心理疏导和生活建议。例如，学生可能在学习过程中遇到理解困难或时间管理问题，辅导员、班主任可以提供学习方法和时间管理技巧；当学生在生活中遇到人际关系困扰或心理压力时，辅导员、班主任应进行心理辅导，提供情感支持和实际建议，帮助学生保持心理健康和情绪稳定。

第二，辅导员、班主任要积极开展帮困助学服务。部分大学生来自经济困难家庭，生活上可能面临诸多挑战。辅导员、班主任应了解这些学生的实际情况，及时提供经济帮助和支持。例如，通过助学金、奖学金和勤工助学岗位的申请，帮助贫困学生减轻经济压力，使他们能够安心学习。辅导员、班主任还可以组织班级同学开展互助活动，营造团结互助的班级氛围，帮助贫困学生渡过难关。

第三，就业服务是辅导员、班主任服务工作中的另一个重要内容。大学生在临近毕业时，常常面临择业和就业的困扰。辅导员、班主任应积极提供就业指导服务，帮助学生进行职业生涯规划。例如，辅导员、班主任可以邀请企业专家和校友开展就业讲座，分享职场经验和求职技巧；组织模拟面试和职业技能培训，提高学生的求职能力和竞争力。辅导员、班主任还可以利用学校的就业资源，推荐优秀学生参加实习和招聘活动，帮助他们顺利走向社会，实现职业梦想。

第四，在学生需要帮助的时候，辅导员、班主任应当第一时间伸出援助之手，助他们一臂之力。无论是在学业上遇到困境，还是在生活中遭遇挫折，辅导员、班主任都应及时介入，提供有效的帮助和支持。例如，学生可能因家庭变故或突发事件而陷入困境，辅导员、班主任应及时了解情况，通过心理疏导和实际援助，帮助学生渡过难关。此外，辅导员、班主任还应关注学生的思想动态，及时发现和解决潜在的问题和矛盾，防止问题的积累和激化。

第五，辅导员、班主任在服务学生的过程中，应当注重培养学生的自主能力和解决问题的能力。辅导员、班主任不仅要帮助学生解决当前的问题，还应引导他们学会自我管理和自我提升。例如，辅导员、班主任可以组织时间管理、学习方法和心理健康等方面的培训，帮助学生提高自主学习和生活管理能力。通过这些培训，学生不仅能够解决眼前的问题，还能够掌握应对未来挑战的技能和方法，实现全面发展。

第二节　解决好当下班级建设与长远职业规划的关系

一、班级建设与职业规划的关系

班级作为高等学校学生的基本组织方式，在教育教学中占据重要地位。良好的班级建设不仅是形成校园优良学风的前提，更在人才培养中起着积极作用。职业生涯规划是大学生就业最基础的一项准备工作，也是实现职业理想和职业目标的关键环节。班级建设与职业生涯规划之间的关系因两者目标趋向的一致性变得越来越密切。在职业生涯规划的视域下，探寻班级建设的新路径显得尤为重要。这种探索不仅有助于学生在职业发展上获得更好的指导和支持，也能促进班级整体氛围的优化，进一步提升教育质量。因此，研究如何在职业生涯规划中融入班级建设的元素，为学生提供更加全面的发展平台，是一个值得深入探讨的课题。

职业生涯规划理论起源于美国，并在美国发展成为一套成熟的理论体系。[1] 学者尚娅、何可（2009）将职业生涯规划分为自我认知、规划程度、职业意识三个维度；学者廖永珍、赵光红、阮满真（2009）将其划分为自我认知、环境评估、职业目标、行动计划、人际关系、反馈修正六个维度；学者陈新（2012）则将其划分为认知态度、自我认知、职业认知、目标设定、对求职过程的影响五个维度。[2] 综合学者们的研究成果，我们发现对职业生涯规划的维度划分既有重合之处，又各有侧重。在本书中，我们选取了自我认知、职业认知、环境认知和行动认知作为职业生涯规划的主要维度。这些维度将与班级建设中的人际环境建设、组织环境建设、人文环境建设和学习环境建设进行相关关系的详细阐述。

（一）自我认知与组织环境建设

职业生涯规划中的自我认知与班级建设中的组织环境建设之间的关系极为密切。自我认知是职业生涯规划的基础，它涉及学生对自身人格特征、个性特点、专业兴趣及社会需求的全面认识。通过自我认知，学生能够更清晰地了解自己的优点和不足，从而更好地融入班级组织，增

---

① 秦哲. 积极心理学视野下大学生心理危机干预构想 [M]. 北京：航空工业出版社，2019：84.

② 王林祥，章佳萍. 职业生涯规划视域下班级建设的路径研究 [J]. 改革与开放，2016（20）：113.

强班级的整体文化氛围。

在高校班级建设中，组织环境建设是指通过制度、规章和组织活动，构建一个有序、高效、充满活力的班级组织结构。良好的组织环境不仅有助于班级管理的规范化，还能激发学生的积极性和创造性。通过自我认知，学生能够找到自己的定位和角色，从而更加主动地参与到班级建设种。这种积极的参与，不仅能够提高个人的自我效能感，还能提升整个班级的凝聚力和向心力。班级建设中的组织环境不仅是学生自我认知的舞台，也是学生职业素养培养的重要载体。在良好的组织环境中，学生不仅可以学到知识，还能通过实践提高自己的组织管理能力和团队合作能力。这些能力对于学生未来的职业发展至关重要。在班级建设中，可以通过担任班干部、参与班级活动策划和执行等机会，让学生在实际工作中锻炼和提升自己的综合素质。

为了有效促进学生的自我认知，可以通过一系列互动交流会和自我探索活动。例如，定期举办班级座谈会，让学生分享自己的兴趣爱好、专业选择和职业目标。这些活动不仅可以帮助学生更好地了解自己，还能增进同学之间的相互理解和信任，营造团结友爱的班级氛围。此外，班级可以邀请职业规划专家和心理咨询师举办讲座和辅导，帮助学生进行深度的自我认知和职业生涯规划。自我认知不仅有助于学生的个人成长，还能为班级组织环境的优化提供重要参考。通过了解学生的个性特点和专业兴趣，班级可以有针对性地设计和开展各类活动。例如，对于喜欢科研的学生，可以组织科研小组和学术讨论会；对于热爱文艺的学生，可以开展文艺演出和艺术创作比赛。这样的活动安排，不仅能够满足不同学生的兴趣需求，还能提升班级整体的创新能力和文化氛围。自我认知的过程还可以促进学生的职业发展。通过了解自己的兴趣和能力，学生可以更有针对性地选择适合自己的职业方向和发展路径。这种清晰的职业定位，不仅有助于学生在学业上的努力方向，还能增强他们的职业自信心。在班级建设中，可以通过职业生涯规划课程和职业指导活动，帮助学生进行职业目标的设定和规划，为他们未来的职业发展打下坚实的基础。

（二）职业认知与人际环境建设

职业生涯规划中的职业认知与班级建设中的人际环境建设之间存在着极为密切的关系。职业认知是指学生对社会、行业及用人单位的了解和认识，包括对职业要求、发展路径、职业环境等方面的认知。当大学生了解社会和用人单位对他们能力素质的具体要求后，他们能够更加明确自己的职业发展方向，从而激发增强人际交往的意愿，这种互动不仅有助于个人职业目标的实现，还能够极大地改善和提升班级的人际环境。

班级的人际环境建设是班级建设的重要组成部分，良好的人际环境可以促进学生之间的相互理解和支持，增强班级的凝聚力和向心力。通过职业认知的提升，学生能够认识到人际关系在职业发展中的重要性，从而更加重视与同学、老师及校友之间的沟通和交流。这种积极的互动不仅有助于营造良好的班级氛围，还能够为学生未来的职业发展打下坚实的人际关系基础。为了有效提升学生的职业认知，可以通过一系列校友讲座、同行生涯人物访谈等方式，让学生了解所学专业的实际工作内容和可行的职业发展方向。例如，可以邀请优秀校友回校分享他们的职业经历和成功经验，帮助学生了解不同行业的工作特点和职业发展路径。这些讲座和访谈不仅能够开阔学生的视野，还能够激发他们对未来职业的憧憬和追求。

在班级建设中，可以通过开展职业认知相关的主题班会和讨论，让学生在集体环境中分享自己的职业认知和职业规划。这种集体讨论不仅有助于学生之间的相互学习和借鉴，还能够增强班级的凝聚力和团队精神。例如，可以组织职业规划主题班会，邀请同学们分享自己的职业目标和规划，与大家一起探讨职业选择的困惑和挑战。这种互动不仅能够加深学生对职业的理解，还能够增强班级内部的互助和支持。职业认知的提升也能够促进学生在班级活动中的积极参与。当学生明确了自己的职业目标，他们会更加主动地参与各种班级活动，以提升自己的综合能力和素质。例如，学生可能会更加积极地参与科研项目、学术竞赛和社会实践活动，以积累相关经验和技能。这种积极的参与不仅能够提升个人的职业竞争力，还能够为班级增添活力和动力，促进班级的整体发展。

（三）环境认知与人文环境建设

职业生涯规划中的环境认知与班级建设中的人文环境建设之间有着密切的关系。环境认知是指学生对大学校园生活、学习环境及社会环境的了解和适应。环境认知帮助学生对周围环境进行正确的评估，从而能够更好地融入大学生活，形成和谐的人文环境。当大学生适应大学校园生活和学习环境后，他们能够更加自如地应对各种学术和社交挑战。这种适应不仅有助于个人成长，还能够促进班级内部的人文环境建设。良好的人文环境建设能够营造积极、包容、互助的氛围，使学生在学习和生活中感受到温暖和支持。

为了促进环境认知与人文环境建设的结合，可以定期开展班级间的联谊会。这些联谊会可以是形式多样的活动，如学术研讨会、文化交流会、体育比赛等，通过这些活动，学生能够互相了解、交流经验、分享心得。这种互动不仅增进了学生之间的友谊，还能够增强班级的凝聚力和团队精神。在联谊会中，学生可以根据阶段性的学习生活，对周围环境进行比较、评估和再评估，从而修正自己的行动方案。例如，学生可以在联谊会上分享自己在学术研究中的经验和教训，讨论如何更好地利用学校资源来提高学术水平。此外，学生还可以交流如何平衡学习与生活、如何处理人际关系等实际问题，通过这种交流，不断优化自己的学习和生活方式。

在人文环境建设中，教育者也扮演着重要角色。他们需要营造一个尊重、包容和支持的氛围，使学生感受到关怀和重视。例如，辅导员、班主任和教师可以通过定期与学生交流，了解他们的需求和困难，及时提供帮助和支持。此外，学校还可以设立心理咨询中心，为学生提供心理辅导和支持，帮助他们应对学习和生活中的压力和挑战。环境认知与人文环境建设的结合还可以通过学生自治组织来实现。班级委员会、学生会等组织可以定期开展活动，促进学生之间的互动和合作。例如，班级委员会可以组织班级会议，讨论如何改善班级环境，提升班级凝聚力和团队精神。通过这些活动，学生不仅能够增强自我管理能力，还能够培养团队合作精神和领导力。

（四）行动认知与学习环境建设

职业生涯规划中的行动认知与班级建设中的学习环境建设之间有着密切的关系。行动认知是指学生在制订合理的职业生涯规划后，能够有效地执行学习目标，并主动参与学习过程。良好的行动认知不仅能够提升学生的个人学业成就，还能够积极促进班级整体的学习氛围，营造一个充满动力和目标导向的学习环境。当学生明确了自己的职业发展目标，并制订了相应的学习计划，他们会更有动力去实现这些目标。这样，学生会在日常学习中表现出更高的自觉性和积极性，主动参与各种学术活动，如课堂讨论、课题研究、项目合作等。这种主动学习的态度不仅能够提高个人的学术水平，还能够带动整个班级的学习氛围，使班级成为一个积极向上、充满活力的学术团体。

为了促进行动认知与学习环境建设的结合，可以通过班级职业生涯规划的成果展示，对学生阶段性的目标执行情况进行总结和评估。这种展示活动可以以学术报告会、海报展示、项目展示等形式进行，学生可以分享他们在职业生涯规划中的经验和成果，展示他们在学术研究和实践中的成就。这不仅可以激励学生继续努力实现他们的职业目标，还能够在班级中营造一种积极向上的学术氛围。在职业生涯规划成果展示中，学生可以展示他们的研究项目、实习经历、课外活动等，通过这种展示，学生可以互相学习和借鉴，激发彼此的学术兴趣和创新思维。例如，一个学生在展示中分享了自己在某个科研项目中的突破性成果，其他同学可以从中学到新的研究方法和技巧，从而提高自己的学术水平。此外，这种展示活动还可以增强学生的自信心，使他们更加坚定地朝着自己的职业目标努力。

班级学习环境建设还需要注重为学生提供良好的学习资源和支持。学校应通过提供先进的教学设施和丰富的学术资源，支持学生的学术探索和职业发展。例如，学校可以提供图书馆、实验室、计算机中心等设施，满足学生的学习和研究需求；可以通过开设各种学术讲座、研讨会和工作坊，为学生提供与专业相关的最新信息和知识。此外，学校还可以通过与企业和科研机构的合作，为学生提供实习和实践机会，使他们能够将课堂上学到的知识应用到实际工作中，从而提高他们的职业技能和实践能力。学校还可以通过建立学习互助小组，促进学生之间的合作与交流。在学习互助小组中，学生可以互相帮助，分享学习资源和经验，共同解决学习中的难题。这不仅可以提高学生的学业成绩，还能够增强班级的凝聚力和团队精神。

二、班级建设中融入职业规划指导的意义

（一）能够培养学生的职业意识和素养

职业意识和职业素养是大学生在未来职场中取得成功的关键因素。但许多大学生在进入大学时，仍然处于相对理想化的状态，心理尚未完全成熟，自我意识较强，往往缺乏从他人角度思考问题的能力。这种心理和思维特点可能导致他们在面对复杂的社会和职场环境时，显得有些被动和无所适从。因此，在班级建设中渗透职业规划指导的意义重大。在班级建设中渗透职业规划指导，对于培养学生的职业意识和职业素养具有重要意义。通过系统的职业指导，学生能够从自我的小天地中走出来，以职

业人的标准要求自己,提高就业竞争力。这不仅有助于学生在未来职场中取得成功,也为学校的人才培养和社会的可持续发展做出了积极贡献。

1.通过职业指导,学生能够从自我的小天地中走出来,学会站在职业人的角度审视自己和周围的世界。这种转变不仅有助于学生更好地理解和适应社会需求,还能显著提高他们的就业竞争力。职业指导课程和活动可以帮助学生了解职业规范、职场礼仪及行业标准等基本知识,使他们在进入职场之前就具备基本的职业素养。例如,通过模拟求职面试、职业角色扮演等实践活动,学生可以提前体验职场情境,学习如何在真实工作环境中展示自己的能力和素养。

2.职业指导可以帮助学生建立正确的职业意识。在职业指导过程中,教育者可以通过多种形式,如职业讲座、职业生涯规划课程、职业咨询等,引导学生认识职业发展的重要性,并帮助他们树立正确的职业观念,让学生了解到实际工作中可能遇到的挑战和机遇,激发他们对职业发展的热情和动力。通过这些活动,学生不仅能够获得宝贵的职业建议,还能够增强对职业规划的认识,明确自己的职业目标和发展方向。

3.职业指导可以帮助学生提升自我认知,明确自己的职业兴趣和优势。在职业指导过程中,教育者可以利用职业兴趣测试、职业性格分析等工具,帮助学生全面了解自己的职业兴趣、性格特点和能力倾向。通过这些评估,学生可以更清晰地认识自己的职业优势和不足,从而制订更为科学合理的职业发展计划。例如,通过职业兴趣测试,学生可以发现自己对某些职业领域的特殊兴趣,从而在职业选择上做出更为明智的决策。职业兴趣测试通常会涉及多个维度,如工作活动、工作环境、职业价值观等。通过系统的测试和分析,学生能够明确自己最感兴趣的职业方向,了解哪些职业最适合自己的性格和能力。这不仅可以帮助他们在职业选择上避免盲目性,还能提高他们对未来职业的期望和信心。下面我们设计了一份大学生职业兴趣测试,如表3-1所示。

表 3-1　大学生职业兴趣测试

大学生职业兴趣测试

说明：

　　欢迎参加职业兴趣测试。本测试旨在帮助你了解自己的职业兴趣和倾向，以便在未来职业规划中做出更为明智的选择。请认真阅读每个问题，并根据自己的真实感受选择最符合的选项。测试结果将为你提供有价值的职业建议。

A. 职业活动偏好

1. 我喜欢在实验室里进行科学实验。
 – A. 非常喜欢
 – B. 比较喜欢
 – C. 一般
 – D. 不太喜欢
 – E. 完全不喜欢

2. 我喜欢与人交流，帮助他们解决问题。
 – A. 非常喜欢
 – B. 比较喜欢
 – C. 一般
 – D. 不太喜欢
 – E. 完全不喜欢

3. 我喜欢从事创意性工作，如写作、绘画或设计。
 – A. 非常喜欢
 – B. 比较喜欢
 – C. 一般
 – D. 不太喜欢
 – E. 完全不喜欢

4. 我喜欢参与团队合作，共同完成项目。
 – A. 非常喜欢
 – B. 比较喜欢
 – C. 一般
 – D. 不太喜欢

– E. 完全不喜欢

5. 我喜欢分析数据，做统计和研究。
　– A. 非常喜欢
　– B. 比较喜欢
　– C. 一般
　– D. 不太喜欢
　– E. 完全不喜欢

6. 我喜欢从事户外工作，如农业、环保或建筑。
　– A. 非常喜欢
　– B. 比较喜欢
　– C. 一般
　– D. 不太喜欢
　– E. 完全不喜欢

B. 工作环境偏好

1. 我喜欢在安静的环境中独立工作。
　– A. 非常喜欢
　– B. 比较喜欢
　– C. 一般
　– D. 不太喜欢
　– E. 完全不喜欢

2. 我喜欢在充满活力和互动的环境中工作。
　– A. 非常喜欢
　– B. 比较喜欢
　– C. 一般
　– D. 不太喜欢
　– E. 完全不喜欢

3. 我喜欢在结构化、规则明确的环境中工作。
　– A. 非常喜欢
　– B. 比较喜欢
　– C. 一般

- D. 不太喜欢
- E. 完全不喜欢

4. 我喜欢在有一定自由度和灵活性的环境中工作。
- A. 非常喜欢
- B. 比较喜欢
- C. 一般
- D. 不太喜欢
- E. 完全不喜欢

C. 职业价值观

1. 我希望我的工作能对社会产生积极影响。
- A. 非常希望
- B. 比较希望
- C. 一般
- D. 不太希望
- E. 完全不希望

2. 我希望通过工作获得高收入。
- A. 非常希望
- B. 比较希望
- C. 一般
- D. 不太希望
- E. 完全不希望

3. 我希望我的工作能给我带来成就感和满足感。
- A. 非常希望
- B. 比较希望
- C. 一般
- D. 不太希望
- E. 完全不希望

4. 我希望我的工作能提供稳定的职业发展机会。
- A. 非常希望
- B. 比较希望

- C. 一般
- D. 不太希望
- E. 完全不希望

D. 职业技能与倾向

1. 我擅长沟通和人际交往。
   - A. 非常擅长
   - B. 比较擅长
   - C. 一般
   - D. 不太擅长
   - E. 完全不擅长

2. 我擅长逻辑思维和分析问题。
   - A. 非常擅长
   - B. 比较擅长
   - C. 一般
   - D. 不太擅长
   - E. 完全不擅长

3. 我擅长动手操作和解决实际问题。
   - A. 非常擅长
   - B. 比较擅长
   - C. 一般
   - D. 不太擅长
   - E. 完全不擅长

4. 我擅长创新和创意工作。
   - A. 非常擅长
   - B. 比较擅长
   - C. 一般
   - D. 不太擅长
   - E. 完全不擅长

5. 我擅长组织和管理。
   - A. 非常擅长

- B. 比较擅长
- C. 一般
- D. 不太擅长
- E. 完全不擅长

测试结果分析

根据你的选择，分析各部分得分最高的选项，以确定你的职业兴趣倾向和适合的职业方向。请结合测试结果与职业规划导师进行详细讨论，以便制订更为准确的职业发展计划。

建议反馈：

1. 高分项分析：指出学生在哪些方面得分较高，表明其职业兴趣和倾向。

2. 职业匹配建议：根据高分项，推荐适合的职业方向，如科学研究、社会服务、创意设计等。

3. 发展策略：提供如何进一步发展这些兴趣和技能的建议，如参加相关课程、实习机会等。

通过这份职业兴趣测试，希望你能够更好地了解自己，为未来的职业发展做好准备。

职业性格分析也是一种重要的职业指导工具。通过职业性格分析，学生可以了解自己的性格特点，例如，是否倾向于团队合作还是独立工作，是否喜欢挑战性的工作还是稳定的环境。了解这些信息后，学生可以更好地匹配自己的职业选择和性格特点，找到最适合自己的职业发展路径。这种自我认知的提升，不仅有助于学生在职业规划中做出更加理性的选择，也能帮助他们在未来的职业生涯中更加游刃有余。

在职业指导过程中，还可以引入能力倾向测试，通过评估学生在逻辑思维、语言表达、组织管理等方面的能力，帮助他们全面认识自己的职业优势和不足。这些评估结果可以作为学生制订职业发展计划的重要参考，使他们能够针对自己的弱项进行针对性的提升和培训，从而全面提升自己的职业竞争力。

（二）培养学生的德育

在市场经济迅猛发展的背景下，各种文化观念相互交融，对学生的价值观和行为准则产生了深刻影响，德育工作面临着前所未有的挑战。传统的说教式教育在这样的环境下已经难以奏效，需要新的教育理念和方法来应对这些变化。将企业文化融入班级管理，是培养学生德育的一种创新途径，这不仅使学生能够清楚地认识到社会对人才的基本要求，还能够帮助他们在潜移默化中受到良好企业文化的熏陶，有利于树立正确的价值观和人生观。通过职业规划与班级德育工作的紧密结合，教育者能够帮助学生建立全面的发展观，使他们在职业生涯中不仅追求专业技能的提升，更注重道德品质的培养和社会责任的履行。这样，学生才能在未来的职业道路上走得更稳、更远，成为对社会有益的人才。

1.企业文化通常包含敬业精神、团队合作、诚信、创新等核心价值观，这些正是现代社会对高素质人才的基本要求。在班级管理中引入这些企业文化元素，通过各种形式的教育活动，如职业讲座、企业参观、模拟公司运营等，学生可以更直观地感受到这些价值观的具体表现和重要性。例如，通过邀请企业高管来校讲授企业文化和职业素养课程，学生能够了解企业对员工的期望，从而激发他们内在的学习动力，努力提升自己的综合素质。此外，模拟公司运营活动可以让学生在实际操作中理解企业文化的运作模式，体验企业内部的工作流程和管理方式。这不仅能帮助他们掌握实际技能，还能增强他们的团队合作意识和责任感。同时，企业参观活动可以使学生直观了解企业文化的具体落实情况，亲身感受企业氛围和工作环境，从而激发他们的职业热情和对未来工作的向往。这样一来，企业文化与班级管理的结合，不仅是对学生职业素养的培养，更是对他们社会责任感和职业道德的深度教育。

2.企业文化的融入能够帮助学生树立正确的价值观和人生观。在现代社会，学生接触到的信息量巨大，各种文化观念交织其中，容易对他们的价值观念产生迷惑和冲击。而企业文化通常经过长期积淀和实践检验,具有较强的现实指导意义和稳定性。例如,许多优秀企业倡导的诚信、责任、创新等价值观,不仅适用于企业管理,也是个人成长和社会发展的基本准则。通过在班级管理中渗透这些价值观,学生在潜移默化中受到影响,逐渐形成正确的人生观和价值观。

企业文化强调诚信,这是社会和职场上最基本的道德标准。通过企业文化的渗透,学生能够认识到诚信在职业和生活中的重要性,从而在日常学习和交往中自觉地践行诚信原则。责任感是企业文化中的另一个核心价值观,优秀的企业要求员工对工作负责,对团队负责,对社会负责。这种责任意识对于大学生来说至关重要,通过企业文化的影响,学生可以逐渐学会承担责任,无论是学业还是生活中,都能做到有担当、有责任心。创新精神也是企业文化的重要组成部分。在信息化和全球化的今天,创新能力不仅是企业发展的关键,也是个人职业发展的重要素质。通过在班级管理中融入企业文化,学生可以培养创新思维,敢于突破传统思维模式,勇于尝试新方法、新技术。这种创新精神不仅有助于他们在学术上取得进步,也能为未来的职业生涯提供源源不断的动力。通过企业文化的融入,学生能够更加清晰地认识到个人与集体、个人与社会的关系。企业文化强调团队合作和集体荣誉感,学生在这种文化氛围中,可以学会如何在团队中发挥自己的作用,如何与他人合作,共同完成目标。这种团队精神和合作意识,对于他们将来进入职场、融入社会都是非常重要的品质。

企业文化还可以通过具体的班级活动来实现,如班级讲座、企业文化日、职业角色扮演等。这些活动不仅能够让学生直观地感受到企业文化的魅力,还可以通过实际操作,将企业文化中的核心价值观内化为个人的行为准则。班级讲座可以邀请企业高管或成功校友分享他们的职业经验和人生感悟,企业文化日可以让学生亲身体验企业的运作模式,职业角色扮演则可以让学生在模拟的职场环境中,实践企业文化的价值观。

3.职业规划指导与德育工作的结合，可以提高德育工作的实效性和针对性。在职业规划指导过程中，教育者可以结合学生的职业兴趣和发展方向，设计有针对性的德育内容，使德育更加贴近学生的实际需求。例如，对于有志于从事管理工作的学生，可以通过案例分析、模拟管理等方式，重点培养他们的领导力和诚信意识。通过具体的管理案例，学生能够理解领导力的内涵及其在实际工作中的应用，认识到诚信在管理工作中的重要性，学会在处理复杂问题时保持正直和公正。

对于有志于从事技术工作的学生，则可以通过技术伦理教育、科技创新活动等，强化他们的责任感和创新精神。在技术伦理课程中，学生能够了解科技发展对社会的影响，认识到技术人员在创新过程中所应承担的社会责任。这种教育能够引导他们在追求技术突破的同时，考虑其对社会和环境的影响，培养他们的社会责任感。这种有针对性的德育，能够更有效地激发学生的内在动力，使他们在追求职业发展的同时，注重自身道德素质的提升。

4.将企业文化融入班级管理，可以通过塑造良好的班级文化氛围，促进德育的有效开展。良好的班级文化氛围，不仅有助于学生的身心健康发展，也是德育的重要载体。例如，通过树立班级公约、开展班级活动、评选先进班集体等方式，可以营造一个积极向上、团结互助的班级文化氛围。在这种氛围中，学生会受到潜移默化的影响，逐渐形成良好的行为习惯和道德品质。

树立班级公约是构建班级文化氛围的首要步骤。班级公约不仅规定了学生的行为准则，还明确了班级成员应遵循的价值观和道德标准。这种集体约定能够增强学生的责任感和归属感，使他们自觉地遵守公约，从而在日常学习和生活中养成良好的行为习惯。开展班级活动也是营造班级文化氛围的重要手段。通过组织各种形式的班级活动，如志愿服务、社会实践、文体比赛等，学生可以在集体活动中体验合作与竞争的意义，增强团队精神和集体荣誉感。这些活动不仅丰富了学生的课外生活，还能在潜移默化中培养他们的社会责任感和集体意识。评选先进班集体是激励学生积极向上的有效方式。通过评选先进班集体，表彰那些在学风建设、班级管理、集体活动中表现突出的班级，能够树立榜样，激发学生的进取心和竞争意识。同时，通过对先进班集体的宣传和学习，其他班级也会受到启发和激励，努力改进自身的不足，向先进看齐。

班级文化氛围的建设，还可以通过学生的自我管理和互相监督，使德育教育更加深入人心，成为学生自觉遵守的行为准则。学生在这种文化氛围中，不仅是受教育的对象，更是班级文化建设的主体和管理者。他们在班级事务中发挥主导作用，通过自我管理和互相监督，推动班级文化的持续改进和优化。

三、促进"专业＋发展"的班级建设

在大学阶段，专业知识的习得、实践与创新是大学生的主要任务，这些活动促成大学生在道德学识修养、心理成熟、实践应用、科研创新等方面的综合发展。因此，班级文化建设应紧密围绕这一目标，通过蕴含专业精神、体现专业特色、引领专业发展的活动形式和载体，吸引和带领大学生认清专业属性、明确发展指向，并为之付出坚持不懈的努力。

高校班级承担着培养具有较高学历、专业知识、开阔视野的高级专门人才的重任。班级建设不仅是学术发展的载体，更是专业精神的培育场所。通过有计划、有步骤地开展专业学习活动，班级可以帮助学生更好地理解和掌握专业知识，提升专业素养。例如，组织专业讲座、学术研讨会和专业竞赛等活动，邀请行业专家和学者与学生面对面交流，分享最新的行业动态和研究成果。这些活动不仅可以拓宽学生的视野，还能激发他们的学术兴趣和创新精神。在班级建设中，应注重培养学生的实践能力。实践是检验真理的唯一标准，通过实践，学生可以将课堂上学到的理论知识应用到实际问题的解决中，从而加深对专业知识的理解和掌握。班级可以组织各种形式的实践活动，如专业实习、科研项目和社会调查等，鼓励学生走出校园，接触社会，了解行业实际运作情况。这些实践活动不仅可以增强学生的动手能力和创新能力，还能培养他们的团队合作精神和解决问题的能力。

班级建设还应注重培养学生的科研创新能力。科研创新是专业发展的动力源泉，通过参与科研项目，学生可以锻炼自己的科研能力，培养创新思维。班级可以组织学生参与导师的科研项目，或是独立申报科研课题，鼓励他们进行学术研究和创新探索。同时，班级可以定期举办科研成果展示会，让学生分享自己的科研成果和经验，互相学习，共同进步。

在班级建设中，明确的价值定位和规范的行为准则是基础。一个良好的班级建设，实际上就是对班级建设过程中所体现出的明确的价值定位、规范的行为准则、清晰的专业引领和有效的工作系统的全面认可。班级应制订明确的班级目标和行为规范，营造积极向上的班级氛围，引导学生树立正确的价值观和职业观。通过班级活动，增强学生的集体荣誉感和责任感，使他们在专业学习和职业发展中更加自觉、自律、自强。

有效的班级建设系统能够保障班级活动的有序开展。班级应建立科学的管理制度和活动机制，明确班级干部的职责和任务，充分发挥班级干部的带头作用，调动全体学生的积极性和主动性。通过班级会议、班级活动和班级评比等形式，增强班级的凝聚力和战斗力，使班级成为学生成长成才的坚强后盾。促进"专业＋发展"的班级建设，不仅有助于学生在大学期间形成对专业的稳定认知和发展定位，还能督促学生在实践过程中不断提升意志品质和职业素养。学生在大学期间通过班级建设对专业的深入理解和实践体验，将为他们的职业发展打下坚实基础，促使他们在未来的职业生涯中持续不断地努力和创新。

第三节　以班级管理为手段，促进职业生涯规划

将班级建设与职业生涯规划指导有机结合，对于高校辅导员、班主任的工作具有重要意义。这种结合模式不仅有助于辅导员、班主任高效管理班级，完善工作体系，还能全面促进职业生涯规划教育的发展。在这种环境中，学生不仅能学会如何在团队中合作，还能在班级活动中展示自己的才华，发掘自己的潜力，从而为未来的职业生涯做好充足准备。

一、辅导员深入了解企业

为了在班级建设中有效促进职业生涯规划，辅导员必须深入了解企业的管理机制、文化、行业标准等。这不仅可以通过学校统一组织的辅导员团队参观企业实现，还可以通过辅导员自身整合各种社会资源，到企业一线实地了解企业的实际需求。

第一，辅导员深入了解企业的管理机制和文化，有助于他们在班级管理中渗透职业指导。通过参观企业，辅导员可以亲身体验企业的运作方式，了解企业对员工的要求及企业文化的核心价值观。这种实地考察不仅能帮助辅导员获得第一手资料，还能使他们在职业指导中更加贴近现实，提供具体而有针对性的建议。例如，辅导员可以将企业的管理经验和文化融入班级活动，通过模拟企业管理模式、组织角色扮演等方式，让学生提前感受职场氛围，理解企业文化的重要性。

第二，辅导员可以通过整合社会资源，建立与企业的长期合作关系，进一步深化职业生涯规划的指导工作。这可以通过邀请企业高管来校讲座、组织学生到企业实习等方式实现。辅导员在这些活动中扮演桥梁的角色，将企业的需求和标准传递给学生，帮助他们明确职业发展方向。例如，邀请企业人力资源经理来校讲解招聘标准和职业发展路径，可以

让学生更直观地了解企业需要什么样的人才，从而在学习和实践中有的放矢，提升自己的职业素养和竞争力。

第三，辅导员在了解企业需求的基础上，可以在班级管理中设计与职业生涯规划相关的活动，培养学生的职业意识和道德规范。通过班团活动，辅导员可以帮助学生逐步建立职业意识，理解职业道德的重要性。利用企业中的实际案例，辅导员可以生动地向学生展示职场中的挑战和机遇，激励他们树立正确的奋斗目标。例如，通过分享企业中的成功故事和典型案例，让学生看到奋斗和坚持的力量，从而激发他们的职业兴趣和发展动力。

第四，辅导员在企业中获取的经验和知识，不仅可以用于职业生涯规划的指导，还可以帮助他们更好地理解和应对学生在职业选择过程中遇到的困惑和挑战。辅导员可以根据企业的实际需求，结合学生的特点，提供个性化的指导和建议，帮助学生制订切实可行的职业发展计划。同时，辅导员可以通过班级管理中的反馈机制，及时了解学生的职业发展动态，调整指导策略，确保职业生涯规划工作有序推进。

二、在教室布置中融入职业生涯规划元素

为了有效促进职业生涯规划，将相关元素融入班级物理环境建设是一个重要的尝试。这不仅可以提升学生的职业意识，还能在日常学习中潜移默化地培养他们的职业素养和行为规范。

通过自主设计和布置教室，学生不仅能发挥创造力，还能在实践中深刻体会职业元素在日常学习中的重要性。这种方法不仅有助于营造一个职业氛围浓厚的学习环境，还能培养学生的职业意识和团队合作精神，为他们未来的职业生涯打下坚实的基础。

第一，以学生为主体，让他们自行设计和布置教室，是一个行之有效的方法。学生通过参与教室布置，不仅能将自己的想法和创意付诸实践，还能在过程中学习如何与他人合作，如何进行空间规划和资源利用。

例如，组织一次教室布置大赛，让学生们分组设计教室的不同区域，通过竞赛形式激发创造力，在合作中提升团队精神。最终的教室布置成果，不仅体现了学生们的集体智慧，还营造了良好的学习环境。

第二，教室的布置应充分发挥图书角的作用。例如，可以在教室的一角设立一个图书角，为学生提供相关专业书和职业指导书。这些书不仅丰富了学生的知识储备，还为他们提供了获取职业信息和规划职业生涯的资源。图书角的设置，可以让学生在课余时间阅读和学习，拓宽他们的知识面，提高他们的职业素养。此外，图书角还可以定期更新图书，确保学生能够接触到最新的职业发展动态和行业趋势。

第三，可以通过设立展示区，将学生的实践心得和职业规划成果展示出来，鼓励他们分享经验和感悟，互相学习和借鉴。展示区不仅可以展示学生在实习、兼职和社会实践中的优秀成果，还可以展示他们的职业规划和发展目标，帮助学生树立自信，激发他们追求职业梦想的动力。例如，可以每月或每季度更新展示内容，让学生轮流展示自己的实践成果和职业规划，使展示区成为班级交流和学习的重要平台。

三、班级制度文化建设对接企业管理

班级制度文化建设对接企业管理的目的是让学生提前适应企业的管理氛围，从而在毕业后能够迅速融入职场。这一方法在高校班级管理中引入企业制度，通过模拟企业的严格管理，为学生提供一个更为真实的职业预演场景。企业制度是企业文化的重要体现，具有规范性、强制执行性和权威性，而传统的班级制度相对松散，缺乏组织纪律性和严格的奖惩机制。因此，将企业制度文化引入班级管理，不仅能提高班级管理的规范化水平，还能培养学生的职业素养和纪律意识。

（一）在班级管理中引入企业制度可以增强学生的组织纪律性

企业的制度文化强调严明的纪律和高效的执行力，这对员工的行为规范有着明确的要求。通过将这些要求融入班级管理，学生可以逐渐养成严格遵守规章制度的习惯。例如，可以设立班级考勤制度、班级纪律检查制度和班级评优制度，严格执行这些制度，让学生在日常学习生活中感受到企业管理的规范性和严肃性。

（二）引入企业的奖惩机制，可以激发学生的积极性和竞争意识

在企业管理中，奖惩机制是保证员工积极性和工作效率的重要手段。通过制订明确的奖惩规则，如设立班级奖学金、评选优秀班干部和优秀学生，表彰在学习、活动和纪律方面表现突出的学生，同时对违反纪律或未能达标的学生进行适当的惩罚。这样，学生在班级管理中能够感受到竞争压力，促使他们更加努力地提升自己，培养职业竞争力。

第四章　多元维度下的班级建设方法

第一节　参与主体多元维度下的班级建设方法

高校班级结构即辅导员和班主任、学生干部、普通学生之间的组织架构，这些均是班级建设的参与主体。辅导员和班主任应做好学生干部的选拔、培养、激励工作，打造分工明确、运转流畅、配合默契的班委队伍，为班级建设起好步、开好头。学生干部应注重个人政治鉴别力、思想引领力、组织领导力及学习示范力的培养，真正发挥班级建设者的作用。在班级组织结构建设过程中，应注重畅通意见反馈渠道，确保班级结构能够根据实际情况灵活调整、动态变化。普通学生应该积极参与班级活动，遵守班级规章制度，支持班委工作，通过集体活动培养自身的团队合作精神和责任感，促进个人全面发展。通过辅导员的引领、学生干部的组织与普通学生的积极参与，形成一个和谐、高效、创新的班级集体，共同推动班级的全面建设和发展。

一、辅导员和班主任的引领与服务

辅导员和班主任在多元参与主体的班级建设中，既是引领者，又是服务者。通过科学的引领和贴心的服务，辅导员和班主任能够有效推动班级的全面发展，促进学生的全面成长。在辅导员和班主任的引领与服务下，班级建设才能够更加高效、有序和富有成效，为学生的成长成才提供坚实的保障。

（一）班级建设中辅导员和班主任要充分发挥引领者作用

在高校班级建设中，辅导员和班主任作为班级的"舵手"，在引领班级发展的过程中扮演着至关重要的角色。他们不仅是班级管理的决策者和指导者，更是学生成长和发展的引路人。要充分发挥他们的引领者作用，必须从科学规划、密切联系、尊重意见等多个方面着手，确保班级建设的科学性、有效性和可持续性。

1.辅导员和班主任需要为班级的整体发展方向和目标做出科学的规划。这需要他们深入了解学生的需求和特点，结合学生的实际情况制订合理的班级发展计划。这个计划应当包括学术提升计划、思想政治教育方案、班级文化建设等多方面内容。例如，在学术提升方面，可以制订阶段性目标，如提升班级整体成绩、鼓励学生参与科研项目和学术竞赛等；在思想政治教育方面，可以安排系列主题班会、讲座和社会实践活动，增强学生的政治觉悟和社会责任感；在班级文化建设方面，可以策划丰富的文体活动，促进班级成员之间的交流与融合，营造积极向上的班级氛围。

2.辅导员和班主任要善于倾听学生的声音，结合学生的建议和意见，形成切实可行的发展蓝图。要实现这一点，辅导员和班主任应通过定期的班级会议、主题班会和个别谈话等形式，与学生保持密切沟通。通过班级会议，可以让学生了解班级的整体规划和目标，激发他们的参与热情和主人翁意识；通过主题班会，可以围绕学生关心的话题进行深入讨论，增强班级成员的凝聚力和向心力；通过个别谈话，可以了解每个学生的具体需求和问题，给予针对性的指导和帮助。

3.在班级管理中，意见反馈渠道的畅通是关键。辅导员和班主任应搭建多种渠道和方式，保持与学生的密切联系，了解学生的需求和建议。例如，可以通过建立班级微信群、设置意见箱等方式，搭建师生互动的平台。这些渠道不仅方便了师生之间的交流，也使得学生能够及时反映问题和提出建议，增强班级管理的透明度和参与度。在日常管理中，辅导员和班主任应注重倾听学生的声音，尊重学生的意见，鼓励学生积极参与班级管理。例如，可以定期组织班委会，听取班干部对班级管理的意见和建议；可以通过问卷调查等形式，了解学生对班级活动和管理的满意度和期望；可以设立学生代表，参与班级管理的决策过程，增强学生的主人翁意识和责任感。辅导员和班主任要通过多种渠道和方式，向学生传达班级发展的愿景和具体目标。通过定期的班级会议，可以向学生介绍班级的发展规划和阶段性目标，使学生明确班级的发展方向；通过主题班会，可以围绕班级建设的重要议题进行讨论，增强学生的参与感和归属感；通过个别谈话，可以向学生传达班级建设的具体要求和期望，激发他们的积极性和主动性。在这一过程中，辅导员和班主任要注重培养学生的主人翁意识，使他们认识到自己是班级的一员，班级的发展与每个人息息相关。要通过各种形式的教育活动，增强学生的集体荣誉感和责任感，使他们自觉地为班级的发展贡献力量。

（二）班级建设中辅导员和班主任要发挥服务者功能

班级建设不仅是一个管理的过程，更是一个服务的过程。辅导员、班主任需要以服务的心态对待学生，关注学生的全面发展，助力他们在学业、生活和心理健康等方面取得进步和成长。

1. 在学业方面，辅导员、班主任应积极为学生提供学习上的指导和帮助。大学的学习环境和中学有很大的不同，许多学生在适应新环境时会遇到各种挑战。辅导员和班主任应当通过定期与学生进行学业指导会议，了解学生在学习中遇到的困难，提供相应的解决方案。例如，针对学习方法的困惑，辅导员、班主任可以组织学习方法交流会，邀请学业优异的学生分享经验。辅导员和班主任还可以协调教学资源，如推荐相关的学习资料，帮助学生提升学习效果。

2. 在生活方面，辅导员和班主任需要关心学生的生活状况，帮助学生解决生活中的实际问题。大学生活独立性较强，许多学生在进入大学后需要独立处理生活中的各种事务。辅导员、班主任应当通过走访宿舍、与学生进行个别谈话等方式，了解学生的生活情况，及时发现并解决问题。例如，对于经济困难的学生，辅导员和班主任可以帮助他们申请助学贷款或奖学金；对于适应能力较差的学生，可以提供适时帮助，让他们更好地适应独立生活。

3.在服务过程中，辅导员和班主任需要注重营造温暖和谐的班级氛围。一个积极向上的班级氛围不仅有助于学生的学业和生活发展，还能促进学生的心理健康和全面成长。辅导员和班主任可以通过组织各种班级活动，如文体活动、志愿服务、集体旅行等，增强班级成员之间的交流与合作，提升班级的凝聚力和向心力。这些活动不仅丰富了学生的课余生活，也为学生提供了展示自我、发展兴趣爱好的平台。

4.辅导员和班主任的服务功能包括帮助学生进行职业规划和就业指导。大学生在校期间不仅要完成学业，还需要为未来的职业发展做好准备。辅导员和班主任应当通过举办职业规划讲座、模拟面试、就业咨询等活动，帮助学生明确职业目标，提升就业能力。辅导员和班主任还可以协助学生参加实习和社会实践活动，使他们在实际工作中积累经验，增强职场竞争力。

5.在发挥服务者功能的过程中，辅导员和班主任应当始终保持开放和倾听的态度。只有真正了解学生的需求和困惑，才能提供有针对性的帮助和支持。辅导员和班主任应当通过建立多种沟通渠道，如设立意见箱、开展学生座谈会、利用新媒体平台等，及时获取学生的反馈，并根据学生的意见不断改进工作。辅导员和班主任还应注重个性化服务，根据每个学生的具体情况，制订个性化的指导和帮扶方案，使每个学生都能得到充分的发展。

（三）班级建设的灵活调整

在辅导员、班主任的引领与服务下，班级建设应当注重灵活调整和动态变化，以更好地适应学生的需求和发展变化。班级结构和管理模式不能一成不变，应根据实际情况和学生需求进行不断优化和调整。通过灵活的管理机制，辅导员、班主任可以确保班级建设始终保持活力和动力，促进班级的健康发展。

1.辅导员、班主任应建立定期评估和反馈机制。通过定期的班级评估，可以及时发现班级建设中的问题和不足。例如，每学期可以进行一次全班范围的问卷调查，了解学生对班级管理、学习氛围、班级活动等方面的意见和建议。这些评估结果应当进行认真分析，找出班级建设中的薄弱环节，制订相应的改进措施。反馈机制则包括班级会议、个别谈话和匿名意见箱等，通过多种渠道收集学生的反馈，确保学生的声音能够得到充分的表达和重视。

2.辅导员、班主任应根据评估和反馈的结果，灵活调整班级管理模式。例如，在学习管理方面，如果发现某些学习小组效果不佳，可以尝试调整学习小组的组成方式，或者引入新的学习方法，如翻转课堂、讨论式教学等，激发学生的学习兴趣和主动性。在班级活动方面，如果某些活动形式单一、参与度低，可以根据学生的兴趣和建议，设计更加多样化和有趣的活动形式，如团队建设活动、户外拓展、学术沙龙等，增强班级的凝聚力和向心力。

3.辅导员、班主任应注重班级结构的动态调整。班级结构不仅包括班委会的设置，还包括各种工作小组和兴趣小组的组成。班委会应根据班级发展的需要，灵活设置各类职能岗位，明确各岗位的职责和任务。例如，可以根据实际情况增设科技创新委员、社会实践委员等岗位，负责组织相应的活动和项目。在工作小组和兴趣小组方面，可以根据学生的兴趣和特长，组建不同的工作小组，如学术研究小组、志愿服务小组、文体活动小组等，充分发挥每个学生的特长和优势。

4.辅导员、班主任应注重培养学生的自主管理能力。在班级建设中，应当充分调动学生的积极性和主动性，鼓励学生参与班级管理。例如，可以通过班级选举的方式，选拔学生干部和组长，让学生在实际管理中锻炼自己的组织协调能力和领导能力。班级的各项决策和活动计划，也应当充分听取学生的意见和建议，让学生感受到自己的主人翁地位和责任。这种自主管理的方式，不仅能够增强班级的活力和动力，还能培养学生的责任感和自律意识。

5.辅导员、班主任应关注班级建设的长远发展。班级建设不仅要解决当前的问题，更要有长远的规划和目标。这意味着他们需要制订班级的中长期发展规划，明确班级的发展目标和实施步骤。根据班级的实际情况，辅导员、班主任可以设定具体的学业目标、班级文化建设目标和社会实践目标等，通过详细的目标和计划，全面指导班级建设的各项工作。例如，学业目标包括提高班级整体学术成绩，增强学生的学术研究能力，培养学术创新意识等；班级文化建设目标包括培养积极向上的班级文化氛围，促进班级内部的团结和合作，增强班级的凝聚力和向心力；社会实践目标包括组织学生参加各种社会实践活动，提高学生的社会责任感和实践能力，帮助学生在实践中成长和成才。在实施这些目标和计划的过程中，辅导员、班主任需要定期对班级的发展规划进行评估和调整。这种评估可以通过多种方式进行，通过广泛收集学生的意见和建议，了解班级建设的实际效果和存在的问题。根据评估结果，辅导员、班主任应及时修订和完善发展规划，确保班级建设能够适应班级的发展变化和实际情况。这种动态调整的管理方式，能够有效解决班级建设中的各种问题，确保班级建设的可持续发展。

辅导员、班主任还应关注班级建设中的关键节点和重要事件，如新生入学、学期初的班级会议、期末总结等，利用这些节点和事件进行规划和调整，确保班级建设的目标和计划能够顺利实施。通过这种系统的规划和动态调整，辅导员、班主任不仅可以解决当前的问题，更能够引导班级的长远发展，帮助学生在学业、品德、实践等方面全面成长和成才。

6.辅导员、班主任应注重个人素质和能力的提升。只有自身具备了良好的素质和能力，才能更好地引领和服务班级建设。通过不断学习和掌握新的教育管理理论和方法，加强与学生的沟通交流，积极参与培训和交流活动，提升心理素质和情感管理能力，辅导员和班主任能够更有效地引领和服务班级建设，为学生的全面发展提供有力支持。

（1）辅导员、班主任应不断学习和掌握新的教育管理理论和方法。教育管理领域在不断发展，新的理论和方法层出不穷，辅导员、班主任应当保持对学习的热情，通过读书、参加培训和研讨会等方式，及时更新自己的知识储备，提高教育管理水平。

（2）辅导员、班主任应加强与学生的沟通交流，了解学生的思想动态和需求。有效的沟通不仅能增进师生之间的信任和理解，还能帮助辅导员、班主任及时发现和解决学生在学习和生活中遇到的问题。通过定期的班级会议、个别谈话、问卷调查等形式，辅导员和班主任可以全面了解学生的需求和建议，从而更有针对性地开展班级建设工作。

（3）辅导员、班主任应积极参与各种培训和交流活动，借鉴其他高校和班级的成功经验。通过参与校内外的培训和交流，辅导员、班主任可以学习到先进的班级管理经验和方法，提高自身的管理水平。例如，参加高校之间的班级建设经验交流会，了解其他高校在班级建设中的创新做法，并结合本班级的实际情况，灵活应用这些成功经验，不断优化班级管理。

（4）辅导员、班主任应注重个人的心理素质和情感管理能力。在班级管理过程中，他们会遇到各种挑战和压力，良好的心理素质和情感管理能力有助于他们保持冷静和理性，积极应对各种问题。通过学习心理学知识、参加心理健康培训等方式，辅导员和班主任可以提升自己的情感管理能力，更好地应对班级管理中的各种挑战。

二、学生干部的组织与协调

党的十八大以来，习近平总书记多次就加强和改进年轻干部工作发表重要讲话，深刻阐明了年轻干部工作的重要意义。[1] 他指出，培养选拔优秀年轻干部是一件大事，关乎党的命运、国家的命运、民族的命运、

---

[1] 赵雪梅，朱德友. 新时代高校基层党建工作研究与探索[M]. 武汉：武汉大学出版社，2022：274.

人民的福祉，是百年大计。① 高校班级领导即学生干部群体。班级学生干部作为班级的"领头雁"，担负着引领班级稳步向前的重要责任。

（一）学生干部应树立责任感和使命意识

在高校班级建设中，学生干部是班级管理的核心力量，也是班级与学校、师生之间沟通的桥梁。为了充分发挥学生干部的作用，辅导员需要帮助他们树立责任感和使命意识，使他们能够将个人的行为选择与班级的前途命运紧密相连，从而增强班级的凝聚力和战斗力。

1.辅导员应当通过多种方式帮助学生干部树立责任感。责任感是学生干部胜任其职务的基本素质，是他们对班级、同学、学校的承诺和担当。辅导员可以通过班会、专题讲座、案例分析等形式，向学生干部阐述责任感的重要性，帮助他们认识到自己的行为不仅影响个人声誉，更关系班级的整体形象和发展前途。例如，可以邀请一些优秀学生干部分享他们的工作经验和心得体会，增强新任学生干部的责任意识。

2.辅导员应当引导学生干部树立使命意识。使命意识是学生干部工作的内在驱动力，是他们在班级建设中主动担当、积极作为的源泉。辅导员可以通过组织班级文化建设活动、主题教育等，增强学生干部的使命感。例如，通过开展班级历史展示、班级精神宣讲等活动，让学生干部认识到班级的优良传统和光辉历史，从而激发他们为班级发展贡献力量的热情。

3.在树立责任感和使命意识的基础上，辅导员需要帮助学生干部明确工作目标和职责。班级建设的目标应以高校建设为指导，落实立德树人的根本任务，培养社会主义事业的合格建设者和可靠接班人。辅导员应当帮助学生干部制订具体的工作计划，明确各自的工作职责和分工，

---

① 习近平.在中央党校（国家行政学院）中青年干部培训班开班式上的讲话[N].新华日报，2019-03-01.

使他们能够有条不紊地开展班级管理工作。例如，班长负责班级的整体协调和管理，学习委员负责学习活动的组织和监督，文艺委员负责文体活动的策划和实施。通过明确职责分工，可以提高班级管理的效率和效果。

（二）加强学生干部的选拔与培养

1. 学生干部的选拔与培养工作对高校班级建设具有重要的意义。学生干部作为班级管理和组织的重要组成部分，是班级建设的中坚力量。通过科学合理的选拔和系统全面的培养，可以有效提升学生干部的综合素质，增强他们的责任感和使命感，为班级的健康发展提供有力支持。作为班级建设的主要力量，学生干部不仅要对班级的整体发展负责，还要对每一位同学的成长和进步负责。这种责任感和使命感是学生干部开展工作的内在动力，是他们积极履行职责、带领班级不断进步的重要基础。辅导员在选拔学生干部时，应当重点考察候选人的责任意识和使命感，选择那些对班级发展有强烈责任感和使命感的学生担任干部。

2. 学生干部应充分利用多种教育渠道和培训机会，增强领导力和综合素质。领导力是学生干部胜任其职务的关键能力，是他们在班级建设中发挥引领作用的重要保障。高校应当为学生干部提供丰富的教育培训资源，通过课程讲授、理论学习、实践锻炼等多种方式，系统提升学生干部的领导力。例如，可以开设专门的学生干部培训课程，邀请校内外专家讲授领导学理论和实践技能，帮助学生干部掌握科学的领导方法和策略。此外，还可以组织学生干部参与各类社会实践活动，如志愿服务、社会调研、实习实训等，使他们在实际工作中锻炼领导能力，提高解决问题的综合素质。

3. 在培养学生干部的过程中，创新精神和创造力的培养尤为重要。学生干部不仅要具备管理和组织能力，还要具备开拓创新的意识和能力，能够在班级建设中开展创新创造，推动班级不断进步。辅导员应当鼓励学生干部勇于尝试新方法、新思路，积极探索班级管理的新模式。例如，可以鼓励学生干部开展各种形式的班级活动，如学术论坛、创新创业大赛、文化艺术节等，通过这些活动激发学生干部的创新思维，提升他们的创造力和执行力。

4.综合素质的培养。辅导员应当通过科学合理的选拔和系统全面的培养，提升学生干部的综合素质，增强他们的责任感和使命感，为班级的健康发展提供有力支持。同时，辅导员应当注重协调学生干部与普通学生之间的平衡关系，确保班级结构的稳定和谐。学生干部应当明确自身的定位，做好班级的建设者、同学的榜样、教师的助手，发挥桥梁纽带作用，带动全班同学共同进步。

5.在选拔学生干部时，辅导员应当注重公平公正，确保选拔过程公开透明。可以通过民主选举、公开竞聘等方式，选拔那些具有责任感、使命感和领导能力的学生担任干部。例如，可以组织全班同学进行民主投票，选举班长、副班长、团支书等主要学生干部职位，确保选拔结果得到全班同学的认可和支持。通过公开透明的选拔过程，不仅可以提高学生干部的公信力和权威性，还可以增强全班同学的参与感和主人翁意识。

（三）提升学生干部工作的主动性和创造性

提升学生干部工作的主动性和创造性是高校班级建设的重要环节。学生干部作为班级管理的骨干力量，他们的工作主动性和创造性直接影响班级的活力和发展。抓好学生干部队伍建设，既要选拔最优秀的学生参与其中，又要从严要求，同时给予他们最大的支持。这种双管齐下的方法，可以充分调动学生干部的激情和工作积极性，促使他们在班级管理中发挥更大的作用。

1.选拔和培养最优秀的学生加入学生干部队伍，是提升其主动性和创造性的基础。高校应制订科学合理的选拔标准，注重综合素质的考察，确保选拔出的学生干部具有较强的组织能力、沟通能力和领导才能。选拔后，对学生干部进行系统的培训，通过理论学习和实践活动，提升他们的管理水平和解决问题的能力。例如，可以邀请优秀的学生干部分享工作经验，组织领导力培训班等，让新任学生干部尽快适应工作要求，明确自己的职责和任务。

2. 从严要求学生干部，是确保他们工作质量和效率的关键。严格的要求不仅体现在工作态度和行为规范上，还包括对工作目标和任务的高标准、高要求。辅导员和班主任应通过定期的工作总结和评估，及时了解学生干部的工作进展和存在的问题，提出改进意见和建议。这样，学生干部在明确工作标准和目标的基础上，能够不断改进工作方法，提高工作效率，确保各项工作顺利推进。

3. 给予学生干部最大的支持，是提升其工作积极性和创造性的有力保障。辅导员、班主任应当为学生干部提供必要的资源和条件，支持他们在各项工作中发挥主观能动性。这不仅包括物质上的支持，如提供活动所需的经费、设备和场地，还包括精神上的支持，如给予充分的信任和鼓励，帮助学生干部树立自信心。在班级活动的策划和实施过程中，辅导员、班主任应给予学生干部充分的指导和各种必要的帮助，解决他们在实际操作中遇到的困难。例如，在策划班级活动时，辅导员可以提供活动策划方案的模板和参考资料，指导学生干部如何进行时间安排和任务分配。在活动实施过程中，可以给予技术支持和协调帮助，确保活动顺利进行。

4. 辅导员、班主任应在给予学生干部支持和帮助的基础上鼓励学生干部进行工作创新，提升其主动性和创造性。辅导员、班主任应营造一个宽松、包容的工作氛围，鼓励学生干部大胆尝试新的工作方法和思路。例如，可以鼓励学生干部在班级管理中引入信息化手段，如建立班级微信公众号、QQ 群等，通过线上与线下相结合的方式，提高班级管理的效率和互动性。可以鼓励学生干部策划和组织各种创新性活动，如主题班会、学术沙龙、社会实践等，丰富班级生活，增强班级凝聚力。

（四）加强对学生干部的考核和监督

在新形势下，提高大学生班级建设的质量，一定要充分发挥和利用好班委先锋的引领作用，这就要求在学生干部的选拔机制上下足功夫。在学院层面，建立班级管理委员会，制订和实施严格的考评机制，是保证学生干部工作有效性的重要举措。加强对学生干部的考核和监督，通过动态管理确保学生干部的实际工作情况得到及时、准确的反映，从而实现班级管理的科学化和规范化。

1. 学生干部的选拔应当公开、公正、透明。学生干部的选拔是班级建设中至关重要的一环。为了确保选出的学生干部具备较强的责任感和领导能力，辅导员和班主任需要制订明确、科学的选拔标准。这些标准应综合考虑学生的学业成绩、综合素质、管理能力和服务意识等多个方面的表现。具体来说，学业成绩是衡量学生学习能力和学术水平的重要指标，而综合素质则包括道德品质、创新能力和团队合作精神等。管理能力体现了学生在班级事务中的组织和协调能力，而服务意识则反映了学生对班级和同学的奉献精神。

在制订选拔标准时，辅导员、班主任应广泛征求班级同学的意见和建议，确保选拔标准的合理性和科学性。选拔过程应坚持公开、公正、透明的原则，采取民主推荐、个人自荐和公开竞选等多种形式，确保所有学生都有公平参与的机会。在民主推荐环节，可以通过班级会议或匿名投票的方式，由学生推选出他们心目中合适的候选人。在个人自荐环节，学生可以根据自己的兴趣和特长，自愿报名参加选拔。在公开竞选环节，候选人需要在班级全体同学面前进行竞选演讲，阐述自己的竞选理由和工作计划，接受同学们的评议和投票。选拔过程中，辅导员、班主任应严格按照既定的标准和程序进行评审，确保选拔过程的公正性和透明度。在评审过程中，不仅要关注候选人的学业成绩和管理能力，还要注重考察其品德和行为。品德和行为是学生干部履行职责的重要保障，只有那些真正愿意为班级和同学服务、具备良好道德品质和行为规范的学生，才能胜任学生干部的工作。

在考核和监督的过程中，辅导员、班主任还应注重学生干部的心理辅导和压力疏导。学生干部在工作中可能会面临各种压力和挑战，如工作量大、责任重、同学之间的误解和矛盾等。这些问题处理不好，可能会影响学生干部的工作积极性和心理健康。因此，辅导员、班主任应及时关注学生干部的心理状况，提供必要的心理辅导和支持，帮助他们克服困难，保持良好的心理状态和工作热情。

2. 建立健全的学生干部考评机制。为了有效考核和监督学生干部，学院应当成立专门的班级管理委员会。该委员会由辅导员、班主任、教师代表及学生代表组成，负责制订考核标准，组织考核工作，并根据考核结果对学生干部进行奖惩。班级管理委员会的设立，有助于确保考核工作的公平、公正、公开，使考核结果具有权威性和公信力。考核应当采取定期述职与民主评议相结合的方式，全面、客观地反映学生干部的工作表现。一是定期述职。定期述职是学生干部在规定的时间向班级管理委员会和全班同学汇报自己的工作情况。述职报告应包括以下内容：工作计划的制订与实施情况，工作中取得的成绩，遇到的困难和问题，以及解决问题的思路和方法。述职报告不仅是对学生干部工作的一次全面总结，更是一次学习和提高的机会。通过述职，学生干部可以梳理自己的工作经验，总结教训，明确今后的工作方向。在述职过程中，学生干部应当坦诚、客观地介绍自己的工作情况，既要展示取得的成绩，也要分析存在的问题，寻求改进的建议和意见。班级管理委员会和全班同学应当认真听取述职报告，对学生干部的工作进行评议和反馈。通过这种方式，可以增强学生干部的责任意识和提高学生干部的自我反思能力，促进他们不断改进工作，提高工作效率和增强工作效果。二是民主评议。民主评议是通过全班同学对学生干部的工作进行打分和评价，形成综合的考评结果。评议内容包括工作态度、工作能力、工作效果、团队合作精神等多个方面。评议结果应当公开、公正，并作为学生干部奖惩的重要依据。为了确保民主评议的客观性和公正性，班级管理委员会应当制订详细的评议标准和评分细则，并组织全班同学进行评议。在评议过程中，同学们应当本着实事求是的原则，客观、公正地评价学生干部的工作表现，避免个人偏见和情感因素的干扰。

3.实行适当的奖惩机制。这是确保学生干部在工作中保持积极性和责任感，推动班级建设不断进步的有效手段。考核结果作为奖惩学生干部的重要依据，对于全面提高班级管理水平，激发学生干部的工作热情和主动性具有重要意义。对于表现优秀、工作突出的学生干部，应当给予表彰和奖励。具体奖励形式包括颁发荣誉证书、优先推荐参加各类培训和交流活动、授予先进工作者称号等。通过这些激励措施，能够充分肯定学生干部的工作成绩，激发他们的工作热情，增强他们的责任感和使命感。例如，优秀学生干部可以被推荐参加国内外的学术交流活动或领导力培训课程，这不仅有助于他们拓宽视野、提升能力，也有助于树立榜样作用，带动更多学生干部积极向上。

在实施奖惩机制的过程中，应当注重奖惩的公平性和透明度。所有奖惩措施应当有明确的依据和标准，并在全班范围内公开，接受全体同学的监督。例如，可以在班级会议上公布考核结果和奖惩决定，详细说明奖惩的理由和依据，确保奖惩过程的公开透明。这样，能够增强奖惩措施的公信力和权威性，防止奖惩过程中出现不公正或偏袒的现象，维护班级的团结和稳定。

在实施奖惩机制时，还应当注重奖惩措施的教育性和引导性。奖励不仅是对学生干部工作成绩的肯定，更是对他们未来发展的激励。通过奖励，可以树立典型，弘扬正气，激发更多学生干部积极向上、奋发有为。惩罚则应当以教育和帮助为主，通过惩罚让学生干部认识到自己的不足，改正错误，提高能力。例如，可以通过书面检讨、公开批评、参加专门培训等方式，对表现不佳的学生干部进行教育和引导，帮助他们树立正确的工作态度和价值观。

4.动态管理是加强学生干部考核和监督的有效手段。通过灵活、实时的管理模式，能够及时发现和解决学生干部工作中的问题，确保班级管理始终保持高效和有序。班级管理委员会在这一过程中扮演着至关重要的角色，应定期收集和分析学生干部的工作数据和反馈信息，及时调整考核标准和工作安排，以适应班级管理中的各种变化和需求。

（1）动态管理需要建立一套完善的工作数据和反馈信息收集系统。这包括对学生干部日常工作的记录和分析，如工作计划的执行情况、工作效果的评估、工作中的问题和困难等。通过这些数据，班级管理委员会可以全面了解学生干部的工作状态和表现，发现他们在工作中存在的不足和需要改进的地方。例如，可以采用定期工作报告、工作日志、绩效考核等方式，系统地收集学生干部的工作数据，并通过数据分析工具进行处理和分析，为后续的管理决策提供科学依据。

（2）动态管理强调实时的反馈和调整机制。班级管理委员会应定期召开班委会和班级全体会议，听取学生干部和普通学生的意见和建议，及时调整和优化班级管理方案。这种机制不仅可以增强学生的参与感和主人翁意识，还能及时发现班级管理中的问题和不足，采取有效措施进行改进。例如，在班委会上，学生干部可以汇报各自的工作情况，提出工作中遇到的困难和建议，班级管理委员会根据实际情况进行讨论和决策，制订相应的调整和改进措施。

（3）动态管理需要灵活应对班级管理中的突发情况和特殊问题。班级管理委员会应具备敏锐的洞察力和快速反应能力，能够及时发现班级管理中的异常情况，采取有效措施进行处理。例如，当班级出现突发事件（如学生冲突、紧急安全问题等）时，班级管理委员会应迅速组织相关人员进行处理，确保问题得到及时解决，班级秩序恢复正常。同时，对于长期存在的问题，班级管理委员会应进行深入分析，找到问题的根源，制订科学的解决方案，避免问题的反复出现。

（4）在动态管理中，考核标准和工作安排需要灵活调整。班级管理委员会应根据班级实际情况和学生需求，定期评估和修订考核标准和工作安排，确保其与班级管理目标和实际情况相匹配。例如，在学期初制订的工作计划和考核标准，可能在执行过程中遇到各种不可预见的因素，需要进行适当的调整。班级管理委员会应根据实际情况，对考核标准和工作安排进行动态调整，确保其具有现实操作性和有效性。

三、普通学生的参与和发展

为了实现班级建设的全面发展，必须充分激发普通学生的积极性和主动性，使他们在班级建设中发挥重要作用。这需要从普通学生的角色认知、参与机制及自我管理与自我发展等方面入手，全面提升他们的综合素质和增强他们的参与意识。

普通学生的角色认知是班级建设的基础。普通学生需要明确自己在班级中的地位和作用，认识到自己是班级的一员，肩负着推动班级发展的责任和义务。通过辅导员和学生干部的引导和教育，普通学生可以逐渐形成主人翁意识，增强对班级事务的关注和参与热情。例如，在班级会议和活动中，辅导员和学生干部可以通过讲解和讨论，帮助普通学生了解班级管理的意义和重要性，让他们认识到自己的贡献对班级发展的影响。同时，通过树立榜样和典型，激励普通学生积极参与班级建设，增强他们的责任感和使命感。

为了激发普通学生的参与热情，需要建立完善的参与机制。普通学生的参与机制包括班级活动的设计与组织、班级事务的管理与决策等方面。班级活动应当丰富多样，涵盖学术、文化、体育等多个领域，以满足普通学生的多样化需求和兴趣。例如，可以组织学术讲座、文化节、体育比赛等活动，让普通学生在参与中获得知识、锻炼能力、增进友谊。在班级事务管理方面，可以通过班级会议、意见箱、微信群等形式，广泛听取普通学生的意见和建议，确保他们能够积极参与班级事务的决策和管理。这种民主参与的机制不仅可以增强普通学生的参与感和责任感，还能提高班级管理的科学性和民主性。

普通学生的自我管理与自我发展是班级建设的重要内容。自我管理能力的提升不仅有助于普通学生更好地适应班级生活，还能增强他们的自主性和自律性。辅导员和学生干部应当通过各种途径，帮助普通学生培养自我管理的意识和能力。例如，可以通过开设时间管理、学习方法等专题讲座，教导普通学生如何合理安排时间、提高学习效率；可以通过班级规章制度的制订和执行，引导普通学生遵守纪律、养成良好的行为习惯。通过这些措施，普通学生能够逐渐形成良好的自我管理能力，为班级建设和个人发展奠定坚实的基础。

普通学生在班级建设中的发展离不开辅导员和学生干部的支持与引导。辅导员和学生干部应当注重普通学生的发展需求，提供个性化的指导和帮助。例如，对于学习上有困难的普通学生，辅导员和学生干部可以通过一对一辅导、小组学习等形式，帮助他们提高学习成绩；对于有特殊才艺和兴趣的普通学生，可以通过组织展示活动、搭建平台等形式，鼓励他们发挥特长、展示自我。通过这种个性化的指导和帮助，普通学生能够在班级建设中找到自己的位置，实现自我价值。

第二节　影响因素多元维度下的班级建设方法

一、高校班级建设的多元影响因素

（一）教育理念和政策

高校班级建设的有效推进，需要综合考虑多元的影响因素，其中教育理念和政策是至关重要的两个方面。教育理念和政策不仅为班级建设提供了理论依据和实践指导，也在很大程度上决定了班级建设的方向、目标和具体实施路径。

1.高校的教育理念和办学宗旨对班级建设的方向和内容起着决定性的作用。不同高校根据自身的历史积淀、文化背景和发展目标，形成了各具特色的教育理念。这种教育理念不仅在课程设置和教学内容上有所体现，也渗透到班级建设的各个方面。

（1）高校的教育理念决定了班级建设的总体方向和目标。那些强调全人教育理念的高校，通常会将学生的全面发展作为班级建设的重要目标。在这种理念的指导下，班级建设不仅关注学生的学术成就，还注重培养学生的综合素质和社会责任感。

（2）高校的办学宗旨和管理制度对班级建设的具体实施具有重要影响。高校的办学宗旨通常包括人才培养的目标、科研发展的方向及社会服务的使命等，这些都对班级建设有直接的指导作用。例如，一些高校注重培养创新型人才，在班级建设中会特别强调创新能力的培养和实践能力的提升。同时，高校的管理制度，如学分制、导师制等，也会影响班级建设的具体措施和活动安排。学分制下，学生可以根据自己的兴趣和发展方向选择课程，班级活动的组织也会更加灵活多样，能够更好地满足学生的个性化需求。

（3）国家和地方教育政策对高校班级建设具有重要影响。国家和地方政府通常会根据经济社会发展需求制订教育政策，这些政策对高校的办学方向、课程设置及学生培养模式等都有重要指导作用。地方政府根据区域经济发展需求制订的教育政策，也会对高校班级建设产生重要影响。例如，一些经济发达地区的政府会支持高校与当地企业合作，开展校企联合培养项目，班级建设中就会融入更多的企业文化和职业技能培训，帮助学生更好地适应社会和就业市场的需求。

2.国家和地方的教育政策对班级建设具有重要的规范和引导作用。国家和地方政府制订的教育政策，为高校班级建设提供了宏观指导和政策支持。这些政策不仅明确了高校教育的总体目标和要求，也对班级建设提出了具体的指导意见。通过这些政策，政府能够有效地引导高校班级建设的方向，确保教育目标的实现。

（1）国家教育政策为高校班级建设提供了明确的方向和目标。这些政策文件不仅明确了教育的总体目标，也对高校班级建设提出了具体的要求，如加强思想政治教育、提升学生的创新能力和实践能力、促进学生的全面发展等。高校在班级建设中，必须紧密围绕这些政策要求，制订班级建设的具体方案，确保班级建设与国家教育目标一致。

（2）地方政府的教育政策对高校班级建设产生重要影响。各地根据区域经济社会发展需求，制订了相应的教育发展政策和规划。这些政策不仅对地方高校的办学方向和人才培养模式提出了具体要求，也对班级建设提供了政策支持。例如，一些经济发达地区的地方政府鼓励高校与当地企业合作，开展校企联合培养项目，班级建设中因而融入了更多的企业文化和职业技能培训，帮助学生更好地适应社会和就业市场的需求。在这种政策引导下，高校班级建设更具有地方特色和实效性，能够更好地服务于地方经济社会发展。

（3）学校的管理制度和具体的班级管理规定，是在执行国家和地方教育政策的基础上，结合学校自身实际情况制订的。这些制度和规定，为班级建设提供了具体的操作指南，有助于班级管理的规范化和制度化。学校管理制度包括学校的办学理念、教学管理制度、学生管理制度等，这些制度明确了学校的教育目标、管理模式和具体要求。例如，学校的教学管理制度规定了课程设置、教学内容、教学方法等方面的要求，这些规定对班级教学活动的开展起到了重要的指导作用；学生管理制度则规定了学生的行为规范、奖惩制度、班级活动的组织和管理等，为班级管理提供了具体的操作依据。

国家和地方教育政策及学校管理制度和班级管理规定，为高校班级建设提供了全面的政策支持和操作指南。在这些政策和制度的引导下，高校班级建设能够明确方向和目标，制订具体的实施方案和操作流程，确保班级建设与国家教育目标一致，服务于国家和地方经济社会发展需求。同时，这些政策和制度也为班级管理的规范化和制度化提供了保障，确保班级建设能够更加有序和高效地进行，促进学生的全面发展。

（二）物理环境

高校班级建设的多元影响因素中，物理环境是一个重要且直接的影响因素。物理环境不仅包括教室、宿舍等学习和生活空间的设施完善程度，还涵盖环境的舒适度、企业文化和职业元素的融入。这些因素共同作用，影响学生的学习质量、生活质量及其未来的职业发展。

1.学习环境是物理环境中最直接且重要的影响因素之一。在高校班级建设中，学习环境的优劣对学生的学习效果和整体班级氛围有着至关重要的影响。教室作为学生日常学习的主要场所，其设施完善程度和环境舒适度对学生的学习状态有着显著影响。

（1）教室的设施完善程度直接影响学生的学习效果。现代化教学设备的配备，如多媒体教学系统、投影仪、智能黑板等，能够大大提高教学的互动性和效率。这些设备不仅可以丰富课堂内容，还能通过多样化的教学手段激发学生的学习兴趣，提升学习效果。例如，利用多媒体教学系统，教师可以播放视频、展示图片和动画，生动形象地讲解复杂的理论知识，帮助学生更好地理解和掌握。此外，教室的明亮度和通风情况也是影响学习效果的重要因素。明亮的教室环境可以减轻学生的视觉疲劳，提高注意力和学习效率；良好的通风条件则能够保持室内空气清新，防止学生因空气不流通而感到困倦和不适，确保课堂的良好氛围。

（2）教室环境的舒适度直接影响学生的学习状态和心理感受。舒适的桌椅设计可以提高学生的坐姿舒适度，减少因长时间学习导致的身体疲劳，从而保持较高的学习效率。教室的美观程度也会影响学生的心理状态和情绪。一个装饰美观、布置合理的教室环境，能够带给学生愉悦的感受，提升他们的学习积极性和参与度。例如，通过适当的装饰和绿植的摆放，可以营造一个温馨、放松的学习氛围，让学生在良好的环境中保持积极向上的学习态度。

2. 宿舍作为学生的主要生活空间，其设施完善程度和环境舒适度对高校班级建设有着重要影响。宿舍不仅是学生休息的地方，也是他们学习、交流和社交的重要场所。一个设施齐全、环境整洁的宿舍，能够为学生提供一个良好的生活和学习环境，促进他们的身心健康发展。这种良好的宿舍环境不仅有助于提高学生的生活质量和学习效率，还对班级建设的整体效果有着深远的影响。

（1）宿舍设施的完善程度对学生的生活质量和学习效率有直接影响。现代化的宿舍设施应包括舒适的寝具、充足的储物空间、独立的学习区及完善的卫生设施。这些设施不仅能满足学生的基本生活需求，还能为他们提供一个安静、舒适的学习环境。例如，舒适的寝具和充足的储物空间可以帮助学生更好地休息和整理个人物品，减少生活中的杂乱无章，从而提高他们的生活效率和学习专注度。独立的学习区则能够为学生提供一个安静、不受打扰的学习空间，有助于他们在宿舍内完成课业任务，巩固学习效果。

（2）宿舍环境的舒适度是影响学生生活质量的重要因素。一个环境舒适的宿舍，能够缓解学生的学习压力，提升他们的生活满意度和幸福感。舒适的宿舍环境包括良好的通风和采光条件、适宜的温度和湿度控制、安静的氛围及整洁的卫生状况。这些因素共同作用，能够为学生创造一个健康、愉快的生活环境，使他们能够在紧张的学习之余得到充分的休息和放松，从而以更饱满的状态投入学习和班级活动中。

（3）宿舍环境的建设和管理对学生的行为和习惯养成有着重要影响。良好的宿舍环境和严格的管理制度，能够培养学生良好的生活习惯和行为规范。例如，宿舍卫生的定期检查和评比制度，可以激发学生的卫生意识和责任感，使他们自觉保持宿舍的整洁和卫生。宿舍的集体活动和交流平台，则能够增强宿舍成员之间的沟通和合作，促进他们的团结和友谊。这些良好的生活习惯和行为规范，不仅有助于学生的个人发展，也能为班级建设营造一个积极向上的氛围。

（4）物理环境中的职业元素对高校班级建设有着深远的影响。将企业文化和职业元素融入班级物理环境，可以帮助学生更早地接触和了解职业世界，提升他们的职业意识和职业规划能力。例如，在宿舍和教室中设置职业文化墙，展示企业的文化理念、职业规范和成功案例，可以使学生在日常生活和学习中不断受到职业文化的熏陶，逐渐树立起职业责任感和奋斗目标。职业文化墙不仅可以展示知名企业的文化理念和用人标准，还可以展示优秀校友的职业发展经历和成功案例，激励学生积极规划职业生涯，努力提升自身素质和能力。

（三）师资力量

1.辅导员和班主任作为班级的直接管理者和指导者，他们的专业素养是班级建设的基础。辅导员和班主任需要具备扎实的教育理论知识，了解学生心理学、教育管理学等相关领域的最新研究成果，并将这些理论知识运用到实际工作中。他们还需要不断更新自己的专业知识，适应教育环境和学生需求的变化。专业素养高的辅导员和班主任能够更好地理解学生的学习和生活需求，制订科学合理的班级发展计划，提升班级管理的专业性和有效性。

2.辅导员和班主任的管理能力直接影响班级的组织和运行。管理能力强的辅导员和班主任能够有效协调班级内部的各种关系，妥善处理学生之间、师生之间的矛盾和冲突，维护班级的和谐与稳定。他们需要具备较强的组织协调能力，能够合理安排班级的各项活动，确保班级工作有序进行。同时，辅导员和班主任还需要具备决策能力，在面对班级事务时能够做出科学、合理的决策，引导班级朝着积极健康的方向发展。

3.辅导员和班主任的工作态度对班级建设有着重要的影响。积极、负责的工作态度能够感染和带动学生，增强学生对班级的归属感和责任感。辅导员和班主任应以身作则，树立良好的榜样，激发学生的学习热情和参与班级建设的积极性。他们需要关注每一个学生的成长，及时发现和解决学生在学习和生活中遇到的问题，给予学生充分的关怀和支持。工作态度严谨、细致的辅导员和班主任能够为学生创造一个安全、温暖的学习和生活环境，促进学生的全面发展。

4. 除了辅导员和班主任，整个教师团队的教学水平和教育理念也是影响班级建设的重要因素。专业课教师的教学水平直接关系学生的学业成绩和专业素养。教学水平高的教师能够以生动、有趣的教学方式激发学生的学习兴趣，提高学生的学习积极性和课堂参与度。他们能够将复杂的专业知识讲解得深入浅出，使学生更好地理解和掌握所学内容。同时，教师的教育理念也对学生的学习态度和价值观产生重要影响。坚持以学生为中心的教育理念，尊重学生的个性发展，能够培养学生的自主学习能力和创新思维，使学生在学习中获得成就感和自信心。

5. 师资团队的合作和互动是影响班级建设的一个重要方面。一个团结协作的教师团队能够相互学习、相互支持，共同提高教学质量和管理水平。教师之间的良好互动和协作，能够形成一种积极向上的学术氛围和教学文化，影响和带动学生的学习风气和班级文化。教师团队的合作还能够为学生提供更加全面和多样的学习资源和机会，促进学生的全面发展。

6. 师资力量的稳定性对班级建设有重要影响。教师队伍的稳定有助于教学质量的持续提高和班级管理的长期稳定。频繁的教师更替可能导致教学计划的中断和管理工作的混乱，影响学生的学习效果和班级的整体发展。因此，高校应注重教师队伍的建设和培养，提供良好的工作条件和发展机会，稳定教师队伍，确保班级建设的持续性和稳定性。

（四）学生因素

1.学生干部的工作机制是否科学合理，直接影响班级管理的效率和效果。学生干部是班级建设的中坚力量，他们承担着组织班级活动、协调班级事务和沟通师生关系等重要职责。如果学生干部的选拔和培养机制不合理，可能导致学生干部工作积极性不足，难以充分发挥其主动性和创造性。因此，科学合理的学生干部工作机制是班级建设的重要保障，它不仅能提高学生干部的管理能力和领导水平，还能增强班级的凝聚力和向心力。

2.学生的素质对班级建设有着深远的影响。学生的学业水平是班级整体学风的重要体现，学业水平高的学生能够起到榜样作用，带动班级整体学习氛围的提升。思想道德素质是学生综合素质的重要组成部分，具有良好思想道德素质的学生能够为班级建设注入积极的正能量，促进班级的和谐发展。学生的兴趣爱好和个性特点也在一定程度上影响班级的多样性和创新性。不同兴趣和个性特点的学生能够带来多元化的思维和创意，为班级建设注入活力和新鲜感。同时，学生的心理状态和行为习惯也会影响班级的整体氛围。心理状态积极、行为习惯良好的学生更容易形成团结、友爱的班级氛围，反之，可能会对班级的和谐发展造成不利影响。

3.学生在班级建设中的参与度和积极性决定了班级活动的质量和班级的凝聚力。积极参与班级建设的学生能够增强班级的活力和凝聚力，促进班级成员之间的交流和合作，提高班级活动的质量和效果。学生参与度高的班级，班级活动丰富多样，学生之间的关系融洽，班级的整体氛围更加积极向上。相反，如果学生参与度低，班级活动单一乏味，班级成员之间的互动较少，班级凝聚力就会不足，影响班级的整体发展。

4.学生因素不只是单一的影响因素，而是一个复杂的系统，学生的素质、参与度及学生干部的工作机制相互作用，共同决定了班级建设的成效。学生素质的提升需要良好的班级环境和积极的班级氛围，而学生参与度的提高又依赖于科学合理的学生干部工作机制和有效的班级管理。因此，高校在班级建设过程中，必须综合考虑这些因素，采取综合性的措施，才能有效提高班级建设的质量。

（五）校园环境因素

1. 校园文化对班级建设有着直接而深远的影响。校园文化是学校整体文化氛围、价值观念和行为准则的综合体现。积极健康的校园文化能够为班级建设提供良好的环境和氛围，促进班级的良性发展。例如，学校倡导诚信、勤奋、创新等价值观念，可以有效引导学生树立正确的人生观和价值观，形成积极向上的班级风气。校园文化通过潜移默化的影响，渗透到学生的日常学习和生活中，激发学生的内在动力，促进班级成员之间的团结合作。

2. 资源支持是班级建设的重要保障。学校提供的硬件设施、图书资源、实验设备等，对班级的学习和活动开展有着重要的支持作用。丰富的资源有助于学生的全面发展。例如，现代化的教学设施和设备能够提高教学效率，增强学生的学习体验；图书馆提供的图书和电子资源，为学生的自主学习和科研提供了坚实的基础；实验室和实训基地的建设，为学生提供了实践和创新的机会，促进了学生综合素质的提升。资源的充分供给不仅能够满足学生的基本需求，还能够激发学生的学习兴趣和探索精神，为班级建设注入活力。

3. 校内活动是增强班级凝聚力和学生参与感的重要途径。学校组织的各类活动，如社团活动、学术讲座、体育比赛等，能够丰富学生的课余生活，促进学生的全面发展。这些活动为学生提供了展示自我、交流合作的平台，有助于培养学生的团队精神和创新能力。通过参与校内活动，学生不仅能够结识更多志同道合的朋友，扩大社交圈，还能够增强归属感和集体荣誉感，从而提高班级的凝聚力和向心力，校内活动的多样性和丰富性对班级建设具有积极的推动作用。

4.优良的班风和学风是班级建设的重要组成部分。优良的班风和学风对学生的学习效果和班级氛围有着决定性的影响。良好的班风能够营造和谐融洽的学习环境，促进学生之间的相互尊重和友好合作，减少不良风气和负面情绪的产生。良好的学风则有助于激发学生的学习热情，提高学习效率，形成浓厚的学术氛围。在优良班风和学风的引导下，学生能够更加专注于学术研究和知识探索，促进自身专业知识和技能的提升。良好的班风和学风还能够加强学生与教师之间的互动和交流，通过学术探讨和问题辨析，增进师生情谊，推动班级学习交流文化的建设。

5.班级文化是班级建设的核心因素之一。优良的班级文化能够为班级成员提供明确的价值定位和行为准则，引导学生树立正确的价值观和行为习惯。例如，班级文化可以通过班级公约、班级活动等形式，传递积极向上的价值观，促进学生的全面发展。班级文化的建设需要班级成员的共同努力，通过日常的学习和生活中的点滴积累，逐步形成具有班级特色的文化氛围。优良的班级文化不仅能够增强班级的凝聚力和向心力，还能够提升班级成员的自信心和荣誉感，激发学生的内在动力和创造力。

（六）社会环境因素

1.社会经济发展水平和就业形势对学生的学习动机和职业规划有直接影响。社会经济的快速发展通常伴随着对高素质人才的需求增加，这种需求在一定程度上刺激了学生的学习动机和职业规划。例如，在经济快速发展的地区，学生普遍对未来职业发展充满信心，学习动机强烈，积极参与各种学习和实践活动，以提升自己的竞争力。反之，在经济发展相对滞后的地区，学生可能对未来就业形势感到担忧，学习动机受到影响，进而影响班级的整体氛围。经济发展的不平衡也可能导致不同地区学生的学习资源和机会存在差异，这进一步影响了班级建设的均衡性和公平性。

2.社会文化氛围对学生的思想观念和行为方式有重要影响。社会主流文化、价值观念和道德标准通过多种途径渗透到校园生活中，影响着学生的价值取向和行为习惯。健康积极的社会文化有助于班级建设。例如，社会倡导诚信、责任和创新等核心价值观，能够引导学生在学习和生活中自觉遵守这些价值观，形成良好的班级风气和学风。反之，如果社会文化中存在消极、不良的价值观念，如拜金主义、享乐主义等，学生则可能受到这些负面影响，导致学习态度不端正，行为规范欠缺，班级氛围受到不利影响。因此，社会文化氛围通过影响学生的思想观念和行为方式，间接地对班级建设产生了深远影响。

3.企业需求对学生的学习态度和职业规划具有直接的导向作用，进而影响班级建设。企业对人才的需求和用人标准往往反映了社会对高素质人才的期望和要求。例如，现代企业普遍注重员工的创新能力、团队合作精神和职业素养，这些要求促使学生在校期间努力提升相关能力和素质。学生在了解企业需求后，会更加明确自己的职业规划方向，积极参与与职业相关的学习和实践活动，从而形成积极向上的班级氛围。反之，如果企业对人才的需求和用人标准不明确或变化过快，学生的职业规划可能出现困惑和迷茫，影响学习动机和班级建设的稳定性。

4.社会环境因素对班级建设的影响体现在社会经济和文化发展带来的挑战和机遇上。经济全球化和信息化的发展使学生能够接触到更多的全球信息和资源，开阔了他们的视野，提高了他们的综合素质和国际竞争力。然而，这也对班级建设提出了更高的要求。班级建设不仅需要关注学生的学业和品德，还需要培养他们的全球视野和跨文化交往能力，以适应未来全球化发展的需要。同时，社会文化多样性的发展对班级建设提出了包容性和多元化管理的要求。班级建设需要尊重和包容不同文化背景和价值观的学生，营造和谐共生的班级文化氛围，促进学生之间的相互理解和合作。

5.社会环境因素通过影响家庭教育对班级建设产生间接影响。家庭作为学生的第一教育环境，其教育理念和方式对学生的成长和发展有重要影响。社会经济发展和文化氛围直接影响家庭教育的内容和方式，从而对学生的学习态度、行为习惯和价值观念产生深远影响。班级建设需要关注学生的家庭背景和教育环境，了解家庭教育对学生的影响，积极与家长沟通合作，共同促进学生的全面发展。

二、教育理念和政策影响因素下的班级建设方法

高校教育理念和政策的落实，需要通过辅导员和班主任的具体工作来实现。辅导员和班主任作为班级建设的核心力量，承担着教育理念和政策传递者的角色。他们不仅要深刻理解和把握学校的教育理念和政策精神，还需要在日常工作中，结合班级实际情况，将这些理念和政策转化为具体的班级建设措施。例如，在班级文化建设中，辅导员和班主任可以通过组织主题班会、开展思想政治教育活动等方式，将学校的教育理念和政策要求，潜移默化地传递给学生，增强学生的认同感和参与感。高校教育理念和政策的实施效果，还受到学校管理制度的影响。健全的管理制度，是教育理念和政策顺利落实的重要保障。高校应当建立健全班级建设的管理机制，明确班级建设的目标、内容和评价标准，确保班级建设有章可循、有据可依。同时，学校管理制度应当具有一定的灵活性和适应性，能够根据实际情况和学生需求，及时进行调整和优化，确保班级建设始终保持生机和活力。

在教育理念和政策的指导下，高校班级建设还需要注重创新和实践。随着社会的不断发展和教育环境的变化，高校班级建设面临新的挑战和机遇。高校应当鼓励辅导员和班主任，结合班级实际情况，积极探索和创新班级建设的新模式和新方法。例如，可以借鉴企业管理的理念和方法，探索班级管理新模式，让学生在模拟企业的管理实践中，提升管理能力和团队合作精神；可以利用现代信息技术，探索"班级管理信息化"的路径，通过班级微信群、微信公众号等平台，提高班级管理的效率和互动性。

高校的教育理念和政策，是班级建设的理论依据和实践指南。只有在科学教育理念和政策的指导下，高校班级建设才能明确方向、科学规划、有效实施，进而促进学生的全面发展，提高高校的整体办学水平。辅导员和班主任作为班级建设的具体执行者，应当在教育理念和政策的指导下，结合班级实际情况，积极探索和创新班级建设的方法和模式，努力提升班级建设的质量和效果，为学生的成长成才创造良好的环境和条件。

（一）教育理念影响因素下的班级建设方法

高校的教育理念和办学宗旨直接影响班级建设的方向和内容。为了贯彻全面教育理念，班级建设需要在各方面进行综合规划和实施，以确保学生在各方面得到全面提升。

1. 在思想道德教育方面，班级建设应注重培养学生的思想政治素质和道德修养。高校可以通过多种形式的思想政治教育活动，增强学生的思想道德素质。例如，定期组织主题班会，围绕社会主义核心价值观、爱国主义精神等主题进行深入讨论，引导学生树立正确的价值观和人生观。此外，可以邀请校内外专家学者开设专题讲座，结合当前社会热点和实际案例，帮助学生理解并践行高尚的道德标准和社会责任。还可以通过组织参观爱国主义教育基地、观看爱国主义影片等活动，增强学生的爱国情怀和社会责任感。

2. 在文化素养提升方面，班级建设需要通过多样化的文化活动和课程来实现。高校可以推行经典阅读计划，鼓励学生阅读中外经典文学作品，并组织读书分享会和文学沙龙，激发学生的阅读兴趣和文化修养。班级还可以定期举办文化艺术节、音乐会、书画展等活动，为学生提供展示才华的平台，营造浓厚的文化氛围。此外，开设丰富的选修课程，如哲学、历史、艺术鉴赏等，拓宽学生的知识视野，提升他们的文化素养。

3.实践能力的培养是全面教育的重要内容之一。高校应鼓励班级开展各种形式的社会实践活动，如志愿服务、社会调研、实习实训等，使学生在实际操作中锻炼技能，积累经验。例如，组织学生到社区进行志愿服务，帮助他们了解社会现实，增强社会责任感；安排学生到企业进行实习，将理论知识应用于实际工作，提升职业素养和实践能力。

4.体育教育是全面教育的重要方面。高校应加强班级体育活动的组织和管理，促进学生的身心健康发展。开设丰富的体育课程，组织班级体育比赛和运动会，培养学生的团队合作精神和竞争意识。例如，开展篮球赛、足球赛、羽毛球赛等班级体育活动，增强学生的体质和意志力；组织户外拓展活动，如登山、野营等，培养学生的冒险精神和生存能力。此外，设立班级健身角，配备简单的健身器材，鼓励学生养成良好的锻炼习惯。

5.在班级管理方面，科学化和制度化是关键。班级应建立完善的管理制度，明确班级建设的目标和任务，规范学生的行为和学习生活。例如，制订班级公约，明确学生的权利和义务，规范学生的言行举止；设立班委会，明确班委成员的职责和分工，增强班级管理的民主性和透明度；开展班级例会，及时了解和解决班级存在的问题，促进班级的和谐发展。

（二）政策支持影响因素下的班级建设方法

国家和地方教育政策、学校的管理制度和具体的班级管理规定等，都会对班级建设产生重要影响。政策支持的有效性决定了班级建设的规范性和方向性。例如，国家政策对高校思想政治教育的重视，要求班级建设中必须融入思想政治教育内容，通过课程设置和活动安排，落实立德树人的根本任务。学校的管理制度和具体的班级管理规定，也需要根据国家和地方的教育政策进行适当调整，确保班级建设与政策导向一致。

1.在贯彻国家和地方教育政策方面，班级建设应当紧密结合政策要求，确保方向明确。例如，国家对高校思想政治教育的重视，要求班级在建设过程中注重思想政治教育内容的渗透。班级可以通过开设思想政治教育课程、组织主题班会和开展实践活动等方式，落实立德树人的根本任务，如定期组织爱国主义教育、革命传统教育和法治教育等主题班会，引导学生树立正确的价值观和人生观。

2. 班级建设需要结合学校的管理制度和班级管理规定，确保各项工作有章可循。例如，学校可以制订详细的班级管理条例，明确班级建设的目标、任务和工作要求。班级在日常管理中，严格按照学校的管理制度执行，确保各项活动的规范性和有序性。例如，建立班级评优评先制度，对表现突出的学生和集体进行表彰和奖励，激发学生的积极性和主动性；设立班级纪律委员会，负责监督和管理班级纪律，确保班级的良好秩序。

3. 在具体实施过程中，班级建设需要制订详细的工作计划和实施方案。可以根据国家和地方教育政策及学校的管理制度，制订班级建设的年度工作计划，明确各项工作的时间节点和具体任务。例如，学期初制订班级建设计划，明确思想政治教育、学术提升、文体活动等各项工作的具体安排；学期中进行阶段性总结和评估，及时发现和解决问题，确保各项工作顺利推进；学期末进行全面总结和考评，对表现突出的个人和集体进行表彰，鼓励大家继续努力。

三、物理环境影响因素下的班级建设方法

班级设施完善程度，以及环境的舒适度，都会直接影响学生的学习质量，从而对班级建设产生深远的影响。为了优化学习环境，学校应当采取多种措施改善教室的硬件设施，提高学生的学习效率，从而促进班级建设的良性发展。

教室环境的改善是提升学生学习效率的重要举措。现代化的多媒体设备，如智能白板、投影仪、高速网络等，可以大大提高教学的互动性和信息的传递效率。舒适的课桌椅设计也能够减少学生在长时间学习过

程中产生的疲劳感，提高学习的舒适度和专注度。此外，教室的照明、通风和温度调节等基础设施也需要不断优化。良好的照明能够减少视觉疲劳，适宜的温度和通风能够创造一个舒适的学习环境，使学生能够集中注意力，提高学习效率。

在具体实施过程中，学校可以采取以下措施：一是投入更多资源改善教室的硬件设施。例如，为教室配备现代化的多媒体设备，如智能白板、投影仪和高速网络，提高教学互动性和信息传递效率。二是优化教室的物理环境，如安装符合人体工程学的课桌椅、优化照明和通风系统，确保教室环境的舒适度。三是学校可以定期进行教室设备的维护和更新，确保设备始终处于良好状态，为学生提供最佳的学习条件。

四、师资力量影响因素下的班级建设方法

（一）辅导员和班主任影响因素下的班级建设方法

辅导员和班主任的专业素养、管理能力和工作态度对班级建设至关重要。为了有效促进班级的健康发展，辅导员和班主任需要在以下几个方面采取综合措施，以确保班级建设的有序进行。

1. 辅导员和班主任应通过专业培训不断提升自身的专业素养和管理能力。学校应定期组织培训课程和工作坊，邀请教育专家和资深辅导员分享管理经验和教育理念，帮助辅导员和班主任掌握最新的教育理论和管理方法。这些培训应涵盖学生心理辅导、班级管理、冲突解决、团队建设等多个方面，确保辅导员和班主任能够全面应对班级建设中的各种挑战。此外，辅导员和班主任还应积极参加各类学术会议和教育研讨会，了解教育领域的最新动态和发展趋势，不断更新和提升自己的知识储备。

2. 辅导员和班主任应积极参与班级管理和各类活动，加强与学生的互动和沟通。在班级管理中，他们应制订详细的班级管理计划，明确班级建设的目标和任务，并定期进行评估和调整。辅导员和班主任还应通

过组织和参与各类班级活动，如主题班会、学术讲座、文化体育活动等，增进与学生的感情交流，了解学生的实际需求和困难。通过这些活动，他们不仅可以展示自身的管理能力和专业素养，还可以增强学生的班级认同感和归属感。

3.辅导员和班主任应注重关心学生的学习和生活，为他们提供及时的指导和帮助。在学业方面，他们应定期了解学生的学习情况，针对学生的学业问题提供个性化的辅导和建议，帮助学生制订合理的学习计划，提升学习效果。在生活方面，辅导员和班主任应关注学生的生活状态，尤其是新生和家庭经济困难的学生，通过家访、谈心等方式，了解他们的实际情况，及时提供帮助和支持，解决他们在生活中的实际问题，确保学生能够安心学习和生活。

4.建立良好的师生关系是班级建设的重要基础。辅导员和班主任应以平等、尊重和关爱的态度对待每一位学生，营造和谐融洽的师生关系氛围。他们应注重倾听学生的声音，尊重学生的意见和建议，在班级管理中充分考虑学生的实际需求和利益。通过定期开展师生交流活动，如师生座谈会、意见反馈会等，辅导员和班主任可以及时了解学生的思想动态和实际困难，增强学生的信任感和归属感。同时，辅导员和班主任还应注重言传身教，通过自身的行为示范，培养学生的良好品德和行为习惯。

（二）教师团队影响因素下的班级建设方法

教师团队，包括专业课教师在内的整个师资队伍，其教学水平和教育理念对班级建设有着重要影响。高水平的教师团队不仅能够为学生提供优质的教学资源和指导，还能够促进学生的学业进步和综合素质提升。因此，教师团队在班级建设中的作用不容忽视。

1.教师团队应积极参与班级活动，与辅导员、班主任合作，形成教育合力。教师不仅要关注学生在课堂上的表现，还应了解他们的课外活动和生活情况，帮助学生解决学习和生活中的实际问题。例如，教师可以定期参与班级的主题班会、团体辅导和社会实践活动，增进与学生的互动和交流，了解学生的需求和困惑，从而提供更有针对性的指导和帮助。

2.教师团队应当树立共同的教育理念和目标，以协同推进班级建设。学校可以组织教师团队进行集体备课、教学研讨和案例分析，分享教学经验和心得，共同探讨教学中的难题和解决方案。通过这种集体协作，教师可以形成统一的教育理念和教学目标，确保教学内容和方法的一致性和科学性，提高教学效果。

在班级建设过程中，教师团队应注重对学生学术能力和综合素质的培养。教师不仅要传授专业知识，还应培养学生的独立思考能力、创新精神和实践能力。例如，教师可以通过项目式教学、案例分析和实验课程等多种教学方式，激发学生的学习兴趣和主动性，引导他们将理论知识应用到实际问题中去。教师还应鼓励学生参加学科竞赛、科研项目和社会实践活动，为他们提供展示和锻炼的机会，从而全面提升学生的综合素质。

五、学生因素影响因素下的班级建设方法

（一）学生干部的工作机制影响因素下的班级建设方法

学生干部的工作机制是否科学合理，能否充分发挥他们的主动性和创造性，是班级建设能否成功的重要因素。学生干部应当明确自身职责，积极组织和参与班级活动，带动全班同学共同进步。学校应当为学生干部提供培训和指导，帮助他们提升管理能力和领导力，确保他们在班级建设中发挥重要作用。

（二）学生素质影响因素下的班级建设方法

学生的学业水平、思想道德素质、兴趣爱好和个性特点等都会影响班级的建设效果。积极向上的学生更容易形成良好的班级文化。学校应当通过多种渠道提升学生的综合素质，如设置学业辅导、思想政治教育课程，组织兴趣小组和社团活动，激发学生的学习兴趣和参与热情。

（三）学生参与影响因素下的班级建设方法

学生在班级建设中的参与度和积极性决定了班级活动的质量和班级凝聚力。为提高学生的参与度，学校需要采取一系列措施，确保班级建设能够充分反映学生的需求和愿望，从而增强班级的凝聚力和向心力。

1.学校应当鼓励学生积极参与班级管理和活动。民主选举和公开竞选是增强学生主人翁意识和责任感的有效方法。通过这些方式，学生可以选出自己信任的班干部，使他们在班级管理中拥有更多的发言权和决策权。班干部的选举不仅要公开、公正，还要注重学生的学业成绩、综合素质和服务意识，确保当选的班干部能够真正代表同学们的利益，带动班级的全面发展。

2.班级应当建立健全的意见反馈机制，听取学生的建议和意见。通过设立意见箱、建立在线反馈平台、定期召开班会等方式，学校可以及时了解学生在班级建设中的需求和困惑。辅导员和班主任应积极关注学生的反馈，认真听取并分析他们的建议，结合实际情况进行适当调整。这样，学生会感到他们的意见被重视，增强对班级建设的认同感和参与热情。

3.学校可以通过设立班级建设委员会，进一步提高学生在班级管理中的参与度。班级建设委员会应由学生代表组成，负责班级的日常管理和活动策划。学生代表可以在班级建设委员会中提出自己的意见和建议，参与决策过程。这不仅能提高学生的参与感和责任感，还能培养他们的组织协调能力和团队合作精神。

4.在班级建设中，注重对优秀学生的表彰和奖励是提高学生参与度的重要手段。学校可以通过评选"优秀班干部""优秀学生"等方式，对在班级建设中表现突出的学生进行表彰，给予他们荣誉证书或实物奖励。这样的激励机制能够增强学生的荣誉感和自豪感，激发他们更积极地参与班级建设。

六、校园环境因素影响因素下的班级建设方法

（一）校园文化影响因素下的班级建设方法

校园作为高校育人的重要载体，其整体氛围、价值观念和行为准则对班级建设有着直接且深远的影响。积极健康的校园文化能够促进班级的良性发展，营造一个和谐、有序的学习环境。为了实现这一目标，学校应当采取一系列措施，通过组织丰富的文化活动、社团活动和校园节庆，营造积极向上的校园文化氛围，增强学生的集体荣誉感和归属感，促进班级的和谐发展。

1.学校应当注重校园文化的建设，通过一系列文化活动来提升学生的综合素质。例如，可以定期举办校园艺术节、读书节、文化展览等活动，让学生在参与过程中受到艺术的熏陶，培养他们的审美情趣和人文素养。这些活动不仅可以丰富学生的课余生活，还能够增强他们的文化底蕴，提升整体素质。通过这些文化活动，学生可以在潜移默化中形成积极向上的价值观和行为准则，从而促进班级文化的良性发展。

2.学校应当充分利用校园节庆活动来营造积极向上的校园文化氛围。例如，可以在新生入学时举办迎新晚会，在毕业季组织毕业典礼和晚会，通过这些活动增强学生的集体荣誉感和归属感。学校还可以在重大节日和纪念日组织主题教育，如清明节的革命烈士纪念活动、国庆节的爱国主义教育活动等，通过这些活动培养学生的爱国情怀和社会责任感。在这些活动中，学生可以感受到集体的温暖和力量，从而更加积极地参与班级建设。

3.学校应当注重校园文化宣传，利用各种宣传渠道和手段营造积极向上的舆论氛围。例如，可以通过校园广播、校报、校园网等宣传平台，宣传优秀班级、优秀学生的事迹，树立榜样，激励学生争先创优。学校还可以通过举办主题班会、座谈会等形式，让学生交流心得体会，分享学习经验和生活感悟，增强班级的凝聚力和向心力。在这种积极向上的舆论氛围中，学生能够更加明确自己的奋斗目标，不断提升自我，实现全面发展。

（二）校内活动影响因素下的班级建设方法

学校组织的各类活动，如社团活动、学术讲座、体育比赛等，不仅能丰富学生的校园生活，还能增强班级的凝聚力和学生的参与感。因此，学校应当积极组织和引导学生参与这些活动，培养他们的团队合作精神和集体意识，增强班级的凝聚力和向心力。以下是校内活动影响因素下的班级建设方法。

1.学校应当大力支持和推动社团活动的发展。社团活动是学生展示才华、锻炼能力的重要平台，通过参与社团，学生可以结识志同道合的朋友，形成良好的社交网络。例如，学校可以鼓励学生参加各类学术性、艺术性、体育性和公益性社团，如辩论社、合唱团、篮球队和志愿者协会等。这些社团不仅能满足学生多样化的兴趣爱好，还能增强他们的团队合作精神和组织协调能力。为了促进社团活动的发展，学校应当提供必要的资源支持，如活动场地、设备和经费等，并定期举办社团招新活动和社团展示活动，吸引更多学生参与社团活动。

2.学术讲座和论坛是提高学生学术水平和思维能力的重要途径。学校应当定期邀请知名学者、专家和行业精英来校举办讲座和论坛，为学生提供学习和交流的机会。例如，学校可以组织各类专题讲座、学术沙龙和科研报告会，涵盖不同学科领域和前沿话题，帮助学生拓宽视野，激发学术兴趣。在班级层面，辅导员和班主任应当积极组织和引导学生参加这些学术活动，并在课后进行讨论和分享，深化学生对讲座内容的理解和应用。通过学术讲座和论坛，学生不仅能够获取最新的学术信息，还能提高独立思考和分析问题的能力，从而提高整体学术水平。

3. 学校应当组织丰富的校园文化活动，增强学生的文化素养和艺术修养。例如，可以举办校园文化艺术节、电影节、音乐会、书画展等，让学生在参与和欣赏的过程中感受文化艺术的魅力，提升审美能力和文化素养。班级可以组织学生参与这些文化活动，并鼓励他们积极展示自己的才艺和创意。例如，班级可以组建文艺表演队伍，参加学校的文艺汇演，通过团队合作完成精彩的表演，增强班级的凝聚力和荣誉感。

（三）班级文化影响因素下的班级建设方法

班级文化作为校园文化的重要组成部分，对高校班级建设具有深远的影响。班级文化不仅涵盖了班级成员之间的互动模式、价值观念和行为准则，还反映了班级的整体氛围和精神面貌。积极健康的班级文化能够促进学生的全面发展，增强班级的凝聚力和向心力，从而推动班级建设的有效开展。以下是班级文化影响因素下的班级建设方法。

1. 培养班级的核心价值观是构建良好班级文化的基础。辅导员、班主任应当积极引导学生树立正确的价值观，形成共同的班级使命和愿景。例如，可以通过主题班会等方式，明确班级的核心价值观，如诚信、责任、合作、创新等。班级成员在日常学习和生活中，应当自觉践行这些价值观，营造积极向上的班级氛围。通过不断强化核心价值观的影响力，班级成员能够形成统一的价值取向，增强集体荣誉感和归属感。

2. 丰富班级文化活动是建设良好班级文化的重要途径。学校和班级应当组织丰富多样的文化活动，激发学生的参与热情，增强班级的凝聚力和向心力。例如，可以定期举办读书会、观影会、文艺演出、体育比赛等活动，让学生在参与中感受班级的温暖和集体的力量。这些活动不仅能丰富学生的课余生活，还能促进班级成员之间的交流和互动，增进彼此的了解和信任。班级可以组织各种公益活动和社会实践，如志愿服务、爱心捐赠等，培养学生的社会责任感和奉献精神，提升班级的社会影响力。

3. 建立良好的班级沟通机制是确保班级文化建设顺利进行的关键。班级沟通机制包括师生之间、同学之间的多种沟通渠道和方式，如班级例会、班级微信群、意见箱等。辅导员和班主任应当注重倾听学生的声音，及时了解学生的需求和建议，解决学生在学习和生活中遇到的问题。同学之间应当建立良好的沟通习惯，学会倾听和尊重他人的意见，共同营造和谐的班级氛围。通过建立良好的班级沟通机制，班级成员能够有效地交流思想、分享经验，形成团结互助的集体文化。

4. 班级文化影响因素下的班级建设方法中的重要一环是发挥班级榜样的示范作用。班级榜样的力量能够为其他学生树立明确的奋斗目标和前进方向，激发他们的学习热情和积极性。通过一系列有效的措施，充分发挥班级榜样的示范作用，可以为班级建设注入强大的动力。

（1）评选和表彰班级榜样是发挥榜样示范作用的重要措施之一。班级榜样包括学生干部、优秀学生和积极分子等，他们在学习、工作和生活中表现优异，能够起到带头和示范作用。辅导员和班主任应当制订科学合理的评选标准，通过民主选举和公开评议的方式，选出在各方面表现突出的学生。例如，可以定期评选"班级之星""优秀班干部"等，通过颁发荣誉证书和举行表彰大会，树立榜样的地位和形象。这样的评选活动不仅能够激励榜样本人继续努力，也能够激发其他学生向榜样学习的动力，形成良好的竞争氛围。

（2）鼓励班级榜样分享经验和心得，是发挥榜样示范作用的重要手段。辅导员和班主任可以组织专题讲座、经验分享会等活动，让班级榜样向同学们介绍自己的学习方法、时间管理技巧和成长心得。例如，可以邀请成绩优秀的学生分享如何高效备考，如何克服学习中的困难；邀请优秀的学生干部分享如何平衡学习与工作的关系，如何提升领导能力和组织能力。通过榜样的现身说法和经验传授，其他学生可以学到实用的技巧和方法，提高自己的学习效率和综合素质。同时，榜样的成功经验也能够增强同学们的信心和斗志，激励他们在学习和生活中不断进步。

（3）发挥班级榜样的带头作用，是提升班级凝聚力和向心力的重要举措。班级榜样不仅要在学习上起到模范带头作用，还应当在班级活动和集体事务中发挥引领作用。例如，在班级组织的各类活动中，榜样学生应当积极参与，带动其他同学共同参与，通过实际行动感染和激励身边的同学。辅导员和班主任可以指定榜样学生担任班级活动的组织者和协调者，让他们在活动策划和实施中发挥主导作用，培养他们的组织能力和领导力。同时，榜样学生应当主动关心和帮助班级中的其他同学，特别是那些在学习和生活中遇到困难的同学，树立团结互助的良好风气，增强班级的凝聚力和向心力。

（4）榜样作用的宣传和推广，是提升班级文化影响力的重要手段。辅导员和班主任可以利用学校和班级的宣传平台，如校园网站、班级微信群、宣传板报等，广泛宣传和推广班级榜样的先进事迹和成功经验。例如，可以在班级微信群中定期发布榜样学生的学习心得和成长故事，在校园网站上开设"榜样风采"专栏，介绍榜样学生的优秀事迹，通过这些宣传和推广，让更多学生了解和学习榜样的优秀品质和成功经验。通过广泛宣传榜样的示范作用，可以在班级内外营造崇尚先进、学习榜样的良好氛围，推动班级文化建设的深入开展。

5.建设班级文化墙是提升班级文化影响力的有效途径。建设班级文化墙是提升班级文化影响力的有效途径。班级文化墙不仅能展示班级的核心价值观和活动成果，还能直观地反映班级的文化氛围和精神面貌，从而增强学生的集体荣誉感和归属感，激发他们的学习动力和参与热情。

（1）班级文化墙可以展示班级的核心价值观。核心价值观是班级文化的灵魂，是引导学生思想和行为的重要指南。在班级文化墙上，可以通过图文并茂的形式展示班级的核心价值观，让学生在潜移默化中接受这些价值观的熏陶。例如，可以在文化墙上张贴反映团结、友爱、进取、创新等价值观的标语和图片，使学生在日常学习和生活中受到积极的影响。通过这种方式，班级文化墙可以成为学生思想教育的重要载体，有助于学生树立正确的世界观、人生观和价值观。

（2）班级文化墙可以展示班级的活动成果。班级活动是班级文化的重要组成部分，通过展示班级活动的成果，可以增强学生的参与感和成就感。在班级文化墙上，可以定期更新班级活动的照片、文字介绍和学生的心得体会，让学生在回顾活动的过程中，感受到班级的活力和凝聚力。例如，可以展示班级的体育比赛、文化艺术节、社会实践等活动的精彩瞬间，以及活动中表现突出的学生的事迹，使学生在回顾和反思中不断进步。同时，通过展示班级活动的成果，可以激发学生参与班级活动的热情，促进班级的和谐发展。

（3）班级文化墙可以展示优秀学生的事迹。优秀学生是班级的榜样，他们的事迹和成就对其他学生具有很强的示范和激励作用。在班级文化墙上，可以专门设立"优秀学生风采"栏目，展示优秀学生的学习成绩、获奖情况、社会实践经历等。例如，可以张贴优秀学生的学习笔记、获奖证书、实践报告等，让其他学生看到榜样的力量，激发他们向榜样学习的动力。同时，通过展示优秀学生的事迹，可以树立正确的价值导向，引导学生努力学习、积极进取，形成良好的班级风气。

（4）班级文化墙可以展示学生的优秀作业。通过展示学生的优秀作业，可以激发学生的学习兴趣和创造力。在班级文化墙上，可以设立"优秀作业展示"栏目，定期张贴学生的优秀作业作品，包括作文、绘画、手工艺品等。通过这种方式，不仅可以让学生看到自己和同学的进步和成果，还可以相互学习、相互激励。例如，可以展示学生的作文作品，鼓励他们在写作中表达自己的思想和感情；展示学生的绘画作品，激发他们的艺术兴趣和创作热情；展示学生的手工艺品，培养他们的动手能力和创造力。通过展示优秀作业，班级文化墙可以成为学生展示自我、互相学习的平台，有助于提升学生的综合素质。

（5）班级文化墙的建设应注重美化班级环境。一个美观、整洁的班级文化墙，不仅能提升班级的整体形象，还能给学生带来愉悦的视觉享受。在建设班级文化墙时，可以采用色彩鲜明、布局合理的设计，让文化墙成为班级的一道亮丽风景。例如，可以使用彩色卡纸、画框、装饰品等，精心布置文化墙的各个栏目；可以根据不同的主题，选择不同的色彩和图案，增加文化墙的视觉效果；可以利用灯光、花草等装饰品，营造温馨、和谐的氛围。通过这些美化措施，班级文化墙不仅成为文化展示的平台，还成为美化班级环境的重要元素。

6.注重班级文化传承是确保班级文化持续发展的重要环节。为了确保班级文化的持续发展和不断完善，注重班级文化传承是必不可少的关键环节。班级文化的传承不仅包括对核心价值观、活动传统的继承和发扬，还包括对新生的教育和引导。

（1）辅导员和班主任需要制订详细的班级文化传承计划，以系统化的方式确保班级文化能够在不同届学生之间有效传递。一个科学合理的传承计划应包括新生入学教育、老生带新生等多种形式，通过这些活动，让新生在最短时间内融入班级文化，感受班级的氛围。例如，新生入学教育是文化传承的关键环节，辅导员和班主任可以在新生报到的第一周组织班级文化讲座，详细介绍班级的历史、传统活动和核心价值观。这些讲座不仅能够帮助新生了解班级的过去和现在，还能够增强他们的认同感和归属感，为他们在班级中的成长和发展打下坚实的基础。

（2）老生带新生的机制在班级文化传承中起着桥梁作用。辅导员和班主任应鼓励高年级学生与新生结对子，通过"一对一""一对多"的方式进行帮扶和指导。老生可以向新生介绍班级的规章制度、学习方法、活动安排等，帮助他们尽快适应新的学习和生活环境。例如，可以设立"学长学姐带我行"项目，由高年级优秀学生带领新生，进行经验分享、学习指导和心理支持。这种互动不仅有助于新生快速融入班级文化，也能增强老生的责任感和成就感，形成良性循环。

（3）班级文化传承需要注重形式多样化和内容丰富化。除了传统的讲座和帮扶活动，辅导员和班主任还可以组织班级历史介绍、优秀事迹展览、主题班会等多种活动。例如，可以在班级的固定时间举办"班级文化日"活动，展示班级的优秀传统和辉煌历史，通过照片、视频、实物等多种形式，让学生更加直观地感受到班级文化的魅力。主题班会也是一个很好的传承形式，可以围绕班级的核心价值观、重要节日、历史事件等主题，组织讨论和演讲，增强学生对班级文化的理解和认同。

（4）班级文化传承应融入日常管理和活动。辅导员和班主任在日常管理中，应当时刻关注班级文化的维护和发展，通过各种形式的活动和互动，让班级文化在日常生活中不断深化。例如，可以定期组织班级集体活动，如志愿服务、社会实践、体育比赛等，通过这些活动，让学生在实践中感受和传承班级文化。同时，辅导员和班主任应及时总结和表彰班级文化建设中的先进个人和集体，通过奖励和宣传，激发全班同学的积极性和主动性。

（4）班级文化传承需要依靠制度保障。辅导员和班主任可以制订班级文化传承制度，将文化传承的内容、方式和要求进行详细规定，并纳入班级管理体系。通过制度化的管理，确保班级文化传承有章可循，有据可依。例如，可以建立班级文化档案，将班级的历史、活动记录、优秀事迹等内容进行系统整理和保存，为后续的文化传承提供依据和参考。同时，可以设立班级文化传承委员会，由辅导员、班主任和学生代表共同组成，负责文化传承的具体实施和监督，确保传承工作落到实处。

（5）班级文化传承需要不断创新和发展。辅导员和班主任应当鼓励学生在继承传统的基础上，结合时代特点和班级实际，创新班级文化的内容和形式。例如，可以结合当前的社会热点、科技发展、文化潮流等因素，丰富班级文化的内涵，增强其吸引力和感染力。通过创新，班级文化不仅能够保持鲜活的生命力，还能够不断适应新的环境和需求，实现持续发展。

七、社会环境因素影响因素下的班级建设方法

（一）社会经济发展影响因素下的班级建设方法

社会经济的发展水平和就业形势对学生的学习动机和职业规划有直接影响，进而影响班级的整体氛围。为了应对这一影响，高校班级建设需要采取多方面的措施，以提升学生的就业竞争力和职业素养，并在此基础上促进班级的和谐发展和持续进步。

1.学校应通过职业指导和就业服务，帮助学生了解社会经济发展动态。这包括定期举办就业形势分析讲座、邀请企业专家进行行业前景报告等活动，让学生全面了解当前的经济形势和就业市场需求。例如，学校可以邀请职业规划专家到校分享经验，讲解行业发展趋势和企业用人标准，使学生能够及时掌握社会需求的变化，从而调整自己的学习和职业规划。

2.学校应鼓励学生制订合理的职业规划，并提供相应的支持和资源。辅导员、班主任应积极引导学生进行自我评估，了解自己的兴趣、能力和职业倾向，帮助他们设定明确的职业目标。同时，学校应提供职业规划课程和一对一咨询服务，帮助学生制订具体的职业发展计划。例如，通过开展职业兴趣测试、职业生涯规划课程等活动，帮助学生明确自己的职业方向，并制订切实可行的职业规划。

（二）社会文化氛围影响因素下的班级建设方法

社会主流文化、价值观念和道德标准对学生的思想观念和行为方式具有重要影响。健康积极的社会文化能够为高校班级建设提供有力的支持，促进班级的和谐发展。为此，学校应通过多种方式弘扬积极健康的社会文化，引导学生树立正确的价值观和人生观，全面提高班级建设水平。

1.学校应加强思想政治教育，帮助学生树立正确的价值观和人生观。

思想政治教育是高校教育的重要内容，对于引导学生形成正确的思想观念和行为方式具有重要意义。学校可以通过开设思想政治理论课程、举办专题讲座和报告会等形式，加强学生的思想政治教育。例如，邀请知名学者、专家和社会活动家为学生讲解社会主义核心价值观、爱国主义精神和社会责任感，帮助学生树立正确的价值观和人生观。此外，学校还可以通过组织红色教育和革命传统教育活动，让学生深入了解中国共产党的历史和革命先烈的事迹，增强他们的爱国情怀和历史使命感。

2. 学校应注重道德教育，弘扬社会主流的道德标准和行为规范。道德教育是高校班级建设的重要组成部分，有助于培养学生的道德素养和行为习惯。学校可以通过多种途径开展道德教育，如设立道德讲堂、组织道德实践活动等。例如，学校可以邀请道德模范、劳动模范和先进人物到校讲述他们的事迹，让学生从中汲取道德力量，树立正确的行为标准。通过组织学生参加社区服务、志愿者活动等社会实践，让学生在实际行动中体验道德的力量，增强他们的社会责任感和奉献精神。

3. 学校应积极弘扬优秀的传统文化和现代文化，营造健康向上的校园文化氛围。中华优秀传统文化是中华民族的精神瑰宝，对于培养学生的文化素养和道德情操具有重要意义。学校可以通过开设传统文化课程、举办文化节和文艺演出等形式，弘扬优秀传统文化。例如，组织学生学习传统文化经典，让学生感受中华文化的深厚底蕴和思想精髓；举办传统节日庆祝活动，让学生体验传统文化的魅力，增强他们的文化自信。同时，学校还应注重现代文化的引导，通过开展现代文化活动，如电影节、音乐节等，丰富学生的文化生活，营造健康向上的校园文化氛围。

4. 学校应注重网络文化的引导，帮助学生正确对待和利用网络资源。随着互联网的普及和发展，网络文化对学生的影响越来越大。学校应通过网络安全教育和网络道德教育，引导学生正确使用网络，避免沉迷网络和不良信息的侵害。例如，学校可以邀请网络安全专家为学生讲解网络安全知识和防范技巧，增强学生的网络安全意识；开展网络道德教育，帮助学生树立正确的网络道德观，培养他们在网络空间中的自律意识和责任感。同时，学校还可以利用网络平台开展思想政治教育和道德教育，如通过校园网、微信公众号等发布思想政治和道德教育内容，让学生随时随地接受教育，提高他们的思想道德水平。

（三）企业需求影响因素下的班级建设方法

企业对人才的需求和用人标准在很大程度上影响着学生的学习态度和职业规划，从而引导班级建设向适应社会需求的方向发展。学校应当通过一系列有针对性的活动，如企业参观、职业讲座和实习实践等，使学生深入了解企业对人才的具体需求。这些活动不仅可以帮助学生认识到自身在知识技能、职业素养等方面的不足，还能激发他们的学习动力和职业规划意识。这些活动的开展，不仅能增强班级建设的实际效果，还能为学生未来的职业发展奠定坚实基础。通过了解企业对人才的需求，学生可以更有针对性地进行学习和职业规划，提高自身的就业竞争力和适应社会的能力。

第三节　建设方式多元维度下的班级建设方法

一、夯实传统班级建设方式，构建和谐班集体

班级作为高校中学生日常学习和生活的重要组织单元，其建设方式直接影响学生的全面发展和班级的整体氛围。在现代教育背景下，虽然新兴的班级建设方法不断涌现，但传统的班级建设方式仍然具有不可替代的重要作用。这些传统方法经过长期实践验证，对构建和谐班集体起着基础性作用。

第一，传统班级建设强调规章制度的制订和实施。规章制度是班级管理的基石，是维持班级秩序和规范学生行为的重要手段。科学、合理的班级规章制度能够明确班级成员的权利和义务，为学生提供明确的行为指南。例如，制订详细的班级纪律、考勤制度和奖惩措施，能够有效规范学生的学习和生活行为，形成良好的班风和学风。通过定期组织班会，讨论和修订班级规章制度，增强学生的参与感和责任感，使他们自觉遵守班级规章制度，促进班级的和谐发展。

第二，传统班级建设重视班干部的选拔和培养。班干部是班级管理的重要骨干，其工作能力和素质直接影响班级的整体运行和发展。通过民主选举的方式，选拔出有责任心、组织能力强、具备服务意识的学生担任班干部，能够增强班级的管理效率和凝聚力。对班干部进行系统的培训和指导，提升他们的管理能力和领导力，使他们在班级建设中发挥重要作用。例如，通过组织班干部培训班、开展班干部工作经验交流会等方式，提升班干部的工作能力和综合素质，为班级建设提供坚实的人才保障。

第三，传统班级建设注重丰富的班级活动。班级活动是增强学生凝聚力、培养团队精神的重要途径。通过组织学术讲座、文化艺术节、体育比赛、社会实践等活动，能够促进学生的全面发展，增强班级成员之间的交流与合作，形成团结友爱、积极向上的班级氛围。例如，定期组织主题班会，讨论学生关心的热点问题，增进学生之间的了解和沟通；开展志愿服务活动，培养学生的社会责任感和奉献精神。这些丰富的班级活动不仅能够提升学生的综合素质，还能够增强班级的凝聚力和向心力。

下面我们设计一个班级讨论活动，以公平正义为议题，促进班级文化建设，具体如表4-1所示。

表 4-1　班级讨论活动方案

活动名称：公平与正义社会沙龙

目标：

通过深入讨论与公平正义相关的社会问题，培养学生的社会责任感和道德观，提高他们的社会适应能力。

活动内容：

1. 前期准备
主题选择：教师和学生共同选定几个当前社会中涉及公平与正义的热点问题（如教育公平公正问题引发的暴力事件等）。
资料准备：学生需在活动前收集相关主题的新闻报道、学术文章、影视资料等，准备基于事实的讨论材料。

2. 分组讨论
将学生分成小组，每组选择一个具体问题进行深入研究。
每组需要在指导教师的帮助下，制订讨论大纲，明确讨论的方向和目标。

3. 专家引导
邀请社会学、法律或道德哲学领域的专家来讲解公平与正义的基本理论，为学生提供专业的视角和思考的深度。
专家亦可就学生讨论的问题提供见解，增加讨论的深度和广度。

4. 模拟法庭或道德辩论会
组织模拟法庭，让学生就某一问题扮演不同角色，如律师、受害者、证人等，通过模拟审判过程理解法律如何处理公平与正义的问题。
或进行道德辩论会，让学生从多个角度分析道德困境，辩论各自的立场和理由。

5. 反思与总结
活动结束后，让每个学生写一篇反思报告，描述他们从活动中学到了什么，对公平和正义有了哪些新的认识。
教师和学生共同讨论，如何将学到的道德原则和社会责任感应用到日常生活和未来职业中。

目标实现：

　　通过这样的讨论活动，学生能更深入地理解社会公平与正义的复杂性和重要性，增强自己的道德判断力和批判性思维能力。
　　同时，通过小组合作和公开辩论，学生的沟通能力和团队合作能力得到提升，有助于提高其社会适应能力。

二、构建信息网络交流服务平台，畅通班级建设通路

在现代信息化社会背景下，构建信息网络交流服务平台已成为高校班级建设的重要方式。高校的教育质量不仅依赖于课堂教学，更依赖于学校、辅导员和班级三者之间的互动与协作。实现这三要素之间的有效互动，关键在于开展及时有效的交流和沟通，建立相互信任的机制。传统的自上而下的管理模式存在诸多弊端，尤其是在信息传递和沟通方面，常常出现阻滞现象，导致学校政令不畅，影响班级建设的效率和效果。高校可以充分利用计算机网络技术、手机通信网络技术、数字电视技术等现代信息技术手段，构建一个高效、开放的信息网络交流服务平台。互联网、手机通信、微博、博客、播客、微信、QQ群、校内网、校园广播等，都是可以利用的资源和工具。这些工具不仅能疏通交流沟通渠道，增进彼此之间的了解，增强互信互认，还能实现高校管理工作、辅导员工作和班集体工作的现代化、信息化、人性化和开放化。

第一，信息网络交流服务平台的建立，有助于实现学校管理工作的现代化和信息化。通过学校官方网站、校内网、校园广播等媒介，学校可以及时发布各类通知、政策和活动安排，确保信息传递的及时性和准确性。同时，学校还可以通过这些平台收集学生和辅导员的反馈意见，了解他们在实际工作中遇到的问题和困难，及时调整和优化管理策略，提升管理效率和服务质量。

第二，辅导员的工作能通过信息网络交流服务平台得到有效提升。

辅导员可以利用微信、QQ、博客、微博等平台，与学生进行零距离对话，开展心与心的交流，了解学生的思想动态和实际需求，给予及时的指导和帮助。此外，辅导员还可以通过这些平台组织各类线上活动，如班会、讨论会、讲座等，增强学生的参与感和归属感，促进班级的凝聚力和向心力。

第三，信息网络交流服务平台可以加强家校沟通，促进家长与学校、辅导员的互动。通过建立班级微信群、QQ群等，辅导员可以主动联系学生家长，及时通报学生在校的表现，共同探讨学生成长中遇到的问题，形成家校共育的良好局面。例如，辅导员可以通过微信群、QQ群等定期发布学生的学习情况和活动情况，与家长分享学生的成长进步，同时也可以收集家长的意见和建议，增强家长的参与感和责任感。

第四，信息网络交流服务平台的建立，能够促进学生之间的交流与合作。通过班级微信群、QQ群等，学生可以随时随地进行学习交流和讨论，分享学习资料和心得，互相帮助，共同进步。例如，学生可以在微信群、QQ群中发布学习问题和困惑，其他同学可以及时给予解答和帮助，形成良好的学习氛围。同时，通过这些平台，学生还可以组织各种兴趣小组和社团活动，丰富课余生活，增强班级的凝聚力和团队精神。

在信息网络交流服务平台的建设过程中，高校应当注重平台的安全性和规范性，确保信息传递的准确性和保密性。学校可以制订相关的管理制度和使用规范，明确各类信息发布的权限和流程，防止信息泄露和误传。同时，学校可以定期对平台进行维护和升级，确保平台的稳定性和高效性，提升用户体验和使用效果。

三、打造网格化班级管理，促进班级管理的精细化和联动性

（一）网格化管理的精细化

在高校班级管理中，日常琐碎性工作和突发事件的处理对班级管理

者提出了较高的要求。班级管理不仅需要全面掌握每个学生的思想、学业及生活动态，还需要在人性化管理方面下功夫。将班级工作落实到具体、细致的层面，是有效进行班级管理的关键。而网格化管理作为一种新型的管理模式，通过将班级划分为若干小单位，可以有效实现班级管理的精细化和人性化。人性化管理可以柔化行政管理，减少学生和学校之间的冲突。[①] 网格化管理的核心在于将大单位整体切分成若干小单位，使管理责任和服务更加具体、到位。每个小单位都由班干部具体负责，他们不仅承担日常管理任务，还要关注特定学生的需求，给予人文关怀。这样做的好处是，可以分解班干部的工作压力，使他们有足够的时间和精力去精准对接每个学生，真正实现"以生为本"的管理与服务理念。

1. 网格化管理有助于细化班级管理的各项任务。通过将班级划分为多个小网格，每个网格由一名班干部负责，可以确保每个学生的情况都能被充分关注。网格化管理的精细化不仅是班级管理的创新，更是班级建设精细化的重要体现。网格化管理能够将班级内部的管理任务细化分工，使得每一个班干部都能够对某个特定小组负责，从而确保每个学生的学习、生活和心理状况都能够得到充分的关注和及时的反馈。

（1）网格化管理可以使班干部更有效地关注和服务学生。每个网格中的班干部通过定期与学生进行交流，了解他们的思想动态和生活状况，能够及时发现和解决问题。例如，在学业方面，班干部可以关注学生的学习进度和困难，提供个性化的辅导和帮助，组织学习小组或开展学术交流活动，提升学生的学习效果。同时，班干部可以通过与授课教师的沟通，了解学生的课堂表现和成绩状况，帮助学生制订合理的学习计划，提高学习效率。在生活方面，班干部可以了解学生的心理状态和生活需求，给予必要的关怀和支持，帮助他们解决生活中的实际困难，增强他

---

① 王海燕.基于网格化管理的高校学生人性化管理探索：以网格化在班级管理中的应用为例[J].现代商贸工业，2019，40（23）：76.

们的归属感和幸福感。

（2）网格化管理有助于班级内的信息传递和沟通。每个网格中的班干部可以将学生的需求、建议和问题及时反馈给班主任或辅导员，确保班级管理层能够及时了解学生的情况，做出相应的调整和决策。通过定期召开网格会议，班干部可以汇总各自负责网格中的情况，进行信息交流和经验分享，形成统一的管理思路和措施。此外，班干部还可以通过班级微信群、QQ群等网络平台，与学生保持实时沟通，解答学生的疑问，传达班级的各项通知和要求，增强班级的凝聚力和向心力。

（3）网格化管理能够提高班级管理的精准性和有效性。通过将班级管理任务细化到每个小网格，班干部可以针对不同学生的特点和需求，提供个性化的管理和服务。例如，对于学业成绩优异的学生，班干部可以帮助他们寻找更高层次的学习资源和机会，提高他们的学术水平和综合素质；对于学业有困难的学生，班干部可以提供学业辅导和心理支持，帮助他们克服学习中的困难，提高学习成绩。同时，班干部还可以通过与学生家长的沟通，形成家校共育的合力，共同关注和促进学生的成长和发展。

（4）网格化管理能够增强班干部的责任感和工作积极性。每个班干部负责的网格相对较小，管理任务更加明确和具体，使得班干部能够更好地发挥自身的管理能力和服务意识。在管理过程中，班干部可以通过自身的努力和付出，获得同学们的认可和支持，增强自信心和成就感。同时，班干部还可以通过参与班级管理，提升自身的组织协调能力和领导力，为今后的职业发展打下坚实的基础。

2. 网格化管理能够加强班级内部的沟通和协作。网格化管理是一种将班级划分为若干小网格的管理模式，每个网格由一名班干部负责。这种管理模式在加强班级内部的沟通和协作方面具有显著优势。通过小网格的形式，每个班干部与其负责的学生建立紧密的联系，形成一个个小团队。这种团队内部的互动和协作，不仅能够增强学生的归属感和集体荣誉感，还能够促进班级整体的凝聚力和向心力。

（1）网格化管理能够通过小团队的形式，增强学生的归属感和集体荣誉感。在这种管理模式下，每个班干部负责的小网格不仅是一个管理单元，更是一个紧密联系的小团队。班干部通过日常的管理和交流，与学生建立深厚的情感联系，形成一种家庭般的氛围。这种团队内部的紧密互动，使得学生在班级中感受到更多的关心和支持，增强了他们对班级的归属感和集体荣誉感。例如，班干部可以通过组织小组活动，如生日会、节日庆祝等，增进学生之间的感情，使他们在班级中找到归属感。

（2）网格化管理能够促进班级整体的凝聚力和向心力。每个小网格内的班干部与学生之间形成了紧密的联系，整个班级在这种网格化的管理模式下，能够形成一个有机的整体。班干部在日常管理中，通过组织网格内的小组活动，增进学生之间的交流和了解，营造和谐融洽的班级氛围。例如，可以组织小组学习、集体讨论、课外实践等活动，让学生在合作中互相学习，共同进步。这种活动不仅增强了学生之间的互动和协作，也提高了班级的凝聚力和向心力。

（3）网格化管理能够有效提高班级内部的沟通效率。在传统的班级管理模式中，班级内部的信息传递和沟通往往存在诸多障碍，而网格化管理通过小网格的形式，使得班干部可以及时了解和反馈学生的情况，确保信息传递的准确性和及时性。班干部可以通过定期与学生进行交流，了解他们的思想动态和生活状况，及时发现和解决问题。例如，在学业方面，班干部可以关注学生的学习进度和困难，提供个性化的辅导和帮助；在生活方面，班干部可以了解学生的心理状态和生活需求，给予必要的关怀和支持。通过这种及时的沟通和反馈，班级管理能够更加精准和有效，避免因忽视个别学生而导致的问题和矛盾。

（4）网格化管理有助于班干部与普通学生之间建立更加紧密的联系。在传统的班级管理模式中，班干部与普通学生之间的沟通往往存在一定的障碍，而网格化管理通过小网格的形式，使得班干部能够更加贴近学生，了解他们的需求和问题。班干部通过定期与学生进行交流，了解他们的思想动态和生活状况，及时发现和解决问题。例如，可以通过一对一谈话、定期小组会议等方式，增强班干部与学生之间的互动和沟通，提高班级管理的效率和效果。

3. 网格化管理能够提升班干部的管理能力和领导力。网格化管理是一种精细化的管理模式，通过将班级划分为多个小网格，每个网格由一名班干部负责，从而使每名班干部有具体的管理任务和责任。这种管理模式不仅有助于提高班级管理的效率和效果，还能显著提高班干部的管理能力和领导力，为他们未来的职业发展打下坚实的基础。

（1）网格化管理能够通过具体的管理任务锻炼班干部的管理能力。在网格化管理中，每个班干部负责一个小网格的管理工作，需要处理网格内学生的各种问题。这些问题可能涉及学业、生活、心理等多个方面，班干部在处理这些问题时，需要综合运用沟通、协调、组织等能力。例如，当某个学生在学业上遇到困难时，班干部需要及时了解情况，帮助其制订学习计划，并协调其他同学给予帮助；当学生在生活中遇到问题时，班干部需要耐心倾听，提供适当的支持和帮助。这些管理任务不仅有助于班干部积累实际的管理经验，还能提升他们解决问题的能力。

（2）网格化管理能够培养班干部的领导能力。在传统的班级管理模式中，班干部的职责往往较为模糊，缺乏具体的管理任务和责任。在网格化管理中，每个班干部都有明确的管理职责，需要带领网格内的学生共同完成各种任务。这种管理模式使班干部在实践中锻炼和提升自己的领导能力。例如，班干部需要组织网格内的学生开展各类活动，如学习小组、兴趣小组、志愿服务等，提升团队的凝聚力和向心力。在组织和领导这些活动的过程中，班干部能够积累实际的领导经验，提升自己的领导能力。

（3）在网格化管理中，每个班干部需要与其他班干部密切合作，共同完成班级管理的各项任务。这种合作不仅有助于提高班级管理的效率和效果，还能培养班干部的团队合作精神和服务意识。例如，班干部在组织班级活动时，需要与其他班干部协调分工，确保活动的顺利进行；在处理学生问题时，需要与辅导员、班主任等沟通协调，提供全面的支持和帮助。这些实践经验能够帮助班干部更好地理解和履行自己的职责，增强他们的团队合作精神和服务意识。

（4）网格化管理能帮助班干部在处理复杂问题时积累经验，提高他们的综合素质。在管理过程中，班干部需要面对各种复杂的情况和问题，这需要他们具备较强的应变能力和决策能力。例如，当班级内出现突发事件时，班干部需要快速反应，采取有效的应对措施，确保问题得到及时解决。这种实践经验不仅有助于班干部提升自己的管理能力，还能提高他们的综合素质，为未来的职业发展打下坚实的基础。

4.网格化管理能够有效预防和处理突发事件。网格化管理是一种将班级管理精细化的重要方法。通过将班级划分为若干小网格，并由班干部负责管理，这种模式能够确保对每位学生的详细了解和关注，从而有效预防和处理各种突发事件。

（1）网格化管理能够通过日常的细致观察和沟通，及时发现潜在问题和矛盾。每个网格由一名班干部负责，班干部需要定期与网格内的学生交流，了解他们的思想动态、学业进展、情绪状态及生活状况。这种日常的关注和沟通使班干部能够及时发现学生的情绪波动、学业困难或生活困扰等问题。例如，某位学生突然出现学业成绩下滑、情绪低落或者行为异常，班干部可以迅速察觉并与其交流，了解具体原因，采取相应的措施给予帮助和支持，从而避免问题的扩大和恶化。

（2）网格化管理能够在突发事件发生时迅速反应，确保班级的稳定和安全。由于每个班干部对其负责的网格内学生的情况有详细了解，当突发事件发生时，班干部能够快速反应并采取有效措施。例如，若某位学生在教室内突发健康问题，负责该网格的班干部能够立即采取应急措施，如拨打急救电话、通知辅导员或班主任，并安抚其他学生的情绪，确保事件得到及时处理，避免引发更大的混乱和恐慌。

（3）网格化管理能通过开展预防性教育活动，提高学生的安全意识和应对能力。班干部可以组织网格内的学生参加各类安全教育活动，如消防演练、心理健康讲座、自救互救培训等，增强学生的安全意识和提高学生的应急能力。这些活动不仅能提高学生的自我保护意识，还能在实际突发事件中有效应用，减少意外伤害和损失。例如，定期开展心理健康教育活动，帮助学生正确认识和处理压力和情绪问题，从根本上预防情绪失控和心理危机的发生。

（4）网格化管理可以通过建立多层次的沟通和反馈机制，确保突发事件的及时处理和信息的有效传递。班干部与网格内学生的日常沟通和交流，不仅能了解学生的具体情况，还能将学生的问题和需求及时反馈给辅导员和班主任。同时，班干部之间、班干部与辅导员之间、班干部与家长之间的多层次沟通机制，能够确保信息的及时传递和资源的迅速调配，从而提高突发事件的处理效率和效果。通过网格化管理，班级能够实现精细化管理，有效预防和处理各种突发事件，确保班级的稳定和安全。这种管理模式不仅有助于及时发现和解决学生的问题和矛盾，还能通过多层次的沟通和反馈机制，提高班级的整体应急能力和管理水平。高校应当积极推广和应用网格化管理模式，构建安全、和谐、有序的班级环境，促进学生的全面发展和成长。

5.网格化管理能够促进班级管理的透明度和公正性。网格化管理模式通过将班级管理的责任具体分配给班干部，使得班级管理更加透明和公正。透明度和公正性是有效管理的重要保证，网格化管理在这方面发挥了显著的作用。

（1）网格化管理通过明确的责任分工，实现管理工作的公开透明。每个班干部负责一个小网格的具体事务，他们的职责和任务明确，所有的管理工作和决策都在学生的监督下进行。这种公开透明的管理方式，有助于减少因信息不对称而产生的误解和矛盾。例如，在班级活动的策划和实施过程中，班干部需要公开活动计划和预算，接受同学们的意见和建议，并在活动结束后进行总结和反馈。这样，不仅能提高班级管理的效率，还能增强学生对班级管理的信任和支持。

（2）网格化管理鼓励学生广泛参与班级事务，确保每个学生的利益和需求都能得到关注和满足。在这种管理模式下，班干部不仅是管理者，也是服务者，他们需要充分听取和尊重学生的意见和建议，积极回应学生的需求。通过定期召开网格内的小组会议或座谈会，班干部可以了解学生的真实想法和期望，及时调整管理策略。例如，在学业辅导方面，班干部可以根据学生的反馈，邀请不同专业或年级的优秀学生分享学习经验，开展针对性的学习辅导活动，帮助学生解决学业上的困难。

网格化管理通过将管理责任分解到具体的班干部，实现了班级管理的透明化和公正化，增强了班级管理的效率和效果。通过信息公开和反馈机制，确保每个学生的利益和需求都能得到关注和满足。通过多层次的沟通和协作，促进了班级内部的和谐和团结。通过定期培训和考核，提高了班干部的管理能力和增强了班干部的服务意识，为班级建设提供了有力保障。高校应当积极推广和应用网格化管理模式，构建透明、公正、和谐的班级管理体系，促进学生的全面发展和成长。

（二）网格化管理的联动性

在班级管理中，处理和解决大大小小的学生事务需要全体成员的参与。但传统的班级管理模式通常以班级干部为主导，容易导致其他班级成员的参与度不高。随着时间的推移，这种管理惯性会使得班级成员逐渐依赖班干部，认为班级事务只需班干部负责即可，从而导致班级干部与班级成员之间的沟通脱节，缺乏互动与合作。然而，班级管理绝不是一个封闭的单向度活动，而是需要班级内部和班级之间的协作及信息共享。网格化管理模式通过将大单位划分为互联互通的小单元，能够促进班级整体成员间的多向沟通，提升班级的联动性和协作性。

1.网格化管理强调各小单元网格之间的互联互通，确保整体的联动更新。网格化管理模式在班级建设中强调各个小单元网格之间的互联互通，旨在确保整体的联动更新和协调发展。这种管理模式的核心在于通过细化和分工，将班级管理的职责和任务明确分配给不同的小网格，每个小网格由一名或多名班干部负责。这种分工不仅提高了管理效率，还能增强班级成员的参与感和责任感。

（1）网格化管理强调信息共享和协同工作，打破了班级管理的封闭性。通过网格之间的互联互通，班干部可以及时共享信息和资源，协调解决管理中的问题。例如，在班级活动的策划和组织中，不同网格的班干部可以共同参与，集思广益，制订详细的活动计划，并在实施过程中分工合作，确保活动的顺利进行。这种信息共享和协同工作的模式，不仅提高了班级管理的效率，还能增强班级成员的参与感和责任感。学生在参与班级事务的过程中，能够感受到自己的价值和作用，从而增强对班级的归属感和认同感。

（2）网格化管理能够通过联动更新，确保班级管理的动态调整和优化。在网格化管理模式下，任何一处的变化都会引起其他部分的相应变化，从而保证整体的协调运作。例如，在学期初，班干部可以根据学生的反馈，制订详细的班级工作计划，并在实施过程中不断调整和优化。当某个网格发现问题或需要改进时，其他网格能够迅速响应，协同解决问题。通过这种动态调整和优化，班级管理能够始终保持高效和有序，确保班级建设的持续发展和进步。

2.网格化管理能够促进班级成员之间的多向沟通。网格化管理模式在班级建设中起到了促进多向沟通的重要作用，有效打破了传统班级管理中信息流动的单向性问题。在传统班级管理模式中，信息往往是从班干部向班级成员单向传达，而班级成员的反馈渠道较少，导致信息不对称，影响班级管理的科学性和合理性。通过网格化管理，各小单元之间的信息流动更加灵活和高效，形成了多向沟通的网络体系，从而提升班级管理的质量和效果。

（1）网格化管理通过建立多个小单元，确保每个学生都能参与到信息流动和沟通。这些小单元通常由班干部负责，每个班干部负责的学生数目较少，能够更加深入地了解他们的需求和问题。通过小单元的设立，班干部可以定期组织内部会议和讨论，听取每个成员的意见和建议。这种方式不仅提高了信息传递的效率，还增强了学生参与班级事务的积极性。例如，班干部可以通过定期的交流会和反馈会，收集班级成员的意见和建议，并及时将这些信息传递给班级的其他部分和整体管理层。这样，班级成员的需求和问题就能够得到及时关注和解决。

（2）网格化管理模式通过建立多向的信息流动网络，确保信息能够在班级内部快速传递和共享。班干部在各自的小单元中收集到的信息，可以通过班级整体的沟通平台，如班级微信群、QQ群、信息交流会等，快速传递给其他班干部和班级成员。这种信息流动的方式不仅提高了班级内部的信息透明度，还能够确保班级管理的决策更加科学合理。例如，在班级活动的策划和组织中，班干部可以通过沟通平台，将各小单元收集到的意见和建议进行汇总和分析，制订出更加符合班级实际情况的活动方案。这种多向沟通的方式，不仅能够提高班级活动的参与度和满意度，还能够增强班级成员之间的凝聚力和向心力。

（3）网格化管理模式通过多向沟通渠道，增强了班级成员的归属感和责任感。在传统的班级管理模式中，班级成员往往觉得自己的意见和建议得不到重视，容易产生消极情绪和不满。而在网格化管理中，每个班级成员都有机会通过小单元的沟通渠道，表达自己的意见和建议，参与班级管理的决策过程。这种参与感和责任感，不仅能够提高班级成员的积极性和主动性，还能够增强班级的整体凝聚力和向心力。例如，班干部可以通过定期的意见反馈会，听取班级成员的意见和建议，并在班级管理的具体工作中，积极采纳和落实这些意见和建议，使班级成员感受到自己的重要性和价值。

（4）网格化管理模式通过多向沟通的方式，能够及时发现和解决班级管理中的问题和矛盾。在传统的班级管理模式中，由于信息流动的单向性，班级管理层往往难以及时了解和掌握班级成员的真实情况，导致问题和矛盾的积累和恶化。而在网格化管理中，各小单元的班干部通过日常的沟通和交流，能够及时发现班级成员的问题和矛盾，并通过多向沟通的渠道，迅速采取措施进行解决。例如，当班级成员出现学习困难或生活问题时，班干部可以通过小单元的沟通渠道，及时向班级管理层反映，并协调相关资源进行帮助和支持，避免问题的进一步恶化。

（5）网格化管理模式通过多向沟通的方式，能够提升班级管理的透明度和公正性。在网格化管理中，各小单元的班干部在管理过程中，能够充分听取和尊重班级成员的意见和建议，确保班级管理的各项工作和决策公开透明，避免因信息不对称而产生误解和矛盾。例如，在班级评优评奖的过程中，班干部可以通过小单元的沟通渠道，广泛听取班级成员的意见和建议，确保评选过程的公开透明和公正，增强班级成员的信任感和认同感。

3.网格化管理能够增强班级成员的合作意识和团队精神。网格化管理模式在高校班级建设中不仅促进了信息流动和沟通，还极大地增强了班级成员的合作意识和团队精神。在这一管理模式下，班级被划分为若干小单元，每个小单元都有其特定的职责和任务，但同时需要与其他单元进行紧密的合作和协调。这种方式不仅培养了学生的合作意识和团队精神，还增强了班级的凝聚力和向心力。

（1）网格化管理通过明确职责和任务，使每个小单元在班级事务中都扮演着重要角色。各小单元在完成自身任务的同时，还需与其他小单元进行协作，确保班级事务的顺利进行。例如，在组织班级活动时，各个小单元可以分工负责不同环节，如活动策划、物资准备、场地布置和人员组织等。通过密切配合和协调，各小单元能够共同完成整个活动，保证活动的顺利进行。这种分工协作的管理模式，不仅提高了班级事务的处理效率，还增强了班级成员的集体荣誉感和归属感。

（2）网格化管理模式促进了班级成员之间的互相支持和配合。每个小单元在完成自身任务时，往往需要其他小单元的支持和协助。这种相互依赖和合作的关系，使得班级成员在处理班级事务时能够互相支持、互相配合，共同应对挑战和解决问题。例如，在学术交流活动中，负责活动组织的小单元可以与负责宣传的小单元合作，共同策划活动的宣传方案，确保活动信息能够及时传达给每个成员。通过这种协作方式，班级成员不仅能够相互学习和借鉴，还能够共同提高工作效率和活动质量。

（3）网格化管理模式培养了班级成员的团队精神。在这种管理模式下，每个小单元不仅要完成自身的任务，还需要在班级整体目标的指导下，与其他小单元密切配合，共同实现班级的整体目标。这种团队合作的管理方式，能够有效培养班级成员的团队精神，使他们在处理班级事务时能够站在集体利益的角度，考虑问题和做出决策。例如，在班级集体项目中，各小单元可以通过定期的会议和讨论，分享各自的进展和问题，共同制订解决方案，确保项目的顺利推进。通过这种合作方式，班级成员能够形成强烈的团队意识和集体荣誉感，为班级的共同目标而努力。

（4）通过网格化管理，班级成员在处理班级事务时能够互相支持、互相配合，共同完成班级的各项任务。这种管理方式不仅提高了班级事务的处理效率，还增强了班级成员的合作意识和团队精神。例如，在班级的学术研讨活动中，各小单元可以分别负责不同的主题，通过团队合作和集体讨论，完成学术报告和论文的撰写。通过这种合作方式，班级成员能够在合作中互相学习和提高，共同完成高质量的学术成果。

4.网格化管理能够提高班级管理的透明度和公正性。网格化管理在班级建设中不仅提高了管理的效率和精细度，还显著提高了班级管理的透明度和公正性。这种管理模式通过各个小单元的分工合作和信息共享，确保了班级管理的公开、透明和公平，增强了班级成员的信任感和参与感。

（1）网格化管理能够通过信息共享机制，及时传递和公开各个小单元的工作情况和绩效。在传统的班级管理模式中，信息传递往往是单向的，由班干部向班级成员传达，但班级成员的反馈和建议却难以迅速和有效地传达到班干部那里。这种单向的信息流动容易导致信息不对称，班级成员的需求和意见得不到及时反馈，管理决策的科学性和合理性也会因此受到影响。而在网格化管理中，每个小单元都能够及时将自己的工作情况和绩效信息传递给其他小单元和班级成员，形成一个多向的信息流动网络。班级成员可以通过这种信息共享机制，了解班级事务的进展和各小单元的工作成效，确保班级管理的透明度。

（2）网格化管理能够增强班级成员的信任感和参与感。在网格化管理中，各个小单元的工作情况和绩效都是公开的，班级成员可以通过信息共享机制，及时了解班级事务的进展和各小单元的工作成效。这种透明度有助于增强班级成员的信任感和参与感，使他们能够积极参与班级管理。例如，在评选优秀班干部或班级评优时，网格化管理可以提供公开、公正的评选机制，使每个班级成员都能够公平参与和评价，从而增强班级管理的公正性和公信力。

（2）网格化管理能够防止管理中的不公平现象。在传统的班级管理模式中，管理决策往往由少数班干部或辅导员单方面做出，缺乏透明度和公正性，容易导致管理中的不公平现象。而在网格化管理中，各个小单元的工作情况和绩效都是公开的，班级成员可以通过信息共享机制，及时了解班级事务的进展和各小单元的工作成效。这种透明度有助于防止管理中的不公平现象，确保班级管理的公正性和公信力。

5.网格化管理能够促进班级之间的联动和协作。网格化管理不仅在班级内部具有显著效果，还能在班级之间的互动与协作中发挥重要作用。在高校中，不同班级之间的交流与合作是构建和谐校园文化的重要组成部分。通过网格化管理，班级之间可以实现信息共享和资源互补，从而增强整体的凝聚力和集体荣誉感。

（1）网格化管理通过信息共享机制促进班级之间的交流和互动。在传统的管理模式中，不同班级之间的信息流动往往较为有限，导致各班级在开展活动或解决问题时缺乏协调和合作。通过网格化管理，各班级可以建立高效的信息共享平台，如班级联络微信群、协作平台等，使得各班级能够及时获取彼此的动态和需求，促进班级之间的沟通和了解。例如，在组织大型校园活动时，各班级可以通过信息共享机制，及时了解活动的筹备进展和各自的分工，确保活动的顺利进行和高效开展。

（2）网格化管理通过资源互补机制提升班级活动的质量和效果。在高校中，不同班级拥有各自的资源和优势，通过网格化管理，各班级可以实现资源的共享和互补。例如，在组织大型比赛或学术讲座时，某些班级可能在场地、设备、宣传等方面具有优势，而另一些班级则在组织能力、专业知识等方面表现突出。通过网格化的协作机制，各班级可以将这些优势资源整合起来，共同筹划和组织活动，从而提升活动的质量和效果。例如，在筹备一场大型校园科技竞赛时，各班级可以分别负责不同环节的工作，如场地布置、参赛团队协调、评委邀请、宣传推广等，通过协作完成高质量的活动。

（3）网格化管理能够增强班级之间的竞争意识和团队精神。在网格化管理模式下，不同班级之间可以通过开展竞赛、评比等形式的活动，激发班级成员的竞争意识和团队精神。例如，各班级可以定期组织学术竞赛、体育比赛、文艺演出等，通过公平公正的评比机制，评选出优秀班级和个人，激发班级成员的积极性和创造性。通过这种良性竞争，班级成员不仅能够提升自身的综合素质，还能增强班级的集体荣誉感和凝聚力。

（4）网格化管理能够促进班级之间的合作与协同发展。在高校的实际管理中，不同班级之间的合作与协同发展同样重要。通过网格化管理，各班级可以建立紧密的合作关系，共同推进班级建设和发展。例如，在开展社会实践活动时，各班级可以组成联合团队，共同策划和实施社会实践项目，通过合作互助提升实践活动的效果和影响力。这样的合作不仅能够增强班级成员的社会责任感和实践能力，还能够为学校的整体发展贡献力量。

（三）网格化管理的全员参与性

网格化管理通过设置不同区域和板块的责任人，将责任细化并落实到每个个体，提高每个成员的参与度，增强个体成员之间的监督意识。在班级管理中，全员参与意识的增强有助于加强班级的凝聚力建设，解决学生缺乏集体归属感、人际沟通和合作意识不足的问题。网格化管理模式在班级建设中，以明确的责任分工和全员参与的特性，构建起一个有机整体。每个个体成员在班级中都有明确的责任，这种责任感能够激发他们积极参与班级事务，贡献自己的力量。

1.网格化管理通过细化责任分工，使得每个学生都能在班级建设中找到自己的位置和角色。传统的班级管理模式往往由少数班干部承担大部分管理工作，导致其他学生缺乏参与感和责任感。而在网格化管理模式中，每个学生都被分配到具体的网格中，并承担相应的职责。这种管理模式不仅提高了学生的参与度，还能培养他们的责任意识和团队合作精神。每个学生都明白自己在班级中的角色和责任，积极参与班级建设，从而增强班级的凝聚力。

2.网格化管理能够增强班级成员之间的监督意识。通过责任的分解和落实，每个学生不仅对自己的工作负责，还需要对其他同学的工作进行监督和配合。这种互相监督的机制，有助于形成良好的班级氛围，促进学生之间的交流和合作。班级成员在共同完成任务的过程中，能够互相学习、互相帮助，从而提高整体的工作效率和质量。例如，在组织班级活动时，每个小网格的成员都要负责不同的工作，通过相互监督和协调，确保活动顺利进行。

3.网格化管理能够培养学生的集体归属感和荣誉感。在传统的班级管理模式中，学生往往因为个人主义色彩浓厚，缺乏对班级的归属感和集体荣誉感。而网格化管理通过全员参与的方式，将每个学生的个人利益与班级的整体利益紧密结合起来。学生在参与班级事务的过程中，能够深刻体会到集体的力量和价值，增强对班级的认同感和归属感。例如，通过组织班级讨论会、集体活动等方式，让每个学生都有机会发表意见和参与决策，增强他们的参与感和责任感。

4. 网格化管理有助于解决班级成员之间的沟通和合作问题。通过设置不同的责任区和责任人，班级成员之间的沟通渠道更加畅通，合作更加紧密。学生在完成各自任务的同时，需要与其他成员进行有效的沟通和协调，共同完成班级的目标。例如，在班级项目中，各个责任区的成员需要通过定期会议、沟通交流等方式，及时分享工作进展和问题，确保项目的顺利推进。这种多向沟通和合作，不仅提高了班级管理的效率，还增强了班级成员之间的理解与信任。

5. 网格化管理通过全员参与的方式，能够充分发挥每个学生的特长和优势，形成班级合力，实现更大的班级整体力量。每个学生都有自己的特长和优势，通过网格化管理，可以将这些特长和优势充分发挥出来，形成班级的整体合力。例如，擅长组织活动的学生可以负责活动策划，擅长沟通的学生可以负责协调工作，擅长学习的学生可以负责学术辅导。通过这种方式，班级的整体力量得到最大化的发挥，班级的建设和发展也会更加顺利和高效。

第五章　数字技术语境下的高校班级建设方法

第一节　数字工具的有效运用

一、在线沟通平台的建设

在数字技术迅猛发展的背景下，在线沟通平台的建设不仅可以帮助教师全面了解学生的学习情况，促进班级管理的科学化和精细化，提高班级的整体学习氛围和学术水平，还可以为学生的个性化发展提供支持。

（一）在线沟通平台可以提供一个方便快捷的交流渠道

在线沟通平台可以显著提高信息传递的效率和准确性。在传统的班级管理中，信息的传递主要依靠面对面的交流或书面通知，这种方式效率低下且容易导致信息的遗漏和误传。例如，教师在课堂上发布的通知可能因为学生的疏忽而未能传达到每个学生，而书面通知又可能因为学生的遗忘或丢失而未能及时传递。通过在线沟通平台，教师可以在几秒钟内向全班学生发送通知、布置作业，并通过平台记录确保每个学生都能收到并查看这些信息。学生也可以通过平台及时回复或询问，确保信息传递的闭环，从而避免信息遗漏和误传的情况发生。

（二）在线沟通平台有助于增强师生之间的互动

在传统的班级管理中，师生之间的互动往往局限于课堂内外的有限时间和空间。在线沟通平台则打破了时间和空间的限制，使得师生之间的互动可以随时随地进行。传统的面对面交流方式，受时间和空间的限制，往往难以满足所有学生的需求。在线沟通平台打破了这些限制，提供了一个随时随地的交流渠道。例如，教师可以通过平台为学生提供学习上的指导和帮助，解答他们在学习过程中遇到的问题；学生可以通过平台与教师或同学交流学习心得、分享学习资源，增强彼此之间的互动与合作。这种互动不仅有助于提升学生的学习积极性和主动性，还能促进师生之间的情感交流，增强班级的凝聚力和向心力。

（三）在线沟通平台可以促进学生之间的合作与交流

班级是一个集体，学生之间的合作与交流对于班级建设至关重要。通过在线沟通平台，学生可以方便地组建学习小组、交流学习经验、分享资源等。例如，在进行小组作业时，学生可以通过平台进行任务分工、进度汇报、问题讨论等，既提高了合作的效率，又增强了团队的凝聚力。学生还可以通过平台开展课外兴趣小组、社团活动等，丰富课余生活，增进同学之间的友谊。

在线沟通平台为学生提供了开展课外兴趣小组和社团活动的机会。学生可以通过平台组织和参与各种课外活动，如文学社、摄影社、编程俱乐部等，丰富课余生活，增进同学之间的友谊。例如，文学爱好者可以通过平台组织读书会，分享读书心得，讨论文学作品，增加对文学的理解和热爱。编程爱好者可以通过平台进行编程挑战赛，相互学习编程技巧，提高编程水平。这些活动不仅丰富了学生的校园生活，还为他们提供了展示自己特长和兴趣的平台，增强了班级的凝聚力和向心力。

通过在线沟通平台，学生还可以进行跨班级、跨学科的交流与合作。现代大学校园里，不同专业和年级的学生往往在某些项目或兴趣活动上有共同的需求和兴趣。在线平台为他们提供了一个便捷的交流和合作的渠道，使得学生可以超越班级和学科的界限，进行更广泛的互动和学习。例如，一个计算机科学专业的学生可以通过平台与艺术设计专业的学生合作，开发一个创新的多媒体项目，结合各自的专业特长，创造出富有创意和实用价值的作品。这种跨学科的合作，不仅拓宽了学生的视野，也培养了他们的跨领域合作能力。

（四）在线沟通平台能够提供个性化的学习支持

每个学生的学习情况和需求各不相同，传统的班级管理方式难以做到对每个学生的个性化关注。而通过在线沟通平台，教师可以根据学生的具体情况，提供个性化的学习支持，提升学生的学习效果和满意度。

1.在线沟通平台便于教师了解和解决学生的个人问题和情况。在传统的班级管理中，管理主体难以在有限的时间内全面了解每个学生的学习情况。而通过在线平台，教师可以随时查看学生的学习记录和反馈，及时发现和了解学生在学习和生活中遇到的问题。例如，班级管理者可以通过在线沟通平台，了解学生的掌握情况，发现共性和个性化的问题。对于个别学生遇到的困难，教师可以通过平台进行一对一的辅导和解答，帮助学生克服学习和生活中的障碍，提升学习效果。

在线沟通平台能够记录和保存教师与学生之间的交流记录，这对于后续的跟进和管理具有重要意义。教师可以通过查看历史交流记录，了解学生在不同阶段的表现和变化，制订更加科学和个性化的辅导计划。例如，对于某些需要长期跟踪和关注的学生，教师可以通过平台记录他们的学习进展和心理变化，及时调整辅导策略，提供持续的支持和帮助。

2.在线沟通平台可以根据学生的兴趣和需求，推荐相应的学习资源和活动。每个学生的兴趣和需求各不相同，传统的教学方式难以满足每个学生的个性化需求。而通过在线平台，教师可以根据学生的学习记录和兴趣偏好，推荐适合他们的学习资源和活动。例如，对于对某一学科特别感兴趣的学生，教师可以推荐相关的书、视频课程或学术论文，帮助他们深入学习和研究；对于需要加强某一技能的学生，教师可以推荐相应的在线练习和实训活动，帮助他们提高实践能力。这种个性化的资源推荐，不仅能够激发学生的学习兴趣，还能满足他们的个性化需求，提升学习效果。

在线沟通平台还能够提供个性化的学习指导和支持，帮助学生制订科学合理的学习计划和目标。每个学生的学习能力和节奏不同，科学合理的学习计划和目标对于提升学习效果至关重要。而通过在线平台，教师可以根据学生的具体情况，提供个性化的学习指导和支持。例如，教师可以通过平台与学生进行一对一的交流，了解他们的学习情况和目标，帮助他们制订科学合理的学习计划；可以通过平台定期跟踪学生的学习进展，给予及时的反馈和建议，帮助学生调整学习计划和方法。这种个性化的学习指导，不仅能帮助学生明确学习目标，还能提高他们的学习效率和效果。

二、大数据在班级管理中的应用

大数据在班级管理中的应用，是数字化管理的重要内容。通过数据分析，班级管理者可以全面了解学生的参与情况和行为表现，可以更好地了解班级的运行状况和学生的需求，发现和解决管理中的问题，优化资源配置，发挥预测和预警作用，从而提升班级管理的科学性和有效性。

第一，大数据可以帮助班级管理者全面了解学生的参与情况和行为表现。在传统的班级管理中，管理者往往依赖于主观的观察和有限的数据来判断学生的行为和参与度。这种方式虽然直观，但信息有限，难以全面反映班级的真实情况。通过数据分析工具，管理者可以收集和分析学生的出勤率、课堂参与度、活动参与情况等，从而全面了解每个学生的行为表现。例如，利用考勤系统和活动记录系统，管理者可以实时查看学生的出勤记录和活动参与情况，分析其参与度和表现，及时发现问题并进行干预。

大数据技术使得班级管理者能够从多个维度收集和分析学生的数据。例如，学生的出勤率是反映学生参与情况的一个重要指标。通过智能考勤系统，管理者可以自动记录学生的出勤情况，并将这些数据汇总分析，生成详细的出勤报告。如果某个学生的出勤率较低，管理者可以及时与其沟通，了解其缺勤的原因，并采取相应的措施进行帮助和支持。课堂参与度也是衡量学生积极性的重要指标。通过数据分析工具，管理者可以收集学生在课堂上的发言次数、提问次数、互动情况等数据，全面了解学生的课堂表现。

除了出勤率和课堂参与度，活动参与情况也是反映学生积极性的一个重要方面。在高校中，各类学术、文艺、体育活动是学生成长的重要平台，通过这些活动，学生不仅可以丰富自己的课余生活，还能提升综合素质。通过活动记录系统，管理者可以收集学生参加各类活动的数据，分析其活动参与情况。例如，某个学生是否积极参与班级组织的各类活动，以及在活动中的表现如何，都可以通过大数据分析得出结论。如果发现某些学生在活动参与方面较为消极，管理者可以了解原因，并鼓励他们积极参与，提高集体归属感和参与热情。

大数据技术还可以帮助班级管理者识别学生在行为表现方面的异常情况。通过对大量数据的分析，管理者可以发现一些不易察觉的趋势和问题。例如，某些学生可能在某段时间内频繁缺勤，或者在课堂上的参与度突然下降，这些都是潜在问题的信号。通过数据分析，管理者可以及时发现这些异常情况，并采取相应的措施进行干预。管理者可以与学生进行沟通，了解其在学习和生活中的困难，提供必要的支持和帮助，避免问题的恶化。大数据技术还可以为班级管理者提供决策支持。通过对学生行为数据的分析，管理者可以了解班级的整体情况，发现共性问题和规律，为班级管理和教学提供科学依据。例如，如果数据分析显示某些课程的出勤率和课堂参与度普遍较低，管理者可以反思教学方法和课程设置是否存在问题，并进行相应的调整。通过对历史数据的分析，管理者还可以预测未来的趋势和变化，提前做好应对措施，确保班级管理的有效性和前瞻性。

大数据技术还可以促进班级管理的透明度和公正性。在传统的班级管理中，管理者的决策往往依赖于个人的主观判断，容易受到个人偏见的影响。而通过大数据分析，管理者可以基于客观数据进行决策，避免主观因素的干扰。例如，在评选优秀学生、班干部考核等方面，管理者可以通过数据分析，全面了解学生的表现，确保评选和考核的公正性和透明度。

大数据技术的应用还可以提升学生的自我管理能力。通过数据分析工具，学生可以随时查看自己的出勤率、课堂参与度、活动参与情况等数据，了解自己的表现和不足之处。例如，学生可以通过数据分析，发现自己在哪些方面需要改进，制订相应的学习和发展计划。学生还可以通过与其他同学的数据对比，找到自己的优势和劣势，进行自我调整和提升。

第二，大数据可以帮助班级管理者发现和解决班级管理中的问题。每个班级的情况各不相同，传统的管理模式难以满足每个班级的具体需求。通过数据分析，管理者可以深入挖掘班级的各种数据，了解其特点和需求，从而有针对性地制订管理策略。例如，通过分析学生的行为数据，可以发现班级中存在的纪律问题，管理者可以针对这些问题制订相应的纪律管理措施，提高班级的纪律水平。例如，在出勤管理方面，传统的考勤方式通常依赖于人工点名或签到，这不仅费时、费力，还容易出现漏记或错记的情况。通过引入智能考勤系统，可以自动记录学生的出勤情况，并将数据实时上传到数据库中。管理者可以通过数据分析工具，快速查询和统计学生的出勤记录，发现哪些学生存在出勤问题。对于频繁迟到或缺勤的学生，管理者可以与其进行沟通，了解其具体情况，并提供相应的帮助和支持，如制订个性化的出勤计划、安排补课等措施。

除了发现和解决纪律问题，大数据技术还可以帮助管理者了解班级的整体情况，制订更加科学和有针对性的管理策略。例如，通过对学生成绩数据的分析，管理者可以了解班级的整体学业水平和分布情况。如果某些学科或课程的平均成绩较低，管理者可以分析其原因，并采取相应的措施进行改进。例如，可以组织学科补习班、邀请优秀教师进行专题辅导、安排课外学习活动等，以提高学生的学业水平。数据分析技术还可以帮助管理者了解学生的兴趣和需求，制订更加个性化的管理策略。例如，通过对学生兴趣小组、社团活动等数据的分析，管理者可以了解学生的兴趣爱好和参与情况，并据此制订相应的活动计划。可以根据学生的兴趣和需求，组织更多元化的课外活动，如学术讲座、文艺演出、体育比赛等，丰富学生的课余生活，提高其参与的积极性和主动性。

第三，大数据可以帮助班级管理者优化资源配置。资源的合理配置在高校班级管理中至关重要，通过数据分析，管理者可以了解学生对各类资源的使用情况和满意度，从而做出科学的调整和优化，确保资源的高效利用和学生的最大化受益。

1.通过大数据分析，班级管理者可以全面了解学生对班级设施的使用情况。高校班级内的各类设施，如自习室、多媒体教室、实验室等，都是学生学习和生活的重要资源。通过数据分析工具，管理者可以收集和整理学生对这些设施的使用数据，如使用频率、使用时段、使用人数等。通过对这些数据的分析，管理者可以了解哪些设施受到学生的欢迎，哪些设施使用率较低或存在问题。例如，某些自习室在高峰时段供不应求，而某些多媒体教室使用率较低，管理者可以根据这些数据进行资源的合理调配，优化设施的使用效率。

2.数据分析可以帮助管理者了解学生对各类资源的满意度。除了使用情况，学生对资源的满意度也是资源配置的重要参考因素。通过调查问卷、在线反馈等方式，管理者可以收集学生对班级设施、教学资源、课外活动等各类资源的满意度数据。通过数据分析，管理者可以发现哪些资源满足了学生的需求，哪些资源存在改进的空间。例如，通过对实验室设备的满意度调查，管理者可以了解学生对设备的评价，发现设备不足或老化的问题，及时进行更新和维护，提升实验教学效果。

3.大数据分析可以帮助管理者发现和解决资源配置中的问题。在高校班级管理中，资源的分配和使用常常会遇到各种问题，如资源分配不均、资源浪费、资源短缺等。通过数据分析，管理者可以发现这些问题的根源，并采取相应的措施进行改进。例如，通过对图书馆自习座位的使用数据分析，管理者可以发现座位使用率较低的原因，如座位预订系统不完善、座位分配不合理等，进而优化座位预订系统，提高座位利用率。

4. 大数据可以帮助管理者预测和规划未来的资源需求。在高校班级管理中，资源需求是动态变化的，管理者需要根据学生数量、课程安排、学期计划等因素，进行资源的预测和规划。通过大数据分析，管理者可以基于历史数据和当前趋势，预测未来的资源需求，提前进行资源的准备和调配。例如，通过对过去几年的课程安排和学生选课数据的分析，管理者可以预测某些课程的选修人数，提前安排教室和教师资源，确保课程的顺利进行。

5. 通过大数据分析，管理者可以优化班级的课外活动资源配置。通过数据分析，管理者可以了解学生对不同类型活动的参与情况和反馈，发现受欢迎的活动类型和时间安排。例如，通过对体育活动参与数据的分析，管理者可以发现学生更倾向于在周末参加体育比赛，而对平日的文艺演出参与度较低，管理者可以据此调整活动安排，提高学生的参与度和满意度。

6. 大数据在优化资源配置的过程中，能够促进资源的共享和协作。在高校班级管理中，资源共享是提高资源利用效率的重要手段。通过数据分析，管理者可以发现班级之间、院系之间的资源使用情况，促进资源的共享和协作。例如，通过对不同班级自习室使用情况的分析，管理者可以合理安排不同班级的使用时间，实现自习室资源的最大化利用。同时，通过数据分析，管理者还可以促进不同院系之间的实验设备、图书资源等的共享，提高全校资源的利用效率。

第四，大数据可以在班级管理中发挥预测和预警的作用。通过对历史数据的分析，管理者可以预测班级未来的发展趋势和可能遇到的问题，从而提前采取相应的管理措施，确保班级管理的高效和稳定。

1.通过对学生出勤记录和行为数据的分析，管理者可以预测学生的行为风险，及时进行干预和指导。出勤记录是学生行为表现的重要指标，通过对出勤数据的长期跟踪和分析，管理者可以发现学生出勤率的变化趋势。例如，如果某些学生的出勤率持续下降，或者在特定时间段出勤率明显低于平均水平，管理者可以提前预警，进行个别谈话和辅导，了解学生的具体情况，帮助他们解决可能存在的学习或生活问题。这样的预测和干预措施，可以有效减少学生的缺勤率，提高他们的学习积极性和参与度。

2.通过数据分析，管理者可以发现学生的行为模式和潜在问题。例如，通过分析学生在课堂上的参与度、作业完成情况、考试成绩等数据，管理者可以识别出哪些学生可能存在学习困难或行为问题。例如，如果某些学生在多个学科上的成绩都明显低于平均水平，且课堂参与度较低，管理者可以提前干预，提供个性化的辅导和支持，帮助学生提高学习效果，改进行为表现。这种基于数据分析的个性化管理，不仅能提高学生的学业成绩，还能增强他们的自信心和归属感，促进班级的整体发展。

3.数据分析可以帮助管理者预测和预防班级中的突发事件或危机。班级管理中常常会遇到各种突发情况，如学生的情绪波动、突发疾病、行为冲突等。通过对历史数据的分析，管理者可以发现这些突发事件的规律和前兆，提前采取预防措施。例如，通过对学生心理健康数据的分析，管理者可以发现学生的情绪变化趋势，及时进行心理辅导和干预，预防可能出现的心理危机。又如，通过对学生行为数据的分析，管理者可以识别出行为冲突的高风险学生和时间段，提前进行管理和控制，减少突发事件的发生。

4.大数据在预测和预警中的应用包括对班级整体发展的预测和规划。通过对班级发展数据的长期跟踪和分析，管理者可以了解班级的发展趋势和特点，制订科学的管理策略。例如，通过对班级学习成绩、活动参与度、班级凝聚力等数据的分析，管理者可以预测班级未来的发展方向和可能遇到的问题，提前制订应对措施。又如，如果数据分析显示班级的学习成绩逐渐下降，管理者可以提前安排学习辅导和学术活动，提升学生的学习动力和成绩。如果数据分析显示班级的活动参与度较低，管理者可以通过组织丰富的班级活动，增强学生的集体荣誉感和参与热情。

第五，大数据在班级管理中的应用面临一些挑战。数据隐私和安全问题不容忽视。在收集和分析学生数据的过程中，必须严格保护学生的个人隐私，防止数据泄露和滥用。

1. 学校应制订严格的数据管理规范和安全措施，确保数据的合法使用和安全存储。数据隐私的保护不仅涉及技术层面的防护措施，还包括法律法规和伦理道德的遵守。学校在使用数据时，必须遵循相关法律法规，确保数据的使用合法合规，尊重学生的知情权和选择权。为了保护学生隐私，学校应采取多重措施。例如，在数据收集和存储过程中，采用加密技术和访问控制机制，防止未经授权的访问和数据泄露。同时，学校应明确规定数据的使用范围和权限，确保数据仅用于特定的管理和研究目的，防止数据滥用。此外，学校还应定期进行数据安全检查和风险评估，及时发现和解决潜在的安全隐患，确保数据的安全性和可靠性。

2. 数据分析的效果依赖于数据的质量和分析方法。数据质量的高低直接影响数据分析的结果和决策的科学性。在实际应用中，数据可能存在不完整、不准确或不一致等问题，这些问题会影响数据分析的效果。因此，学校应注重数据的准确性和完整性，建立规范的数据收集和处理流程，确保数据的质量。

3. 在数据收集过程中，学校应制订详细的数据收集规范，明确数据的收集范围、方法和频率，确保数据的全面性和准确性。例如，学校可以通过电子考勤系统、在线学习平台和学生活动记录系统等多种途径，全面收集学生的出勤记录、学习表现和活动参与情况，确保数据的全面性和准确性。同时，学校应对收集到的数据进行清洗和整理，剔除重复、错误或无效的数据，确保数据的高质量。

4.数据分析的方法和工具的选择对数据分析的效果至关重要。科学的数据分析方法和先进的数据分析工具可以提高数据分析的准确性和效率。在数据分析中，学校应根据实际需求，选择适合的数据分析方法和工具，确保数据分析的结果具有可靠性和参考价值。例如，可以采用统计分析、机器学习和数据挖掘等方法，对学生数据进行深入分析，挖掘数据背后的规律和趋势，为班级管理提供科学的决策支持。

5.大数据在班级管理中的应用需要解决数据共享和协作的问题。班级管理涉及多个部门和人员的数据协作与共享。例如，学生的学业表现、行为记录和心理健康数据等，涉及教师、辅导员和心理咨询师等多个角色的协作。在数据共享和协作过程中，需要建立规范的数据共享机制，明确各部门和人员的职责和权限，确保数据的有效共享和协同管理。在实际应用中，数据共享和协作可能面临技术和管理上的挑战。例如，不同系统之间的数据接口和兼容性问题，不同部门之间的协作和沟通问题等。为了应对这些挑战，学校应加强技术支持和管理协调，确保数据共享和协作的顺利进行。例如，可以通过建立标准化的数据接口，解决不同系统之间的数据兼容性问题；通过加强部门间的沟通和协作，解决数据共享和管理中的协调问题。

第二节　利用信息化平台丰富班级建设方式

一、以学生发展为核心，建立信息化专题教育资源库

以学生发展为核心，建立信息化专题教育资源库，是推动高校班级建设和学生全面发展的重要举措。依托信息化平台上传、存储和分组等功能，能够系统性地构建一个集思想政治教育、创新创业教育、安全教

育、就业信息发布等多模块于一身的专题教育资源库，促进学生在各方面的素质提升。

（一）思想政治教育资源库的建设尤为重要

在高校班级建设中，思想政治教育资源库的建设具有重要意义。这一资源库通过信息化平台上传和整合相关的视频、文章、网页、图片等资源，能够有效宣传党的纲领、路线、方针、政策和主张，及时更新和丰富思想政治教育资源，帮助学生树立正确的理想信念，提升思想素质和道德修养。

1.利用信息化平台的便捷性和广泛覆盖面，使思想政治教育资源更加丰富和生动。通过信息化平台，上传和分享视频、文章、案例分析等形式多样的资源，思想政治教育能够超越传统课堂教学的限制，变得更加灵活和具有吸引力。

（1）信息化平台的便捷性和广泛覆盖面，使得思想政治教育资源的传播更加高效和广泛。传统的思想政治教育主要依赖于课堂教学和教材阅读，内容相对单一，形式较为枯燥，学生的参与度和积极性较低。而通过信息化平台，可以将各种形式的教育资源上传和分享，使思想政治教育的内容更加丰富多样。例如，平台上可以定期更新和发布关于党史、国史的教育视频，以及各类爱国主义教育影片，通过这些生动的内容，使学生能够更直观、更深入地了解和理解党的政策和理念。

（2）通过信息化平台，思想政治教育可以实现更加灵活的教学方式。传统的课堂教学受限于时间和空间，难以全面覆盖学生的学习需求。而信息化平台可以打破这些限制，使学生随时随地进行学习。无论是在课堂内还是课堂外，学生都可以方便地访问和学习这些资源。这不仅提高了教育的覆盖面和时效性，还增强了学生的学习自主性。例如，学生可以通过平台随时观看思想政治教育视频，阅读相关的文章和案例分析，进一步加深对思想政治理论的理解和认识。

（3）信息化平台的互动性大大增强了思想政治教育的效果。通过信息化平台，教师和学生可以进行互动交流，教师可以及时解答学生的疑问，收集学生的反馈和建议，从而改进和完善思想政治教育的内容和形式。例如，教师可以通过平台组织在线讨论、答疑解惑，使学生能够积极参与思想政治教育的过程。这种互动不仅有助于提高学生的学习兴趣和积极性，还能增强师生之间的情感交流和理解。

（4）信息化平台为思想政治教育提供了丰富的资源整合和共享机制。通过信息化平台，学校可以将分散的思想政治教育资源进行系统化整合，形成一个全面、系统、科学的教育资源库。例如，可以将党史、国史、社会主义核心价值观、爱国主义教育等各类资源分类整理，建立专题教育模块，方便学生有针对性地进行学习和研究。同时，平台还可以实现资源的共享和交流，教师和学生可以通过平台分享和推荐优秀的教育资源，互相学习和借鉴，从而形成良好的教育资源共享机制，促进思想政治教育的深入开展。

（5）信息化平台在思想政治教育中的应用，可以有效增强学生的参与感和主体性。通过平台，学生可以主动选择和学习自己感兴趣的教育内容，参与思想政治教育的全过程。例如，学生可以通过平台参与讨论、发表意见、分享心得，积极参与思想政治教育的互动交流。此外，平台还可以组织和开展各种形式的思想政治教育活动，如在线主题班会、线上学习竞赛、网络问答等，调动学生的学习积极性和主动性，增强他们的参与感和主体性，从而提高思想政治教育的效果。

2.在思想政治教育资源库的建设过程中，应当注重资源的系统性和权威性。系统性意味着资源库中的内容要全面覆盖党的基本理论、政策文件、领导人讲话、重要历史事件和先进典型事迹等各个方面，以确保学生能够从多角度、多层次地了解和掌握思想政治教育的核心内容。权威性则要求这些资源必须经过严格筛选和审核，保证内容的准确性和可信度，从而提升教育的公信力和影响力。

（1）系统性是建设思想政治教育资源库的基本要求。系统性的资源库不仅要涵盖广泛的教育内容，还要确保这些内容相互补充、相互关联，形成一个完整的知识体系。例如，党的基本理论应包括马克思主义、毛泽东思想、邓小平理论、"三个代表"重要思想、科学发展观、习近平新时代中国特色社会主义思想等内容；政策文件应涵盖党的重要文件、政府工作报告、五年规划等；领导人讲话应包括国家领导人在重要会议和场合的讲话、报告等；重要历史事件应涵盖建党、建国、改革开放等历史节点；先进典型事迹则应包括时代楷模、优秀党员事迹等。这种全面覆盖的资源库，能够帮助学生全面、系统地了解和掌握党的思想理论和政策主张。

（2）权威性是确保思想政治教育资源库质量的关键。在信息化时代，信息的来源多样且复杂，确保教育资源的权威性和准确性尤为重要。为了实现这一目标，学校应与党校、红色教育基地等权威机构合作，引入专业的教育资源。例如，党校作为培养党的干部的重要阵地，拥有丰富的思想政治教育资源和经验，与其合作可以确保资源库内容的权威性和准确性。红色教育基地则保留了大量革命历史资料和实物，与其合作可以为学生提供直观、生动的教育资源，增强教育的真实感和感染力。

（3）资源库中的内容应经过严格的筛选和审核，确保其权威性和准确性。学校可以成立专门的审核小组，对每一项资源进行严格把关，确保其内容的准确性、完整性和适用性。例如，对于涉及党的基本理论和政策文件的内容，应邀请党校专家或政治理论教师进行审核；对于领导人讲话和重要历史事件的内容，应参考权威媒体和官方出版物，确保内容的准确性；对于先进典型事迹的内容，应通过多方核实，确保事迹的真实性和典型性。通过严格的筛选和审核，可以有效防止不准确、不权威的信息进入资源库，确保教育内容的质量。

（4）在系统性和权威性基础上，资源库应注重资源的更新和补充。思想政治教育是一个动态发展的过程，党的理论、政策和实践也在不断发展和创新。因此，资源库建设应当与时俱进，及时更新和补充最新的教育资源。例如，习近平新时代中国特色社会主义思想的最新理论成果、党和国家的重要政策文件、领导人在重大场合的讲话、党的重要历史事件的最新研究成果等，都应及时纳入资源库。通过不断更新和补充，资源库能够保持内容的新鲜度和时效性，使思想政治教育更加贴近实际、贴近生活、贴近学生。

（5）为了提升资源库的使用效果，应注重资源的分类和标签管理。通过合理的分类和标签，可以方便教师和学生快速查找和使用所需的资源。例如，可以根据内容类型、主题、时间等对资源进行分类；可以通过关键词、标签等对资源进行标注，方便用户进行搜索和筛选。分类和标签管理不仅提高了资源的使用效率，还增强了资源的可操作性和便捷性，使思想政治教育更加高效和有针对性。

3.思想政治教育资源库的建设应注重与学生实际生活的结合。通过生动的案例和实际生活中的典型事例，使思想政治教育不再是空洞的说教，而是与学生的现实生活紧密相关。这样的结合，不仅能增强思想政治教育的实效性，还能提升学生的政治素养和辨别能力。

（1）思想政治教育资源库应当包括大量与学生实际生活密切相关的案例和事例。例如，资源库中可以引入大学生普遍关心的时事热点问题和社会热点事件。这些热点问题和事件，往往直接关系学生的生活和未来发展，能够引起他们的高度关注和兴趣。例如，对于当下热门的环保问题、社会公正问题、科技伦理问题等，资源库可以提供相关的分析文章、视频讨论和专家访谈，引导学生从思想政治的高度去认识和思考这些问题。通过这些具体、生动的案例，学生不仅能够更好地理解和掌握思想政治理论，还能够提高自身的政治素养和社会责任感。

（2）思想政治教育资源库应当注重将理论与实际相结合，提供现实生活中的典型事例。这样的事例不仅能够帮助学生理解抽象的理论概念，还能够激发他们的学习兴趣和参与热情。例如，资源库中可以收录一些大学生身边的先进人物事迹、典型的班级或社团活动案例等。这些事例，往往能够让学生产生共鸣，从而更加积极地投入思想政治教育的学习和实践中。通过分析和讨论这些事例，学生不仅能够学到知识，还能够提高自身的道德修养和思想水平。

（3）思想政治教育资源库应当关注学生的实际需求，提供个性化的教育资源。不同的学生，有着不同的兴趣和需求，资源库应当根据学生的特点和需求，提供有针对性的教育资源。例如，对于对社会问题感兴趣的学生，资源库可以提供相关的社会调查报告、政策分析文章等；对于对历史事件感兴趣的学生，资源库可以提供详细的历史资料、名人传记等。通过这样的个性化资源，能够更好地满足学生的学习需求，提高思想政治教育的针对性和实效性。

（二）其他专题教育资源模块

建立其他专题教育资源模块，如文化素质教育、感恩教育、法制教育、校规校纪教育等，有助于全面提升学生的综合素质。通过信息化平台的多样化功能，这些教育模块不仅可以以多种形式呈现，还可以灵活地进行安排，以更好地吸引学生的参与，提高教育效果。

1. 文化素质教育模块的建设是培养学生全面发展的重要途径。文化素质教育旨在提升学生的审美情趣、艺术修养和文化素养。通过信息化平台，可以上传和分享各种文化艺术类资源，如音乐、绘画、戏剧等优秀作品的欣赏视频，组织在线文化沙龙、艺术讲座和文化交流活动。通过这些丰富的文化活动，学生不仅可以提高文化素质，还能够开阔视野，培养创新思维。例如，学校可以定期邀请知名艺术家、文化学者进行在线讲座，分享他们的创作经验和文化见解，激发学生对文化艺术的兴趣和热情。

2. 感恩教育模块的建设能够培养学生的感恩意识和道德品质。感恩教育是帮助学生树立正确价值观和人生观的重要内容。通过信息化平台，学校可以发布感恩教育的相关资源，如感恩故事、感恩影片、感恩诗歌等，组织线上感恩主题班会、感恩演讲比赛和感恩实践活动。通过这些活动，学生能够深刻体会感恩的意义，增强对家庭、学校和社会的责任感。例如，学校可以开展"感恩父母""感恩老师"的线上征文比赛，让学生通过文字表达对亲人和师长的感激之情，培养感恩意识和人际交往能力。

3. 法治教育模块的建设是提高学生法律意识和法治观念的重要措施。法治教育旨在帮助学生了解基本的法律知识，增强守法意识，培养法治精神。通过信息化平台，学校可以上传法治教育的视频课程、法律知识竞赛题库和典型案例分析，组织在线法律讲座、法律知识竞赛和模拟法庭等活动。通过这些生动具体的法治教育活动，学生不仅可以掌握基本的法律知识，还能在实践中理解和运用法律，提高法治素养。例如，学校可以与地方司法部门合作，邀请法官、律师进行在线法律讲座，解答学生在日常生活中遇到的法律问题，增强学生的法治观念。

4. 校规校纪教育模块的建设是规范学生行为，维护学校秩序的重要手段。校规校纪教育旨在帮助学生了解和遵守学校的各项规章制度，树立纪律观念。通过信息化平台，学校可以发布校规校纪的相关内容，如校规校纪手册、违纪案例分析、校规校纪教育视频等，组织线上校规校纪知识竞赛、校规校纪主题班会和纪律教育讲座。通过这些教育活动，学生能够清晰地了解学校的规章制度，自觉遵守校规校纪，养成良好的行为习惯。例如，学校可以通过平台发布关于校规校纪的问卷调查，了解学生对校规校纪的认知和遵守情况，有针对性地进行教育和引导。

二、改进调研方式，及时了解学生的思想状态和诉求

在教育管理过程中，秉承"以学生为本、为学生服务"的理念，是高校班级建设的根本原则。为了更好地了解学生的思想状态和诉求，及时调整和优化教育教学及管理措施，改进调研方式显得尤为重要。传统的面对面交流尽管有效，但在某些情况下，学生在表达自己真实想法时

可能会有所保留。因此，采用信息化平台进行"投票/问卷"调研，可以更加全面和准确地掌握学生的真实想法和需求。通过合理设计班级调查问卷，学校可以对专业课程设置、课堂教学、实践教学、班级管理、班干部工作、勤工俭学及奖助学金申请等多方面进行调研。

在班级管理方面的调研，可以帮助班干部和辅导员了解学生对班级活动、管理制度等的看法，进而改进管理方式，提升班级凝聚力。例如，通过问卷调查，班干部可以了解学生对班级集体活动的兴趣点和参与意愿，从而设计更符合学生需求的活动内容。对班干部工作的调研，可以发现班级管理中的不足之处，促进班干部的自我反省和改进，提高班级管理的整体水平。

勤工俭学和奖助学金申请方面的调研，可以帮助学校更好地了解学生的经济状况和需求，优化相关政策和措施。例如，通过问卷调查，学校可以了解学生对勤工俭学岗位的需求和满意度，进而在岗位设置和分配上做出调整，确保学生能够在学习的同时，获得经济支持。同样，对奖助学金申请的调研，可以帮助学校了解学生对现有奖助学金政策的认知和评价，进而优化申请流程和评审标准，确保奖助学金能够真正惠及有需要的学生。

在实际工作中，线上调研与线下调研相结合，是一种更为全面和高效的调研方式。线上调研可以利用信息化平台的便捷性和广泛覆盖面，快速收集大量数据，提供实时的统计分析；而线下调研则可以通过面对面的交流，深入了解学生的具体情况，获取更为细致和准确的信息。例如，在进行问卷调查后，班干部或辅导员可以针对调查中反映的问题，组织小组讨论或个别谈话，进一步了解学生的想法和建议，确保调研结果的真实性和有效性。

三、利用网络化平台，实现班级管理信息化

在互联网快速发展的时代，网络化平台的应用为辅导员的工作减轻

了不少压力，并明确了方向。辅导员可以利用微信小程序、云班级、学工系统、钉钉等各类网络平台，对学生的生活、心理健康、学习等各方面进行记录，并对采集的信息进行整理、保存和分析。通过这些数据，辅导员能够时刻关注学生的日常表现，及时发现和处理异常情况，有针对性地进行教育和开导。数据筛选和分析的自动化和便捷化，使辅导员的工作更加高效。辅导员还可以根据学生的现有情况，及时与家长进行沟通交流，共同探讨学生的培养方向，促进学生的全面健康发展。通过网络化平台，班级管理信息化得以实现，既提高了管理效率，又增强了学生的关怀力度。

（一）改进考勤方式，实现班级考勤管理信息化

在现代教育管理中，学生考勤是确保教育教学活动有序有效开展的基础，能够营造一个优良的学习成长环境。但传统的人工考勤方式存在诸多问题，如费时费力、统计工作量大且易出错，并且受到人为因素的影响较大，难以满足学校规范化管理的要求。因此，信息化平台的引入，为班级考勤管理带来了极大的便捷和智能化服务，实现了考勤管理的信息化。

1.利用手机 App，班会课、课堂教学、实训教学及班级组织的其他活动均可以通过签到功能进行考勤。信息化平台不仅简化了考勤的过程，还提高了考勤的准确性和效率。例如，通过设置班级考勤负责人为助教，可以按需进行考勤签到，大大减轻了班主任的考勤工作量。同时，借助距离定位等功能，可以有效避免一些人为因素的干扰，确保考勤数据的真实性和可靠性。

2.信息化平台提供了考勤数据的统计和分析功能。通过平台的 Web 版，班主任可以方便地查看历次考勤签到的统计结果，包括每位学生的出勤率、缺勤次数、事假和病假情况及迟到次数等。这些数据一目了然，帮助班主任准确掌握学生的出勤情况，有针对性地加强教育与管理。例

如，对于出勤率较低的学生，班主任可以及时进行沟通和辅导，了解其缺勤的原因，并提供相应的支持和帮助。

3. 信息化平台提供了学生参与班课活动的数据汇总统计功能。通过导出"班课汇总数据和明细数据"，班主任可以查看每个学生的签到出勤率、主题教育资源的学习情况、参与讨论答疑及测试次数等详细数据，以及这些活动取得的经验值和成绩汇总。这些数据不仅反映了学生的出勤情况，还展示了学生在课堂活动中的参与度和活跃程度。通过对这些数据的研究，班主任可以及时发现问题，制订相应的改进措施，进一步提高班级管理的效果。

（二）改进选举方法，实现评优评先投票信息化

在现代高校班级管理中，评优评先和奖助学金的发放等工作需要通过民主评议来确保其公平性和公正性。传统的纸质选票和现场计票方式虽然具备一定的民主评议功能，但存在许多缺陷，如填写选票时容易受到周围同学的干扰、计票过程中费时费力且容易出错等。这些问题使得传统的投票方式难以完全满足高效、准确、公正的要求。因此，利用信息化平台实现评优评先投票信息化成为一种行之有效的解决方案。

1. 信息化平台的在线投票功能为评优评先投票提供了便捷、可靠的技术支持。每位学生都拥有手机终端，这为在线投票的实施提供了先决条件。通过信息化平台的"投票 / 问卷"功能，班级可以轻松设计和发布民主评议投票问卷，实现全班同学的在线投票。相比传统的纸质投票方式，在线投票不仅更加方便快捷，而且能够有效避免填写选票时的干扰问题。每位同学可以在自己手机上独立完成投票，确保了投票过程的私密性和自主性。

2. 在线投票的统计过程更加高效和准确。系统可以自动汇总和统计投票结果，避免了人工计票过程中可能出现的差错和失误。投票结果可以实时生成，并在投票结束后通过学生手机 App 进行在线公示，使每位

同学都能够及时了解评选结果。这种透明、公正的投票方式不仅提高了评优评先工作的效率，还增强了学生对评选结果的信任感和认可度。

3. 在线投票具有很强的灵活性和可操作性。班级可以根据具体的评选标准和要求，灵活设计投票问卷的内容和形式。例如，可以设置不同的评选类别和投票选项，增加投票的多样性和精准度。学生在投票过程中，可以根据自己的真实意愿和对候选人的了解，做出公正客观的评价，从而提高评优评先工作的科学性和公正性。

4. 信息化平台的在线投票功能可以扩展到其他民主评议活动中，如班委选举、课程评估、活动评选等。在班委选举中，在线投票不仅简化了选举过程，还能确保选举结果的准确性和公正性。在课程评估中，学生可以通过在线投票对教师的教学质量和课程内容进行评价，学校可以根据投票结果进行课程和教学的改进。在活动评选中，在线投票可以调动学生参与评选的积极性，提高活动的影响力和参与度。

5. 为了确保在线投票的顺利实施和投票结果的公正性，学校需要建立一套完善的管理制度和操作规范。例如，明确在线投票的流程和操作步骤，规范投票问卷的设计和发布，设置投票权限和监督机制，确保每一位学生都能公平参与投票。同时，学校还应加强对在线投票平台的技术支持和维护，确保系统的稳定性和安全性，防止投票数据的泄露和篡改。

（三）创建班级微信公众号

在信息时代，网络技术的迅速发展为高校班级管理提供了新的途径和工具。微信公众号作为一种便捷的网络媒介，为班级建设和管理带来了新的契机和挑战。创建班级微信公众号，不仅可以传播正能量和正确价值观，还能增强师生之间的交流和互动，提高班级凝聚力和管理效率。

1. 创建班级微信公众号的首要目标是传递正能量，树立正确的价值观。由于学生每天都在使用手机，通过各种微信公众号获取信息，这些信息的质量和内容直接影响他们的思想和行为。因此，班级微信公众号应成为传递正能量的重要渠道。辅导员和班主任应积极利用微信公众号，发布关于思想政治教育、社会热点问题的原创文章，引导学生正确认识和思考这些问题。例如，针对某一个社会热点事件，可以组织学生撰写原创文章，通过微信公众号进行发布和讨论，增强学生的分析能力和社会责任感。

2. 班级微信公众号可以成为展示学生才华和创造力的平台。学生可以在微信公众号上展示自己的文学创作、艺术作品、科学研究成果等，通过文字、图片、音频、视频等多元化形式呈现。这不仅能够激发学生的创作热情，还能增强他们的自信心和成就感。同时，辅导员和班主任可以通过微信公众号，组织各种线上活动，如文学创作比赛、摄影比赛、演讲比赛等，丰富学生的课外生活，培养他们的综合素质。

3. 班级微信公众号可以作为班级宣传的窗口，展示班级的荣誉和成就。班级在各类比赛中获得的奖项、学生的优秀作品、班级组织的活动等，都可以通过微信公众号进行展示。这不仅能够增强班级的集体荣誉感，还能树立良好的班级形象，激励学生不断进取。同时，通过微信公众号，班级的各种通知和公告也可以及时发布，确保每位学生都能及时获取重要信息，提高班级管理的效率和效果。

4. 班级微信公众号可以作为师生互动的新平台。教师和学生可以通过微信公众号进行交流，分享学习资料和经验，讨论学习中的问题和困惑。教师可以通过微信公众号发布课外阅读资料、学习心得、教学视频等，帮助学生拓宽知识面，提升学习效果。学生也可以通过微信公众号，向教师提出问题，反馈学习情况，发表自己的见解，增强师生之间的互动和理解。

5. 微信公众号的创建和运营可以为班级管理提供有价值的数据支持。通过微信公众号的后台数据分析，教师可以了解学生对不同内容的关注度和参与度，掌握学生的兴趣和需求，进而调整教学内容和方式，提高教学的针对性和有效性。例如，教师可以通过分析学生对某一篇文章或某一场活动的反馈，了解学生对该话题的兴趣程度，从而有针对性地开展后续的教学和活动。

6. 在创建班级微信公众号的过程中，辅导员和班主任需要注意以下四点：首先，确保内容的质量和权威性，避免低俗、误导性信息的传播。其次，保持内容的多样性和趣味性，吸引学生的关注和参与。再次，定期更新内容，保持微信公众号的活跃度。最后，建立有效的管理机制，确保微信公众号的规范运营，避免信息的失真和滥用。

（四）创立学生管理平台模式

如今高校班级管理模式的核心是教师和班级，而在信息化班级这样一种新型管理模式当中，应当创立一种全新的学生平台管理模式。[①] 也就是说，依托互联网平台，设立学生管理班级用户，让学生直接通过参与班级活动来对班级进行管理。通过这样一种管理模式，可以直接对教师及班干部的管理权进行分流，同时也能对教师及班干部的管理起到一种监督作用，从而促进班级的管理模式朝着良性的局势发展。具体来说，学生管理平台模式可以通过以下几方面实现，可参考图5-1。

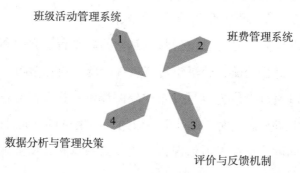

图5-1　学生管理平台模式的组成

一是通过信息化平台，设立班级活动管理系统，让学生参与到班级活动的策划、组织和实施中。例如，班级可以通过平台发布活动计划，

① 刘春生. 浅论互联网思维下的高校班级管理发展趋势 [J]. 才智，2014（34）：17.

学生可以在线报名、提出建议、参与讨论，活动结束后还可以通过平台进行总结和反馈。这种方式不仅能够提高活动的参与度和组织效率，还能够增强学生的集体荣誉感和凝聚力。二是班费的管理和使用是班级管理中的一个重要环节。通过信息化平台，可以设立班费管理系统，让班费的收支情况公开透明。学生可以通过平台了解班费的使用明细，提出合理化建议，监督班费的使用情况，确保班费的使用合理合规。这种方式能够增强班级财务管理的透明度，防止不正当使用班费的现象发生。三是通过信息化平台，设立评价与反馈机制，让学生对教师和班干部的工作进行评价。学生可以通过平台匿名提交对教师和班干部的评价意见，管理者可以根据反馈意见改进工作方法，提高管理水平。此外，平台还可以设立意见箱，学生可以随时提出对班级管理的建议和意见，促进管理的持续改进和优化。四是信息化平台可以收集和分析班级管理的各项数据，如学生的出勤情况、学习成绩、活动参与度等，通过数据分析，管理者可以全面了解班级的运行情况，发现存在的问题和不足，制订更加科学合理的管理决策。例如，通过分析学生的出勤数据，可以及时发现和解决学生的出勤问题，提高课堂管理的效率。

第六章　多元文化背景下的高校班级建设策略

第一节　促进规范与灵活的班级建设

在当今多元文化背景下，高校班级建设面临着前所未有的挑战与机遇。传统文化与现代文化、本土文化与外来文化、现实社会文化与网络文化的交融并存，使得大学生的思维方式和主导价值观念受到多种文化的影响。这种文化的多样性和新文化形式的不断涌现，既带来了丰富的思想资源，也导致部分大学生在文化归属感和价值认同上的迷失与困惑。面对这一复杂局面，高校班级建设需要在坚持"规范"标准的基础上，灵活运用"创意"手段，以实现班级建设的科学化和多样化。

一、规范化是多元文化背景下班级建设的基础

在多元文化背景下，高校班级建设面临着复杂的文化交融和多样化的学生需求。大学生正处于青年期，虽然思维的独立性和批判性有所发展，但仍未完全成熟，容易陷入自我认知失调和自我同一性混乱的困境。这种情况下，规范化的班级建设成为奠定班级稳定发展的基础。通过建立系统的行为规范、制度规范、学习规范和发展规范，班级管理可以为学生提供清晰的行为准则和价值导向，帮助他们在规范的框架内逐步实现自我管理和自我约束。

第一，行为规范是班级建设的核心要素之一。大学生的行为不仅反映其个体素质，也影响着班级的整体氛围。建立明确的行为规范，可以有效规范学生的日常行为，使他们在集体生活中养成良好的习惯。这些规范包括课堂纪律、宿舍管理、公共场所行为等方面，通过普遍的提醒和严格的执行，逐步引导学生从被动遵守到主动遵循。这不仅有助于提高学生的纪律意识，还能增强班级的凝聚力和向心力。

第二，制度规范则为班级管理提供了系统化的保障。完善的制度规

范可以明确班级管理的各项职责和流程，确保各项工作有章可循。例如，班级的选举制度、奖惩制度、活动审批制度等，通过制度的建设和完善，使得班级管理更加透明、公正。学生在明确制度的前提下，可以更加自觉地遵守各项规定，减少因制度不明导致的矛盾和冲突。此外，制度规范还可以促进学生自我管理能力的提升，使他们在遵守制度的过程中逐步学会自我约束和自我管理。

第三，学习规范是班级建设的重要组成部分。大学生的主要任务是学习，建立科学合理的学习规范，可以为学生的学业发展提供有力的支持。这些规范包括学习时间的安排、学习任务的分配、学习效果的评价等，通过规范化的学习管理，可以使学生在学习过程中养成良好的学习习惯。例如，定期组织学习小组、开展学术交流活动、实行学习积分制等，通过这些措施，可以激发学生的学习热情，提高学习效果。同时，学习规范的建立还可以促进学生之间的相互监督和帮助，形成良好的学习氛围。

第四，班级发展规范是班级建设的长远目标。大学生不仅要在学业上取得进步，还要在个人发展和综合素质方面得到全面提升。建立班级发展规范，可以为学生的长远发展提供明确的方向和目标。这些规范包括职业规划、社会实践、素质拓展等方面，通过系统化的发展规划，使学生在大学期间能够全面发展。例如，定期开展职业生涯规划讲座、组织社会实践活动、举办素质拓展训练等，通过这些活动，可以帮助学生明确职业方向，提高实践能力，增强综合素质。发展规范的建立不仅有助于学生个人的发展，也能为班级的整体进步奠定坚实的基础。

第五，规范化的班级建设并不意味着僵化。在规范的框架内，灵活的创意建设同样重要。多元文化背景下的大学生具有强烈的创新欲望和主动创意的精神，因此，班级建设应当以"以人为本"为基本工作理念，充分尊重和回应学生的创意需求。从宏观角度来看，创意建设体现了班级文化建设的灵活性和多样性。通过创新创意的方式，可以激发学生的参与热情，增强班级的凝聚力和吸引力。例如，在班级活动的主题选择、组织形式和参与方式上进行创新，可以使活动更加符合学生的兴趣和需求，增加活动的趣味性和参与度。

二、多元文化背景下班级建设的创意设计

在多元文化背景下，班级建设需要兼顾规范与灵活，以满足学生多样化的需求和价值追求。具体的创意设计在班级活动中的应用，正是体现班级集体智慧和创新能力的关键途径。这些创意活动不仅提高了班级活动的质量，还为学生提供了展示自我的平台，有助于学生之间的交流与合作，培养他们的创新精神和团队意识。通过组织各类主题活动，如文化节、科技竞赛、艺术展览等，可以让学生在活动中发挥创意，展现才华。这些活动不仅提高了班级活动的质量，还为学生提供了展示自我的平台，促进了学生之间的交流与合作，培养了他们的创新精神和团队意识。同时，创意设计在活动的组织和管理上，也为学生提供了更多的参与机会和锻炼平台，增强了他们的责任感和团队合作精神。在规范化的基础上，灵活运用创意设计，不仅能够提高班级的管理水平，还能在多元文化背景下更好地满足学生的多样化需求，增强班级的凝聚力和向心力，为高校班级建设提供有力的支持。

（一）文化交流类活动设计

创意设计赋予班级活动新的生命力，使其在形式和内容上更具吸引力和参与性。通过组织文化交流主题活动，可以让学生展示不同文化背景下的风俗习惯、传统艺术等，使学生在参与过程中感受多元文化的魅力。这不仅拓宽了学生的文化视野，还增进了他们对不同文化的理解和尊重。在文化节的筹备和执行过程中，学生需要进行大量的策划和协调工作，这不仅锻炼了他们的组织能力和协调能力，还培养了他们的团队合作精神。

　　1. 文化交流类活动设计应以多元文化的共存与交融为基础，旨在促进学生对不同文化的认知和理解。这类活动的主题涵盖广泛的文化元素，如传统节日、民俗风情、饮食文化、艺术表演等。通过丰富的文化展示活动，学生能够在轻松愉快的氛围中接触和体验不同文化的独特魅力。例如，在文化节中，学生可以通过舞蹈、音乐、戏剧等艺术形式展示各自的文化背景，呈现文化的多样性和独特性。这些活动不仅增强了学生的文化自豪感，还促进了文化之间的交流与互动。

　　2. 在文化交流类活动的设计过程中，创意元素的引入至关重要。第一，可以通过跨文化合作的形式，增强活动的互动性和参与性。例如，组织学生以小组为单位，选择不同的文化主题进行展示，并邀请来自不同文化背景的学生共同参与，进行跨文化的合作和交流。这种合作不仅丰富了活动的内容，还增强了学生之间的理解和友谊。第二，可以通过创意比赛的形式，激发学生的创新思维和创意表达。例如，举办文化创意设计大赛，鼓励学生以不同的文化元素为灵感，设计创意作品，如文化海报、文化短片、文化创意产品等。通过比赛，不仅展示了学生的创意才华，还促进了文化的传播和交流。

　　3. 文化交流类活动的成功举办离不开精心的策划和组织。一是需要明确活动的主题和目标，制订详细的活动计划和时间安排。活动的主题应紧扣多元文化的特点，突出文化交流的核心价值。例如，以选择"文化之旅"为主题，通过展示不同国家和地区的文化特色，让学生在活动中感受世界的多样性和丰富性。二是需要合理分配和协调各项工作，确保活动的有序进行。在活动的筹备过程中，可以成立专门的工作小组，负责活动的策划、宣传、协调等工作。例如，宣传组负责活动的宣传推广，通过校园广播、海报、社交媒体等方式吸引学生参与；策划组负责活动的方案设计，确保活动的创意性和趣味性；协调组负责活动的现场协调，确保活动的顺利进行。

　　4. 在文化交流类活动的执行过程中，需要注重学生的参与和体验。

活动的形式应丰富多样，注重互动性和参与性。例如，在文化展示环节，可以设置互动体验区，让学生亲身体验不同文化的传统习俗和艺术技艺，如试穿传统服饰、品尝特色美食、学习传统舞蹈等。这些互动体验不仅增加了活动的趣味性，还增强了学生对不同文化的理解和认同。此外，可以通过设置文化讲座和工作坊的形式，邀请专家和学者进行讲解与指导，深入挖掘文化背后的历史和意义，提高学生的文化素养和认知水平。

（二）科技竞赛类活动设计

科技竞赛不仅是展示创意和创新能力的平台，也是激发学生对科学技术兴趣和热情的有效途径。通过组织科技竞赛，可以鼓励学生发挥创意，提出创新性的解决方案，在实际操作中结合所学知识，进行科学实验和技术开发。这不仅提高了他们的实践能力和创新能力，还培养了他们的科研精神和合作意识。

1.科技竞赛类活动的设计应充分考虑学生的学科背景和兴趣爱好，旨在激发学生的创新潜力和团队协作能力。例如，机器人设计竞赛是一个经典的科技竞赛形式，通过这一竞赛，学生可以组队进行机器人设计和制作，涵盖从设计、编程到组装的全过程。这样的竞赛活动，不仅需要学生具备扎实的理论知识，还需要他们在实际操作中解决各种技术问题，提升动手能力和创新思维。

2.在竞赛的组织过程中，应注重学生的参与和互动。通过合理的分工和合作，增强学生的团队协作能力。例如，在机器人设计竞赛中，可以将学生分成若干小组，每组负责不同的模块设计，如机械结构、电子控制、软件编程等。这样的分工合作，不仅可以提高工作效率，还能让每个学生在自己擅长的领域发挥特长。同时，通过定期的团队会议和进展汇报，确保各模块之间的协调和配合，解决设计过程中遇到的问题和挑战。

3.科技竞赛的设计应注重实践性和应用性。通过实际操作和技术开发，让学生在实践中学习和创新。例如，在绿色能源创新竞赛中，可以鼓励学生利用太阳能、风能等可再生能源设计并制作小型能源装置，通过实验验证其可行性和效率。这种实践性强的活动，不仅提高了学生的动手能力，还让他们在实际应用中理解和掌握科学原理，培养了他们的科研精神和创新能力。

（三）艺术类活动设计

艺术展览不仅为学生提供了展示艺术才华的平台，也促进了文化交流与理解，增强了校园文化生活的多样性和丰富性。通过绘画、摄影、雕塑、音乐等多种艺术形式的展示，学生可以表达个人的思想和情感，增进对多元文化的理解和包容。在艺术展览的准备和举办过程中，学生需要进行艺术创作、展品布置和活动宣传等工作，这不仅锻炼了他们的艺术创作能力，还提高了他们的策划和组织能力。

1. 艺术类活动设计应充分考虑学生的艺术兴趣和文化背景，旨在激发学生的创作热情和表达欲望。例如，一次以"多元文化交融"为主题的艺术展览，可以通过绘画、摄影等形式展现不同文化的元素。这样的展览不仅让学生在创作过程中深入思考和理解不同文化的内涵，还通过展示不同文化的艺术作品，丰富了校园文化生活，促进了学生对多元文化的理解和包容。

2. 在艺术展览的策划阶段，需要确定展览的主题和目标。主题应具有鲜明的文化特色和艺术价值，如"文化交响曲""时代印记""多元之美"等，旨在展示多元文化背景下的艺术魅力和文化内涵。明确的主题可以为学生提供创作的方向和灵感，确保展览的目的性和导向性。同时，制订详细的展览计划和时间安排，包括作品征集、评选、布展和开幕等环节，确保展览的有序进行。

3. 在作品征集过程中，可以通过多种渠道广泛宣传和动员，吸引更多学生参与。例如，通过校园广播、海报、社交媒体等渠道发布征集信息，鼓励学生提交自己的艺术作品。作品征集可以分为不同的艺术类别，如绘画、摄影、雕塑、音乐等，每个类别设立相应的评选标准和奖项，激发学生的创作热情和参与积极性。在评选环节，可以邀请校内外的艺术专家和学者组成评审团，从艺术性、创意性、文化内涵等多个方面对作品进行综合评审，确保评选的公平性和公正性。

4.在布展环节，学生需要进行展品的分类和布置，确保展览的视觉效果和观赏性。例如，在展览空间的设计上，可以根据不同艺术类别和作品特点，进行合理的布局和陈列，营造出浓厚的艺术氛围。绘画和摄影作品可以采用挂画展架或墙面展示的方式，雕塑作品可以设置专门的展台，音乐作品可以通过音频播放设备进行展示。通过合理的布展设计，不仅提升了展览的观赏效果，还增强了观众的沉浸感和体验感。

（四）其他主题类活动

在多元文化背景下，班级建设的创意设计可以通过各种主题活动来实现，满足学生多样化的兴趣和需求。这些主题活动不仅丰富了班级文化生活，还促进了学生的全面发展。例如，环保主题活动就是一种非常有意义的创意设计，通过实践活动增强学生的环保意识，培养他们的可持续发展理念。

1.环保主题活动的设计应注重实践性和互动性，让学生在参与过程中亲身体验和理解环保的重要性。通过组织垃圾分类、植树造林、环保宣传等具体实践活动，学生可以深入了解环境保护的基本知识和实际操作。例如，垃圾分类活动可以设置在校园内不同区域，通过实际操作让学生学会正确分类垃圾，了解不同类型垃圾的处理方法和环保意义。这不仅提高了学生的环保意识，还增强了他们的动手能力和实践能力。植树造林活动是另一种具有深远意义的环保主题活动。通过组织学生到校园或周边地区进行植树造林，不仅美化了环境，还为生态保护贡献了力量。在植树过程中，学生需要学习树木种植的基本知识，如选择合适的树种、准备种植工具、挖坑种树等。这些实际操作不仅增加了学生对生态保护的理解，还培养了他们的合作意识和团队精神。此外，通过定期回访和维护，学生可以观察树木的生长变化，感受生态保护的成果，增强他们对环保事业的责任感和使命感。

环保宣传活动也是提升学生环保意识的重要途径。通过设计和制作环保宣传材料，如海报、传单、宣传视频等，学生可以在校园内外进行环保宣传，向更多人传递环保理念。在这一过程中，学生不仅需要发挥创意设计能力，还需要进行有效的沟通和协调，确保宣传活动的顺利进行。例如，可以在校园内设置环保知识展板，通过图文并茂的方式向同学们介绍环保知识和实践方法；可以组织环保讲座，邀请环保专家进行专题讲解，提高学生对环保问题的认识和理解。

2.除了环保主题活动外，其他主题类活动也可以根据学生的兴趣和需求进行设计。例如，健康主题活动可以通过组织健身比赛、健康讲座、营养咨询等活动，提高学生的健康意识和身体素质。在健身比赛中，学生可以通过参与跑步、游泳、篮球等各类运动项目，锻炼身体，增强体质；在健康讲座中，可以邀请医学专家或健康顾问，向学生传授健康知识和生活技巧，帮助他们养成健康的生活习惯；在营养咨询活动中，可以为学生提供个性化的营养建议，指导他们科学合理地饮食，保持良好的身体状态。

同样，职业发展主题活动也可以通过创意设计，帮助学生提升职业素养和就业能力。例如，职业规划讲座、模拟面试、企业参观等活动，可以让学生了解职业发展的基本知识和实际操作，提高他们的职业规划能力和就业竞争力。在职业规划讲座中，可以邀请职场专家或成功校友，分享职业发展的经验和建议，帮助学生明确职业目标，制高合理的职业规划；在模拟面试中，可以通过模拟真实的面试场景，让学生体验面试过程，掌握面试技巧，提升自信心和应变能力；在企业参观中，可以组织学生到知名企业进行参观，了解企业文化和运作模式，增加对职场环境的认知和适应能力。

（五）活动组织与管理的创新

在多元文化背景下，班级建设不仅需要在活动的形式和内容上体现创意设计，还需要在活动的组织和管理上进行创新。通过创新的组织形式和管理方式，可以提高学生的参与度和积极性，增强他们的责任感和团队合作精神，同时培养他们的自我管理能力和领导能力。

1.采用小组合作的方式进行活动策划和执行是提升学生参与度的重要途径。在这种模式下，班级活动的策划和执行由多个小组共同完成，每个小组负责不同的任务和环节。例如，在策划一场文化交流活动时，可以设立策划组、宣传组、执行组和评审组等小组。策划组负责活动的总体方案设计，宣传组负责活动的宣传推广，执行组负责活动的具体实施，评审组负责活动的效果评估和反馈。每个小组的成员都有机会在自己的岗位上发挥特长，贡献智慧，从而增强他们的责任感和团队合作精神。

在小组合作中，学生不仅能体验到团队合作的乐趣，还能锻炼自己的组织能力和协调能力。通过与小组成员的密切合作，学生需要进行有效的沟通和协调，解决遇到的问题和挑战。例如，在活动策划过程中，策划组需要与宣传组和执行组进行充分的沟通，确保活动方案的可行性和宣传效果的最大化；在活动实施过程中，执行组需要协调各方面的资源和人员，确保活动的顺利进行。这种合作模式不仅提高了活动的组织效率，还培养了学生的合作意识和团队精神。

2.建立学生自主管理的机制是提高学生自我管理能力和领导能力的重要手段。通过赋予学生更多的决策权和管理权，鼓励他们参与活动的决策和管理，学生不仅能体验到管理的责任和挑战，还能在实践中提升自己的自我管理能力和领导能力。例如，可以通过选举班委会的方式，让学生自己选出班级的管理者，负责班级活动的策划和组织；可以通过设立学生自治组织，如学生会、社团等，给予学生更多的自主权和管理权，让他们在自我管理中成长和进步。

在学生自主管理的过程中，教师应发挥指导和支持作用，提供必要的帮助和建议。例如，在班委会的选举和运行过程中，教师可以提供公平公正的选举规则和流程，确保选举的透明性和公正性；在学生自治组织的活动中，教师可以提供专业的指导和资源支持，帮助学生解决实际问题和困难。这种指导和支持不仅增强了学生的自信心和成就感，还提升了他们的管理能力和领导能力。

3. 活动组织与管理的创新应注重学生的个性发展和多样化需求。通过设计和组织多样化的活动，满足学生不同的兴趣和需求，增强他们的参与感和归属感。例如，可以根据学生的兴趣和特长，设计不同主题和形式的活动，如学术讲座、文艺演出、体育比赛等，让每个学生都有机会展示自己的才华和能力；可以通过设立兴趣小组和专题讨论组，让学生在自己感兴趣的领域进行深入学习和研究，提升他们的专业素养和综合能力。

三、规范与创意相结合的多元文化背景下班级建设策略

在多元文化背景下，高校班级建设需要将"规范"与"创意"相结合，以实现班级管理的高效化和学生发展的多样化。规范为班级建设提供了稳定的结构和清晰的导向，而创意则注入了活力和新鲜感。两者的有机结合，不仅能够提高班级的管理水平，还能更好地满足学生的多样化需求，推动班级文化从被动管理向主动参与的转变，使其更加丰富多彩，充满活力。

规范化的班级建设通过制订和实施系统的行为规范、制度规范、学习规范和发展规范，确保学生在日常生活和学习中有章可循。这些规范不仅规范了学生的行为，也为他们提供了明确的行为准则和价值导向，有助于他们在学业和个人发展中形成自我管理意识。例如，通过建立严格的课堂纪律规范，学生在课堂上能够集中精力听讲，形成良好的学习习惯；通过制订明确的宿舍管理规范，学生在生活中能够相互尊重，营

造和谐的生活环境。同时，为了在规范的基础上激发学生的创造力和主动性，班级建设还需要融入创意元素。创意设计通过创新性的活动和组织形式，使班级文化更加灵活和多样化。例如，在班级活动的组织中，可以通过设立文化节、科技竞赛、艺术展览等多种形式的主题活动，让学生在参与过程中发挥创意，展现才华。这些活动不仅丰富了班级文化生活，还增强了学生的参与感和归属感，使他们在活动中锻炼自己的组织能力和团队合作精神。在具体实践中，规范与创意的结合可以通过以下几个方面来实现。

第一，在活动策划和组织上，应注重规范化流程管理的同时鼓励学生提出创意和创新方案。在多元文化背景下，班级建设需要在规范与创意之间找到平衡，既要保证活动的有序进行，又要充分发挥学生的主观能动性和创造力。通过规范化的流程管理和创意性的方案设计，可以提高班级管理的水平，满足学生的多样化需求，推动班级文化从被动管理向主动参与的转变，使其更加丰富多彩，充满活力。

1. 在活动策划和组织上，规范化流程管理是确保活动有序进行的基础。规范化管理包括制订详细的活动计划、明确的时间安排、清晰的任务分工等。这些措施不仅可以保证活动的顺利进行，还能提高活动的效率和效果。例如，在筹备班级文化节时，班委可以先制订基本的活动框架和流程，明确活动的主题、时间、地点及各项任务的负责人。通过详细的计划和明确的分工，可以避免活动中出现混乱和失误，确保活动按计划顺利进行。

2. 在保证活动有序进行的基础上，需要鼓励学生提出创意和创新方案，充分发挥他们的主观能动性和创造力。学生是班级活动的主要参与者和受益者，他们对活动有着独特的见解和创意。因此，在活动策划和组织过程中，应当积极听取学生的意见和建议，鼓励他们参与活动的设计和执行。例如，在筹备班级文化节时，可以由班委制订基本的活动框架和流程，然后鼓励各小组提出具体的活动创意和执行方案。每个小组可以根据自己的兴趣和特长，设计不同的活动内容和形式，如文化展览、艺术表演、互动游戏等。通过这种方式，既保证了活动的有序进行，又充分发挥了学生的主观能动性和创造力，使活动更加丰富，充满活力。

3.为了进一步激发学生的创意和积极性，可以在班级活动中引入竞争机制。例如，可以设立"最佳创意奖""最受欢迎活动奖"等，通过评选和奖励，激励学生提出更多创新性和有趣的方案。这种竞争机制不仅可以提高学生的参与热情，还能促进他们在活动中展示自己的才华和能力，增强班级的凝聚力和向心力。

4.在活动的执行过程中，班委应当扮演协调者和支持者的角色，为学生提供必要的资源和帮助。例如，在文化节的筹备过程中，班委可以协助各小组解决实际问题，如场地安排、设备租借、经费筹集等。同时，班委还可以邀请专业人士或有经验的校友为学生提供指导和建议，帮助他们完善活动方案，提高活动的质量和效果。这种支持和帮助不仅可以确保活动的顺利进行，还能提升学生的组织能力和执行能力，培养他们的团队合作精神和解决问题的能力。

第二，规范与创意相结合的多元文化背景下班级建设策略。在多元文化背景下，班级建设需要在规范与创意之间找到平衡点，以确保管理的有序性和灵活性并重。建立学生自治组织是一种有效的方式，通过这种组织形式，可以实现班级管理的规范化与创新化相结合，提升管理的透明度和民主性，增强学生的参与感和责任感。

1.学生自治组织在班级管理中的作用至关重要。自治组织通过制订和执行班级管理的各项制度，确保管理的规范化。这些制度包括班级日常行为规范、活动管理制度、学术诚信准则等，所有制度的制订和执行都需遵循公平、公正、公开的原则，以保障班级管理的透明性和规范性。例如，班级可以设立一个专门的管理委员会，由学生代表组成，负责起草和审议各项管理制度，并监督其执行。这种管理方式不仅规范了班级的各项事务，还培养了学生的规则意识和纪律观念。

2.规范化的管理并不意味着僵化和死板。为了在保持规范的基础上灵活应对多样化的需求，学生自治组织需要根据实际情况和学生需求，灵活调整和创新管理方式。通过定期召开班级讨论会，可以听取和采纳学生的意见和建议，及时调整管理策略，解决学生关心的问题。例如，在讨论会上，学生可以就班级活动的安排、学习资源的分配、宿舍管理等问题进行讨论和表决。这种管理方式不仅提高了班级管理的透明度和民主性，还增强了学生的参与感和责任感，使他们在参与班级事务的过程中学会自我管理和自我约束。在具体的操作过程中，学生自治组织可以采取多种创新的管理方式。例如，可以设立班级意见箱，方便学生随时提交意见和建议；可以通过班级微信群或在线平台，进行即时沟通和反馈，及时了解学生的需求和问题；可以定期组织学生代表座谈会，与班委会或导师进行面对面的交流，商讨解决实际问题的方法和措施。这些创新的管理方式不仅提高了班级管理的效率和效果，还促进了师生之间、同学之间的沟通与合作，增强了班级的凝聚力和向心力。

3.学生自治组织可以在班级活动的策划和组织中发挥重要作用。通过赋予学生更多的自主权和决策权，鼓励他们参与活动的策划和组织，不仅能激发他们的创意和积极性，还能培养他们的组织能力和领导能力。例如，在策划一次班级文化节时，自治组织可以通过成立多个工作小组，分别负责活动的不同环节，如活动策划组、宣传组、执行组、评审组等。每个小组的成员都有机会在自己的岗位上发挥特长，贡献智慧，从而增强他们的责任感和团队合作精神。在活动的执行过程中，自治组织还应注重对学生进行指导和支持。教师和班委会可以提供必要的资源和帮助，如活动场地的安排、设备的提供、经费的支持等。同时，可以邀请校内外的专家和有经验的校友为学生提供专业的指导和建议，帮助他们解决实际问题和困难。这种指导和支持不仅确保了活动的顺利进行，还提升了学生的组织能力和执行能力，培养了他们的团队合作精神和解决问题的能力。

4.在班级管理中，通过学生自治组织促进规范与创意的结合，不仅有助于提高管理的透明度和民主性，还能增强学生的参与感和责任感。学生在参与班级事务的过程中，不仅学会了如何制订和执行管理制度，还培养了自我管理和自我约束的能力。例如，通过参与班级讨论会，学生可以了解和参与班级管理的全过程，提出自己的意见和建议，参与决策和表决，从而增强他们的主人翁意识和责任感。

第三，教师在班级建设中应发挥引导和支持作用。教师作为班级管理和活动的指导者，能够通过定期与学生交流、提供专业建议和资源支持及在活动中注重引导，培养学生的创新精神和团队合作意识，从而提高班级管理的整体水平。

1.教师应当通过定期与学生交流，了解他们的需求和困惑，并及时提供指导和帮助。多元文化背景下的学生，思维方式和价值观多样，常常面临不同的挑战和困惑。通过定期的交流，教师可以深入了解学生的真实需求，帮助他们解决实际问题，提供有针对性的建议和支持。例如，教师可以通过班会、个别谈话、问卷调查等方式，了解学生在学业、生活、心理等方面的需求和问题，从而更好地为他们提供指导和帮助。这种交流不仅有助于教师及时了解班级动态，还能增强师生之间的信任和沟通，为班级建设打下良好的基础。

2.在班级活动的策划阶段，教师应当积极提供专业的建议和资源支持，帮助学生更好地实现创意和创新。活动策划是班级建设的重要环节，教师可以利用自己的专业知识和经验，为学生提供科学的指导和丰富的资源。例如，在策划科技竞赛时，教师可以为学生提供相关的技术支持和实验设备，帮助他们更好地进行科学实验和技术开发；在策划文化交流活动时，教师可以利用自己的学术资源，邀请校内外专家举办讲座和指导，丰富活动内容，提高活动质量。同时，教师还可以为学生提供一些实际操作中的技巧和经验，帮助他们解决活动中的实际问题，确保活动的顺利进行。在活动实施过程中，教师应当注重对学生的引导，培养他们的创新精神和团队合作意识。在多元文化背景下，学生的创新能力和团队合作能力尤为重要。教师可以通过组织团队合作项目，鼓励学生在项目中发挥各自的特长，协同完成任务，从而提升他们的综合素质和实践能力。例如，教师可以设计一些需要团队合作的项目，如科技创新项目、文化展示项目、社会实践项目等，让学生在项目中分工合作，互相学习，共同解决问题。这种团队合作的方式，不仅能够激发学生的创新思维，还能增强他们的合作意识和团队精神。

3. 教师在班级建设中应注重培养学生的自主学习和自我管理能力。通过引导学生进行自主学习和自我管理，可以增强他们的自主性和责任感，为他们的未来发展奠定基础。例如，教师可以通过设立学习小组，让学生自主选择学习内容和方式，进行自主学习和讨论；通过设立班级自主管理委员会，让学生自主制订和执行班级管理制度，进行自我管理和自我约束。这种自主学习和自我管理的方式，不仅能够提高学生的学习效率和管理能力，还能增强他们的自主性和责任感，促进他们的全面发展。

4. 在多元文化背景下，教师应注重培养学生的跨文化理解和沟通能力。通过组织一些跨文化交流活动，增强学生对不同文化的理解和尊重，提升他们的跨文化沟通能力。例如，教师可以组织国际文化交流周，让学生展示和体验不同国家和地区的文化，通过互动和交流，增进对不同文化的了解和认同；可以组织跨文化讨论会，让学生讨论和分享各自文化中的独特之处，增强对多元文化的理解和包容。这种跨文化交流的方式，不仅能够开阔学生的文化视野，还能增强他们的跨文化沟通能力和全球视野，为他们的未来发展提供更多机会和可能。

第二节　交流与共赢氛围的建设

在多元文化的冲击和综合影响下，相当一部分大学生迷失了方向，陷入了人生观、世界观和价值观的困惑之中。如何让大学生从"毫不作为"的状态中走出来，成为具有社会观念、分享社会情感、遵守社会规范的一分子，是高校思想政治教育工作者面临的重要任务。建设交流与共赢的氛围，不仅能够促进大学生在策划、组织和参与活动中的充实感，更能推动他们在思想、学业和心理上的综合成长。这需要从设计目标内容和创意组织形式两个方面入手，真正做到"想青年所想，应青年所需"。

通过多层次、多角度地设计师生间平等对话和民主交流的平台，增强学生的参与感和归属感；通过创意和灵活的组织形式，满足学生的多样化需求，激发他们的兴趣和积极性；通过及时的反馈和总结，不断改进和完善活动的设计和组织，提升班级建设的质量和效果。

一、目标的设定

在多元文化背景下，高校班级交流与共赢氛围的建设目标应注重构建师生之间平等对话和民主交流的平台，以促进师生之间的理解与信任，推动教学相长，实现共赢。设定这一目标需要考虑多层次、多角度的因素，通过有组织的活动和交流，大学生能够感受真挚情谊和体验真挚情感，进而自觉地参与集体活动。

第一，构建师生平等对话的平台是交流与共赢氛围建设的核心。在这一平台上，教师和学生应当以平等的身份进行交流和互动。这种平等对话不仅能发挥潜在的说服力，还能实现从"组织意识"到"自觉行动"的自然过渡，使学生个体产生接受和跟随集体的愿望和可能性。通过平等对话，学生能够感受到教师的关怀和支持，进而增强参与班级活动的积极性和归属感。

教师在班级建设中应主动创造机会，与学生进行深入的交流和对话。例如，定期组织师生座谈会，让学生畅所欲言，表达自己的想法和困惑。教师在聆听学生的同时，可以提供指导和建议，帮助他们解决实际问题。这种互动不仅能够增强学生的参与感和归属感，还能够使他们在交流中感受到教师的关怀和支持，进而更加积极地参与班级活动。

第二，目标设定的另一个重要方面是多层次、多角度地设计师生之间的交流平台。多层次意味着在不同的层面上进行交流，包括班级内部、年级之间及跨学科的交流。通过不同层次的交流，学生能够获得更加丰富和全面的学习和成长体验。例如，班级内部的交流可以通过班会和小组讨论来实现；年级之间的交流可以通过联合活动和竞赛来推动；跨学科的交流可以通过专题研讨会和跨学科项目来促进。

多角度则意味着在不同的角度上进行交流，包括学术、文化、生活等多个方面。通过不同角度的交流，学生能够在多方面获得提升和发展。例如，在学术交流中，学生可以分享学习心得和科研成果，互相启发和激励；在文化交流中，学生可以展示和体验不同文化的特色，增进对多元文化的理解和包容；在生活交流中，学生可以分享生活经验和解决生活中的实际问题，增强集体的凝聚力和向心力；在具体的实施过程中，教师应当注重创造多样化的交流机会，吸引学生积极参与。这些活动不仅为学生提供了展示自我和交流合作的平台，还能增强班级的凝聚力和向心力。通过这些活动，学生能够在实践中体验团队合作的乐趣和成功的喜悦，增强他们的自信心和集体归属感。教师在交流过程中应注重倾听和反馈。倾听学生的意见和建议，尊重他们的观点和需求，能够有效提升交流的效果。通过及时的反馈，教师可以帮助学生解决实际问题，增强他们的参与感和责任感。例如，在师生座谈会后，教师可以整理学生提出的问题和建议，及时给予回应和解决方案，使学生感受到自己的意见被重视和采纳，从而更加积极地参与班级事务。

第三，目标的设定应以促进师生间的教学相长和实现共赢为导向。在平等对话和民主交流的平台上，师生之间的相互理解和信任将不断加深，教学相长的效果也将不断显现。学生在参与集体活动的过程中，不仅能够获得知识和技能的提升，还能在思想、情感和心理上得到全面的发展和成长。同时，教师也能够在与学生的互动中不断提高自己的教学能力和水平，促进自身的专业发展。

二、班级活动组织形式的创新

在多元文化背景下，高校班级建设需要在活动的组织形式上注重创意和灵活性，以满足学生多样化的需求，增强他们的参与感和责任感。通过创新的组织形式，教师可以有效激发学生的积极性，培养他们的组织能力和领导能力，促进班级内的交流与共赢氛围。

第一，设立"学生议事会"或"学生咨询委员会"等形式，可以让学生在班级事务中发挥积极作用。这种学生自治组织能够定期召开会议，讨论班级管理和活动安排，提出改进建议和创新方案。通过这种形式，学生不仅能积极参与班级管理，还能培养他们的自主性和责任感。例如，学生议事会可以讨论如何改善班级的学习环境、如何组织更有趣的班级活动等。这些讨论和决策过程，不仅能增强学生的组织能力和领导能力，还能使他们在参与班级事务的过程中获得成就感和自我价值的实现。

第二，教师可以通过设计各种互动性强的集体活动，增强学生的集体荣誉感和团队合作精神。例如，野外拓展活动可以通过户外运动和团队游戏，让学生在团队合作中增进了解和友谊，培养合作意识和团队精神。文化节活动则可以通过展示不同文化的特色，增强学生对多元文化的理解和包容，同时增进同学之间的互动和交流。体育比赛不仅能增强学生的体质，还能培养他们的竞争意识和团队合作能力。

在这些活动中，教师应发挥引导和协调作用，帮助学生在实践中体验合作的乐趣和成功的喜悦。例如，在组织野外拓展活动时，教师可以设计一些需要团队合作才能完成的任务，如搭建帐篷、解决突发问题等。这些任务不仅能培养学生的团队合作能力，还能增强他们的自信心和集体归属感。通过这些实践活动，学生能够更好地理解和体验合作的重要性，增强他们的合作意识和团队精神。在具体实施过程中，教师应注重活动的多样性和趣味性，以激发学生的兴趣和积极性。活动的多样性可以通过设计不同类型和主题的活动来实现。例如，可以组织学术讲座、艺术展览、科技创新比赛等，满足不同兴趣和需求的学生。这些活动不仅能丰富学生的课余生活，还能提升他们的学术素养和综合能力。

第三，在活动的趣味性方面，教师可以通过设计一些有趣的互动环节和游戏，吸引学生积极参与。例如，在文化节活动中，可以设计一些文化知识问答游戏，增加活动的趣味性和互动性；在体育比赛中，可以设置一些趣味竞赛项目，如接力赛、拔河比赛等，增加活动的娱乐性和参与度。这些有趣的活动不仅能激发学生的兴趣，还能增强他们的参与感和集体归属感。教师在组织活动时，还应注重倾听和采纳学生的意见和建议。通过定期召开班级会议或进行问卷调查，了解学生的需求和兴趣，调整和优化活动的设计和安排。例如，可以通过问卷调查了解学生对某些活动的兴趣度和期待值，根据调查结果设计和组织活动，确保活动能够吸引更多学生参与。这种以学生为中心的活动设计和组织，不仅能提高活动的效果，还能增强学生的参与感和归属感。

下面我们以设立班级互助合作小组为例进行论述。设立班级互助合作小组是一种有效的教育管理模式，通过合理规划可以充分挖掘学生的潜力，促进班级内部的交流与共赢氛围。辅导员在设立小组时，应明晰每个学生的特点和个性化需求，将特点或需求相似的学生组合在一起。这种组建方式不仅能实现个体目标与团体目标的一致性，还能增强团体成员的归属感和凝聚力，使每个成员都能发挥自己的长处。互助合作小组的有效规划有助于提升小组的黏合度和成员的发展方向。每个小组成员在明确自己的发展目标后，能够通过小组内的互帮互助，实现个人目标与团队目标的同步发展。例如，一个学习成绩优秀但社交能力较弱的学生，可以在小组中得到其他成员的支持，提升其社交能力；一个社交能力强但学习成绩较弱的学生，则可以通过小组内的学习互助，提高其学业水平。

互助合作小组的教育管理模式面向班级全体学生，通过小组活动能够充分挖掘每个学生的优势，引导他们在学习、生活、思想和心理等方面互帮互助。例如，在学习方面，学生可以通过定期的学习交流会分享各自的学习方法和经验，解决学习中遇到的问题；在生活方面，学生可以通过小组内的互助活动，如集体采购、共同解决生活中的困难，增强彼此的关心和帮助；在思想和心理方面，学生可以通过小组讨论和心理辅导，疏导心理压力，增强心理健康。

（一）互助合作小组的组成原则

1.异质性原则。由于成长互助小组为混合性封闭式小组，组员由同一个班级的学生组成，因此更要强调小组成员的异质性。通过强调小组成员的异质性，可以充分发挥每个成员的个性特点和生活经验，增强参与小组活动的动力，确保各小组的均衡发展和优势互补。

（1）异质性原则要求小组成员在宿舍、性别、性格、能力等方面有所差异。这种差异不仅能增加小组内部的多样性，还能丰富小组的互动和交流。例如，在宿舍方面，来自不同宿舍的学生可以带来不同的生活经验和习惯，这种多样性能够在小组内部形成更广泛的交流和学习。在性别方面，混合性别的小组可以促进男女同学之间的理解与合作，提高小组的合作效率和沟通能力。性格差异也能在小组活动中发挥重要作用，性格外向的学生可以带动气氛，促进互动，而性格内向的学生则可以提供深思熟虑的建议和解决方案。能力方面的差异同样重要，不同学科背景和技能水平的学生可以在小组内互相补充，形成强大的综合能力。

（2）异质性原则有助于增强小组成员的参与动力和互动积极性。在一个异质性明显的小组中，每个成员都能够找到自己的定位和角色，发挥各自的特长和优势。例如，一个学习成绩优异但缺乏社交技巧的学生，可以在小组中担任学术指导角色，而另一个社交能力强但学术上有待提高的学生，则可以在团队建设和活动组织中发挥作用。这种角色分工不仅能提升每个成员的自信心和成就感，还能增强小组的凝聚力和合作精神。

（3）异质性小组的组成能有效保证各小组的均衡发展和优势互补。通过合理规划和精心安排，使每个小组在整体能力和资源上都保持相对均衡，避免出现某些小组过于强大或薄弱的情况。例如，在分配小组成员时，可以根据每个学生的学习成绩、兴趣爱好、特长技能等因素，进行科学合理的搭配，确保每个小组都具备多样化的能力和资源。这种均衡发展不仅能提高小组整体的工作效率，还能在班级内部形成良性的竞争和互动氛围，推动整体班级水平的提高。

（4）异质性原则能够促进小组成员之间的相互学习和共同进步。在一个多样化的小组中，学生可以接触到不同的观点和方法，拓宽自己的视野和思维方式。例如，在解决一个复杂问题时，不同背景和经验的学生可能会提出各种创新性的解决方案，通过讨论和整合，这些方案可以互为补充，最终找到最优的解决途径。这种相互学习和合作的过程，不仅能提升学生的综合能力，还能增强他们的团队意识和合作精神，为今后的学习和工作打下坚实的基础。

在实际操作中，辅导员和教师应当充分认识到异质性原则的重要性，科学规划和合理安排小组成员。在组建互助合作小组时，可以通过调查问卷、面谈等方式，详细了解每个学生的背景、特点和需求，进行有针对性的分配和组合。同时，辅导员和教师还应注重引导和支持，帮助学生在小组活动中找到自己的角色和定位，充分发挥各自的优势和特长。例如，可以在小组成立初期，组织一些团队建设活动，增强成员之间的了解和信任，促进小组的快速融合和高效运作。

（5）异质性原则的应用不限于小组内部，而是可以延伸到班级整体的管理和建设中。通过在班级层面上推行异质性原则，可以促进班级内部的多样化和创新性，提升整体班级的凝聚力和向心力。例如，可以在班级活动中，设置一些跨小组的合作项目，让不同小组的成员互相交流和学习，形成更加广泛的互动和合作网络。这种跨小组的互动，不仅能进一步增强学生的综合素质，还能为班级建设注入新的活力和动力。

2. 平等原则。通过强调小组成员之间的平等关系，可以充分发挥每个成员的优势，增强小组的凝聚力和合作精神，确保每个成员都能为小组的发展贡献自己的力量。

（1）平等原则要求小组成员之间互相尊重，地位平等。这意味着每个成员在小组中都有平等的发言权和参与权，无论在学业成绩、社交能力还是其他方面存在差异，所有成员都应被视为平等的合作伙伴。这种平等关系能够促进小组内部的信任和理解，减少因差异而产生的矛盾和摩擦。例如，在小组讨论和决策过程中，每个成员都应有机会发表自己的意见和建议，所有观点都应得到尊重和考虑。这种平等的交流和互动，不仅能够提高小组的决策质量，还能增强成员的参与感和责任感。

在平等原则的指导下，小组成员的优势项目应得到充分发挥。每个成员都有自己擅长的领域，可以在这一领域内充当组长，领导小组完成相关任务。例如，一个擅长数据分析的学生可以在小组的科研项目中担任数据分析组长，另一个擅长沟通和协调的学生则可以负责小组的对外联络和合作事务。这种根据优势项目设立组长的方式，不仅能够充分利用每个成员的特长，还能提升小组的整体效率和成果质量。

（2）平等原则还要求每个成员应有作为组长和组员的权利与义务。在不同的任务和项目中，成员们轮流担任组长和组员的角色，体验不同的职责和挑战。这种轮值制度不仅能够让每个成员都有机会展示自己的领导才能，还能帮助他们在不同的职位上积累经验，提升综合素质。例如，在一个学期内，某位成员可以在第一个项目中担任组长，负责整体协调和决策；在第二个项目中则作为组员，负责具体的执行工作。通过这种轮换，成员们能够更全面地理解和掌握小组运作的各个方面，增强团队合作的默契和效率。

在实践中，辅导员和教师应当积极推动平等原则的落实，通过科学合理的设计和引导，确保每个成员都能在小组中发挥自己的作用和价值。例如，在组建小组时，可以通过详细的背景调查和面谈，了解每个成员的优势和需求，进行有针对性的安排和分配；在小组活动中，可以设置明确的轮岗机制和评价标准，确保每个成员都有机会担任不同的角色，接受不同的挑战和锻炼。同时，辅导员和教师还应注重营造开放和包容的氛围，鼓励成员们在小组内互相学习和支持，共同进步。

（3）平等原则不仅在小组内部有效，也可以延伸到班级整体的管理和活动中。在班级层面上，教师应当倡导和实践平等的理念，确保所有学生能平等地参与班级事务和活动。例如，在班级会议和活动中，教师应鼓励所有学生积极发言和参与，尊重和采纳他们的意见和建议；在班级管理中，教师应公平公正地对待每个学生，关注他们的需求和发展，提供平等的支持和帮助。这种平等的班级文化，不仅能够增强学生的集体观念和归属感，还能促进班级内部的和谐与团结。

通过实施平等原则，可以有效提升小组和班级的凝聚力和合作精神，促进学生的全面发展。在平等的环境中，学生能够更积极主动地参与各项活动和任务，展示自己的才能和价值。同时，他们在合作中学习和成长，逐渐形成良好的团队合作意识和领导能力。这不仅有助于他们在学业上的进步，还为他们未来的职业生涯和社会生活打下坚实的基础。

3.人数适中原则。适中的人数不仅能够保证每个成员都能充分参与，还能促进小组内的有效互动和协作。根据研究和实践经验，小组人数应控制在5至7人，这种设置能够最大限度地提升每个成员的能力，促进小组的整体发展。

（1）适中的人数能够保证每个成员都能得到充分的锻炼和提升。人数过多的小组容易导致资源分配不均，部分成员可能会因参与度不足而失去锻炼机会。人数过少的小组则可能因人手不足而无法高效完成任务。控制在5人至7人的小组规模，可以使每个成员都能在具体任务中发挥作用，获得实践经验。例如，在一个6人小组中，每个成员都可以承担特定的职责，如项目策划、数据分析、资料搜集等，通过这些实际操作，他们能够不断提升自己的技能和综合素质。

（2）适中的人数有利于小组内的有效沟通和合作。小组规模适中，成员之间的沟通成本较低，信息传递更为顺畅，决策过程也更加高效。相反，人数过多的小组在沟通和协调上容易出现问题，可能导致信息不对称和决策效率低下。而人数过少的小组则可能因成员的视角和技能有限，无法形成多样化的观点和方案。在一个5人至7人的小组中，成员可以通过定期会议、讨论和交流，充分表达自己的意见和建议，集思广益，形成最优的决策方案。

（3）适中的小组人数有助于培养成员的团队合作精神和责任感。每个成员在小组中都有明确的角色和任务，必须依靠团队的力量才能完成目标。在这种情况下，成员之间需要相互配合、支持和协作，共同解决问题。这种合作过程不仅能够增强成员的责任感和集体荣誉感，还能提升他们的团队合作能力。例如，在一个7人小组中，成员可以分为若干小组，每个小组负责一个子任务，最后再将各自的成果汇总，形成完整的项目报告。通过这种分工合作，成员不仅能锻炼自己的专业技能，还能体验团队合作的乐趣和价值。

（4）适中的小组人数有利于教师的指导和管理。教师在指导和管理过程中，可以更好地关注每个小组的进展和需求，提供及时的帮助和支持。对于人数适中的小组，教师可以通过定期检查和反馈，了解每个成员的表现和进步，及时发现问题并加以解决。通过这种方式，教师不仅能有效地管理和指导小组，还能促进成员的持续发展和进步。

在实际操作中，辅导员和教师应当根据学生的特点和任务的复杂程度，合理设置小组人数。对于一些需要高度合作和多样化技能的任务，可以适当增加小组人数，以保证任务的顺利完成。而对于一些较为简单的任务，可以设置较少的成员，确保每个成员都有充分的参与和锻炼机会。同时，教师应注意在小组组建初期，通过团队建设活动增强成员之间的了解和信任，促进小组的快速融合和高效运作。

三、跟踪班级活动，进行自我监测与总结

第一，在多元文化背景下，高校班级建设需要高度重视学生的年级、专业、心理发展阶段、优势及兴趣爱好等因素，通过设计有针对性的活动项目，促进学生的全面发展和班级内部的交流与共赢氛围。这些项目包括新生适应项目、主题团日活动项目、专业学习项目、心理健康团体辅导项目和生涯规划项目。每一个项目都应基于学生的具体需求和特点，旨在提升他们的综合素质，增强班级的凝聚力和向心力。

1. 新生适应项目旨在帮助新生尽快适应大学生活，融入班级集体。针对新生初入大学的适应期问题，辅导员和教师可以设计一系列的迎新活动，如校园导览、老生经验分享会、新生联谊晚会等。这些活动不仅可以帮助新生熟悉校园环境、了解学校规章制度，还能促进新老生之间的互动和交流，增强新生的归属感和安全感。例如，通过老生经验分享会，新生可以听取学长学姐的学习经验和生活建议，减少适应期的困惑和不安，从而更快地融入大学生活。

2. 主题团日活动项目可以根据班级的专业特点和社会热点问题，设计丰富的活动，增强学生的思想政治素质和社会责任感。例如，针对环境保护这一全球热点问题，可以组织环保主题团日活动，如垃圾分类宣传、环保手工艺制作、社区环保志愿服务等。这些活动不仅能够提升学生的环保意识，还能培养他们的社会责任感和公益精神。此外，还可以结合专业特点，设计与专业相关的主题团日活动，如法律专业的班级可

以组织模拟法庭活动，工程专业的班级可以参观工厂或实验室，这些活动能够让学生在实践中深化对专业知识的理解和应用。

专业学习项目则是为了提高学生的学术水平和专业能力，增强他们在学术上的竞争力。根据不同专业的特点，辅导员和教师可以设计相应的学习项目，如学术讲座、专题研讨、学术竞赛等。例如，理工科专业的班级可以邀请知名学者进行专题讲座，介绍最新的科研成果和技术发展，激发学生的科研兴趣和创新思维；人文社科专业的班级可以组织专题研讨会，围绕某一社会热点问题进行深入讨论和研究，培养学生的批判性思维和学术研究能力。通过这些专业学习项目，学生不仅能够拓宽学术视野，还能提升自身的专业素养和实践能力。

3. 心理健康团体辅导项目旨在关注学生的心理健康问题，帮助他们建立积极的心理状态和健康的生活方式。针对大学生常见的心理困扰，如学业压力、人际关系、职业规划等，辅导员和教师可以组织一系列的心理健康活动，如心理讲座、团体辅导、心理沙龙等。这些活动可以帮助学生了解和掌握心理健康知识，学会调适心理压力，提升心理素质。例如，通过心理沙龙活动，学生可以在轻松愉快的氛围中分享自己的心理困扰和情感体验，互相支持和鼓励，增强心理韧性和抗压能力。

4. 生涯规划项目旨在帮助学生明确职业目标，提升职业素养，增强就业竞争力。辅导员和教师可以通过职业规划讲座、职场模拟、企业参观等活动，引导学生进行职业生涯规划，掌握职业发展的基本知识和技能。例如，通过职业规划讲座，学生可以了解职业发展的路径和趋势，学会制订科学合理的职业规划；通过职场模拟活动，学生可以模拟真实的职场环境，体验面试、团队合作、项目管理等职场技能，提高就业能力和职场适应能力。还可以组织企业参观活动，让学生了解企业的运作模式和职场环境，增强对职业世界的感性认识和理性思考。

第二，小组发展前期的引导和管理对小组的成功至关重要。辅导员应当发挥积极作用，引导各小组依据每个成员的不同优势选出不同目标阶段的组长，由组长带领小组成员制订小组计划、确定小组方案，并按计划开展小组活动，同时引导组员定期交流想法及收获。

1. 在小组发展初期，辅导员应当帮助小组成员明确每个人的优势和特长。了解每个成员的特点、兴趣和能力，是选出合适组长的基础。辅导员可以通过调查问卷、面谈或观察等方式，详细了解学生的学术背景、实践经验、社交能力和个人兴趣等信息。根据这些信息，辅导员可以帮助小组成员识别各自的优势领域，并鼓励他们在小组中发挥自己的特长。例如，一个在数据分析方面有特长的学生可以被选为学术项目的组长，而一个擅长组织和协调的学生可以负责活动策划和执行。

2. 选出组长后，辅导员应引导组长带领小组成员制订详细的小组计划和方案。制订计划的过程是小组目标具体化的重要步骤。组长应组织小组成员进行头脑风暴，讨论和确定小组的短期和长期目标。然后，基于这些目标，制订详细的行动计划和时间表，包括任务分配、资源需求、进度安排等。辅导员在这一过程中应提供必要的指导和支持，帮助组长和小组成员明确任务、分解目标，并确保计划的可行性和科学性。

3. 确定小组方案是计划实施的重要环节。小组方案包括具体的活动内容、方法和步骤，以及可能遇到的问题和应对策略。例如，如果小组的目标是提高成员的学术研究能力，那么方案中可以包括参加学术讲座、开展文献阅读与讨论、进行小型研究项目等活动内容。辅导员应帮助组长和成员评估方案的可操作性和有效性，提供改进建议，确保方案的实施能够达到预期目标。

4. 在小组活动的实施过程中，辅导员应鼓励组长发挥领导作用，带领成员按照计划开展活动。组长需要协调各项任务，督促成员按时完成分配的工作，并在活动中进行实时调整和优化。例如，在实施过程中，如果发现某个任务进展缓慢或遇到困难，组长应及时召集小组会议，讨论解决方案，并重新调整任务分配和时间安排。辅导员在这一过程中应给予组长和成员必要的支持和帮助，如提供资源、联系专家、解决冲突等，确保活动顺利进行。

5. 定期交流想法及收获是小组发展的关键环节。辅导员应引导小组成员定期举行交流会，分享各自在活动中的心得体会和收获，讨论遇到的问题和挑战，并提出改进建议。这种定期交流不仅有助于成员之间的相互学习和支持，还能增强小组的凝聚力和合作精神。例如，每两周组织一次小组会议，成员可以轮流汇报自己的进展和成果，分享成功经验和失败教训，集思广益，寻找解决问题的方法。辅导员在交流过程中应扮演积极的倾听者和指导者的角色，提供建设性的反馈和建议，帮助小组成员不断改进和提升。

6. 通过辅导员的引导和支持，小组成员能够在活动中不断成长和进步。组长在领导和管理小组的过程中，可以提升自己的组织协调能力和领导力；成员在参与各项活动和任务中，可以增强专业知识和技能，提升综合素质。辅导员应注重总结和反思，引导小组成员在每个活动阶段结束后进行总结和反思，回顾活动的成功经验和不足之处，提出改进措施，为下一阶段的活动提供参考和指导。

第三，高校班级的建设不仅依赖于有效的活动组织和管理，还需要注重在活动完成后的总结与反馈。通过系统的总结和评估，可以全面了解小组活动的成效，促进学生的成长和班级的进步。完成阶段性项目目标后，各项目组长应带领组员进行总结反馈，评估小组活动的效果。总结应着眼于组员的行为习惯、精神面貌变化，共同感悟心理及班集体的成长状况，同时在各小组之间进行成效评比。

1. 总结与反馈的过程是反思和学习的重要环节。在活动结束后，各项目组长应组织组员进行全面的回顾与总结。这一过程不仅是对活动结果的评估，更是对活动过程中所经历的挑战、问题及其解决方法的系统反思。例如，在学术研究项目结束后，组长可以带领组员回顾研究的每一个环节，分析数据收集和分析中的困难，讨论如何改进研究方法，提高研究质量。通过这种详细的总结，组员可以系统地反思自己的行为习惯，认识到哪些做法是有效的，哪些需要改进，从而在未来的活动中表现得更好。

2. 评估小组活动的效果不限于结果，而是应关注过程中的变化和进步。评估应全面考虑组员的行为习惯和精神面貌的变化。例如，通过阶段性的项目，小组成员可能在时间管理、团队合作、沟通技巧等方面有明显的提升。组长在总结过程中应鼓励组员分享自己的成长经历和心得体会，讨论在活动中培养起来的良好习惯，如按时完成任务、积极参与讨论、相互支持和鼓励等。这种分享不仅能够增强组员的自信心和成就感，还能在班级内部形成积极的学习和工作氛围，激励其他组员向优秀者学习。

3. 在总结反馈的过程中，心理和班集体的成长状况是重要的关注点。小组活动不只是完成任务，更是培养成员心理素质和班级凝聚力的过程。例如，在心理健康辅导项目结束后，组长应带领组员讨论活动对个人心理状态的积极影响，如缓解了学业压力、增强了自我认同、改善了人际关系等。通过这些讨论，组员可以深刻感悟到心理健康的重要性，学会如何更好地调适情绪、处理压力。同时，这种感悟也能在班集体中传播开来，增强班级的整体心理素质和提高班级的集体凝聚力。

4. 为了进一步推动班级的交流与共赢氛围建设，各小组应在总结反馈后进行成效评比。通过评比，可以激发小组之间的竞争意识和进取精神，提升班级整体的积极性和参与度。成效评比应基于客观和公正的标准，考虑到各小组在活动中的表现、成果和改进建议等。例如，可以设立"最佳团队合作奖""最具创新精神奖""最佳成长奖"等多种奖项，表彰在不同方面表现突出的团队和个人。这种多元化的评比机制，不仅能激励组员在活动中不断进步，还能让他们在评比中相互学习和借鉴，提高班级整体的合作水平和创新能力。

5. 阶段性项目目标的总结与反馈，应成为班级建设的常规环节。通过定期的总结和评估，班级可以不断改进和优化活动的组织和管理，提高活动的质量和效果。例如，可以每学期组织一次大型的总结评比活动，邀请全班学生参与，共同回顾和总结过去一个学期的活动成果，讨论未来的计划和目标。这种定期的总结和评估，不仅能为班级建设提供持续的动力和方向，还能增强班级的凝聚力和向心力，促进学生的全面发展和班级的整体进步。

第四，高校班级建设不仅要关注日常的活动组织和管理，还要在每学期期末进行系统的总结和评定，以全面评估各小组的表现和成果。通过这种期末评定，不仅能够激励小组成员不断进步，还能够增强班级的凝聚力和合作精神。评定方式包括组内成员间的评定、组与组之间的评定及全班范围内的评定，最后每个小组要撰写成长互助小组成果报告。这一系统化的评定过程对于促进多元文化背景下的高校班级交流与共赢氛围建设具有重要意义。

1.组内成员间的评定是期末整体评定的基础。每个小组的成员都应参与这一评定过程，评价彼此在小组活动中的表现和贡献。通过这种内部评定，成员可以相互了解各自的优点和不足，促进个人和小组的共同进步。例如，组内评定包括成员的出勤情况、任务完成情况、合作态度、创新能力等方面。组长可以组织一次小组会议，让每个成员匿名填写评估表，然后汇总和分析评估结果。这种评定不仅可以提供成员个人的反馈，还能增强组内的透明度和信任度，促进成员之间的相互理解和支持。

2.组与组之间的评定是期末评定的重要环节。通过不同小组之间的相互评价，可以激发小组间的竞争意识和进取精神，提升整体班级的积极性和参与度。组与组之间的评定可以采用多种形式，如公开展示各小组的成果、互相参观学习、举行评比大会等。在评比过程中，每个小组可以展示自己的任务成果、工作方法、取得的成绩和遇到的挑战，然后由其他小组进行评分和反馈。例如，某一小组可以展示其在学术研究项目中的创新发现，另一小组可以分享其在社会服务项目中的实践经验。通过这种相互评价，小组成员可以学习和借鉴其他小组的优秀经验，发现自身的不足和改进之处，提高整体水平。

3. 全班范围内的评定是期末整体评定的核心环节。通过全班范围内的评定，可以全面了解各小组的整体表现和贡献，评选出表现突出的团队和个人。全班评定应当公开、公正、透明，可以采用投票、评分、评委评审等多种方式。例如，可以邀请班级导师、辅导员和学生代表组成评委会，对各小组的成果报告和展示进行综合评审，评选出"最佳小组""最佳组长""最佳成员"等多个奖项。这种公开的评定方式，不仅能够激励小组成员积极参与，还能够增强班级的凝聚力和集体荣誉感，形成良好的学习和工作氛围。

4. 期末整体小组评定不仅是对小组活动的总结和反馈，更是促进多元文化背景下高校班级交流与共赢氛围建设的重要手段。通过组内成员间的评定，可以增强组内的透明度和信任度；通过组与组之间的评定，可以激发小组间的竞争意识和进取精神；通过全班范围内的评定，可以增强班级的凝聚力和集体荣誉感；通过撰写成长互助小组成果报告，可以系统总结和反思小组的工作和收获。这种系统化的评定过程，不仅能够提高小组和班级的整体水平，还能促进学生的全面发展和成长，为多元文化背景下的高校班级建设提供坚实的保障。

第三节　协调发力，建设开放性温暖班级

在多元文化背景下，高校班级建设不仅要关注学术和专业的提升，还需注重人文关怀和情感纽带的构建。构建一个开放性温暖班级，需要协调校园内外的多种资源，结合教学、实践、网络和社会资源，全方位引导和支持学生的发展。通过多方面的努力，班级文化不仅要有明确的目标和清晰的思路，还要富于真诚关爱与温暖情怀。

一、联通教学主课堂与第二课堂

联通教学主课堂与第二课堂，是构建开放性温暖班级的重要途径。在课堂内，通过互动式教学和讨论，引导学生积极思考和参与，培养他们的理论知识和思维能力；在第二课堂，通过学术讲座、研究讨论、实验室实践等活动，拓展学生的知识面和实践能力，提升他们的综合素质。在多元文化背景下，通过这种联通和协调不仅可以实现全程育人、全方位育人的目标，还能增强学生的学习积极性和主动性，培养他们的创新能力和实践能力，提升他们的综合素质和竞争力。

第一，教学主课堂是知识传授和思维培养的核心。在课堂内，教师应注重理论知识的系统传授，通过精心设计的课程内容和互动式教学方法，引导学生积极思考和参与。例如，在讲解复杂理论时，教师可以通过案例分析、问题讨论等方式，帮助学生理解和应用知识。同时，教师应鼓励学生提出问题和观点，激发他们的学习兴趣和求知欲，使课堂成为一个互动和交流的平台。

第二，单靠课堂教学难以满足学生对知识的全面需求，第二课堂成为必要的补充和延伸。第二课堂包括各种课外活动，如学术讲座、研究讨论会、实验室实践等，这些活动不仅能丰富学生的知识面，还能增强他们的实践能力。例如，可以组织与课程相关的课外阅读小组，让学生在阅读和讨论中深化对专业知识的理解。通过阅读小组，学生可以选择与课程内容相关的书，进行自主阅读和集体讨论，分享各自的见解和感悟，从而加深对知识的理解和应用。

第三，邀请行业专家举办讲座和交流是第二课堂的重要组成部分。通过这些活动，学生可以了解最新的学术动态和行业发展趋势，拓宽视野，增强对专业领域的兴趣和认知。例如，在计算机科学课程中，可以邀请知名程序员或企业高管分享他们的工作经验和技术发展，学生不仅能学到专业知识，还能了解行业实践和职业规划。这样的讲座和交流活动，不仅能激发学生的学习热情，还能为他们的未来发展提供指导和支持。

第四，实验室实践是第二课堂的重要环节。通过实验和实践活动，学生可以将课堂上学到的理论知识应用到实际操作中，增强动手能力和创新意识。例如，在生物学课程中，组织学生进行实验室研究，让他们亲自动手做实验，观察和分析实验结果，培养他们的科学研究能力和实践技巧。通过这种实践活动，学生不仅能巩固所学知识，还能提升解决实际问题的能力。

二、协同线下与线上资源

在多元文化背景下，高校班级建设需要注重协同线下和线上资源，为学生提供更加广阔和多元化的学习路径。网络时代的到来使得知识获取方式发生了深刻变革，传统的课堂和图书馆不再是唯一的学习渠道，网络资源成为学生学习的重要补充。因此，教师和班级管理者应当引导学生合理利用网络资源，将线下资源与之有机结合，这种线上与线下结合的学习方式，不仅能够满足学生的多样化需求，还能促进他们的全面发展，为高校班级建设提供有力支持。

第一，网络资源的利用在现代教育中具有不可替代的重要性。在线课程、学术数据库和专业论坛等网络资源为学生提供了海量的信息和学习机会。例如，学生可以通过慕课平台，学习全球顶尖大学的公开课程，获得最新的学术知识和研究成果。此外，学术数据库提供了丰富的学术论文和研究资料，帮助学生进行深入的学术研究。专业论坛则为学生提供了一个交流和互动的平台，通过参与讨论和分享，学生可以拓宽视野，提升专业素养。为了充分利用这些网络资源，教师和班级管理者应当积极引导和支持学生。首先，可以在课程设计中嵌入在线课程和学术资源，让学生在课堂之外继续深入学习。例如，在布置作业时，可以要求学生观看相关的在线课程视频，并撰写心得体会；其次，在课后讨论中，可以引导学生引用学术数据库中的最新研究成果，进行批判性分析和讨论。通过这种方式，学生不仅能够掌握更多的知识，还能提升信息检索和批判性思维能力。

第二，线下资源的利用是提升学生综合素质的重要途径。实地考察、企业参观和博物馆之行等线下活动，能够为学生提供直接的感性认识和实践经验。例如，组织学生参观工厂，可以让他们了解生产流程和技术应用，感受工业生产的实际环境；参观实验室，可以让学生观察科研过程和实验操作，提升他们的动手能力和科学素养；参观博物馆，可以让学生接触历史文物和艺术作品，丰富他们的文化知识和人文素养。

第三，为了实现线下与线上资源的有机结合，教师和班级管理者应当设计多样化的学习活动，让学生在实际环境中感受和理解所学知识。例如，在参观企业或实验室之前，可以通过网络资源进行相关知识的预习和学习，让学生带着问题和目标去参观；参观结束后，可以通过线上讨论平台，组织学生分享参观心得和收获，进行深度反思和交流。这种线上与线下结合的学习方式，不仅能够增强学生的学习效果，还能培养他们的综合应用能力和创新思维。

在具体实施过程中，教师和班级管理者应当充分利用学校和社会的资源，为学生提供多样化的学习机会。例如，可以与企业、科研机构、博物馆等建立合作关系，定期组织学生进行实地考察和参观；可以利用学校的实验室、图书馆等资源，为学生提供丰富的实践和研究机会。此外，还可以邀请行业专家、学者等举办讲座和交流会，帮助学生了解行业前沿和最新发展，拓宽他们的专业视野和职业规划。教师应当注重学生的个性化需求，提供针对性的指导和支持。通过了解学生的兴趣和发展方向，推荐适合的网络资源和线下活动，帮助他们制订合理的学习计划和目标。

三、知识研习与社会实践的结合

在多元文化背景下，高校班级建设需要注重将知识研习与社会实践有机结合，为学生提供多样化的锻炼平台。这一策略不仅能帮助学生将理论知识应用于实际，还能增强他们的社会责任感和实践能力，从而促进全面发展。通过系统组织和鼓励学生参与各种社会实践活动，如志愿服务、实习、调研等，班级可以为学生提供丰富的实践经验和成长机会。

社会实践是学生理论联系实际的重要途径。通过社会实践，学生能够将课堂上学到的理论知识应用到现实环境中，检验其有效性和实际应用价值。例如，在经济学课程中，学生可以通过参与市场调研项目，分析实际市场数据，了解经济理论在现实中的应用；在环境科学课程中，学生可以参与环保组织的志愿活动，实施环境保护措施，验证课堂上学到的环保知识。这种理论与实践的结合，能够帮助学生加深对知识的理解和掌握，提高解决实际问题的能力。

第一，志愿服务是社会实践的重要形式之一。通过志愿服务，学生可以了解社会需求，培养服务意识和社会责任感。例如，可以组织学生到社区进行志愿服务，帮助老人、照顾儿童、清洁环境等。这些活动不仅能够锻炼学生的沟通和协作能力，还能让他们在服务他人的过程中体会到责任与奉献的意义。通过志愿服务，学生能够更好地理解社会，增强社会责任感，培养积极向上的价值观和人生观。

第二，实习是另一种重要的社会实践形式。通过实习，学生可以在实际工作环境中应用和检验专业知识，提升实践能力和职业素养。例如，工科专业的学生可以到企业实习，参与工程项目的设计和实施，了解企业运作和技术应用；管理专业的学生可以在公司实习，参与市场分析、项目管理等工作，提升管理技能和商业思维。通过实习，学生不仅能够获得宝贵的工作经验，还能建立职业人脉，明确职业发展方向。

第三，调研活动是知识研习与社会实践结合的重要方式。通过调研，学生可以深入社会基层，了解实际情况，获取第一手资料。例如，可以组织学生进行社会问题调研，如贫困地区的教育状况、城市发展的环境影响等。学生可以通过实地走访、问卷调查、访谈等方式，收集和分析数据，形成调研报告。通过调研活动，学生能够锻炼科研能力，提升分析和解决问题的能力，增强社会责任感和人文关怀。

为了有效地结合知识研习与社会实践，教师和班级管理者应当积极组织和引导学生参与各种社会实践活动。例如，可以与社区组织、企业、科研机构等建立合作关系，为学生提供丰富的实践机会；可以设计和实施多样化的实践项目，如环保志愿服务、企业实习、社会调研等，满足学生的多样化需求。通过系统的组织和管理，确保每个学生能够参与社会实践，获得全面的锻炼和提升。在具体实施过程中，教师应当注重对学生的指导和支持。例如，在志愿服务活动中，教师可以帮助学生了解服务对象的需求，制订服务计划，提供专业指导；在实习过程中，教师可以与企业导师合作，跟踪学生的工作表现，提供反馈和建议；在调研活动中，教师可以指导学生制订调研方案，设计调查问卷，分析调研数据。通过这种全程指导和支持，确保学生在社会实践中能够顺利开展工作，获得有价值的经验和成长。

四、班级活动与"情感"的融合

班级活动与"情感"的融合，是多元文化背景下高校班级建设的重要策略。通过将活动设计与情感激发相结合，教师和班级管理者可以有效地提升学生的参与度和积极性，增强班级的凝聚力和向心力，从而实现全面的思想引领和专业带领。卓有成效的班级建设，不仅要目标明确、思路清晰、策划有效、组织得力，更要富于真诚关爱与温暖情怀。活动设计应从对学生的关爱和理解出发，通过情感激发，推动班级建设的深入发展。

（一）活动设计应源自对学生的关爱和理解

活动设计应以对学生的关爱和理解为基础，通过积极沟通和交流，了解学生的兴趣和需求，确保活动设计符合学生的期望和兴趣。这样不仅能够增强学生的参与感和积极性，还能让他们感受到来自班级的关怀和支持，从而提升班级的凝聚力和向心力。在活动实施过程中，通过细致的组织和管理，确保活动顺利进行，让学生在参与中体验到集体的温暖和关怀。通过活动总结和反馈，进一步增强学生对班级的认同感和归属感，提升班级的凝聚力和向心力。

1. 了解学生的兴趣和需求是设计班级活动的前提。教师和班级管理者应当通过多种方式与学生进行沟通，深入了解他们的兴趣爱好、学习需求和生活状况。例如，可以通过调查问卷收集学生对活动内容和形式的意见和建议，了解他们的偏好和期望。问卷涵盖多个方面，如活动类型（学术讲座、文体活动、志愿服务等）、时间安排（周末、假期等）、具体内容（主题选择、嘉宾邀请等）等。通过系统的问卷调查，可以全面了解学生的需求，为活动设计提供科学依据。

座谈会也是了解学生需求的重要途径。教师和班级管理者可以定期组织学生座谈会，面对面与学生交流，倾听他们的声音。在座谈会上，学生可以畅所欲言，表达自己的想法和建议。通过这种直接的交流方式，教师不仅可以了解学生的需求，还能与学生建立紧密的情感联系，增强彼此的理解和信任。例如，在策划班级旅行时，可以通过座谈会听取学生的意见和建议，选择他们感兴趣的旅游目的地和活动内容，确保每个学生都能在活动中找到自己的乐趣和收获。

2. 在了解学生需求的基础上，教师和班级管理者应当将这些需求充分融入活动设计中。活动设计应当多样化，满足学生的不同兴趣和需求。例如，对于喜欢学术交流的学生，可以策划学术讲座、研究讨论会等活动，邀请知名学者和专家分享前沿知识和研究成果；对于喜欢文体活动的学生，可以策划体育比赛、文化节等活动，提供展示才艺和特长的平台；对于热心社会服务的学生，可以策划志愿服务活动，组织他们到社区进行义务劳动、环境保护等。这种多样化的活动设计，能够最大限度地满足学生的需求，增强他们的参与感和积极性。

3.在活动实施过程中，教师和班级管理者应当关注学生的参与体验和情感反应。通过细致的组织和管理，确保活动顺利进行，让学生在活动中感受到乐趣和成就感。例如，在组织班级旅行时，可以根据学生的兴趣和建议，设计丰富的活动内容，如参观名胜古迹、参与户外拓展、举办篝火晚会等，让学生在旅行中不仅能够放松身心，还能增进彼此的了解和友谊。通过这些精心设计的活动，学生能够在参与中体验到集体的温暖和关怀，增强对班级的归属感和认同感。

（二）情感激发是增强学生参与热情和归属感的关键

在活动推动过程中，教师和班级管理者应通过动员会、宣传片、互动游戏、团队合作等多种方式，营造热烈的氛围，激发学生的情感共鸣。通过细致入微的关怀和支持，增强学生的归属感和参与热情；通过总结和反馈，进一步增强学生的情感共鸣和集体认同感。

1.在活动开始前，教师和班级管理者应通过动员会、宣传片等方式，营造热烈的氛围，激发学生的期待和热情。动员会是一个重要的情感激发平台，通过热情洋溢的演讲、鼓舞人心的故事和实例，可以激励学生积极参与。例如，在动员会中，教师可以分享往届活动的成功经验和精彩瞬间，展示参与者的成长和收获，激发学生的参与欲望。同时，可以邀请曾经的优秀参与者分享他们的经历和感悟，让学生感受到活动的价值和意义，增强他们的期待和热情。宣传片也是激发情感的重要工具。通过精心制作的宣传片，可以直观地展示活动的内容、形式和亮点，激发学生的兴趣和好奇心。例如，在宣传片中，可以通过生动的画面和感人的音乐，展示活动中的精彩瞬间和感人故事，让学生在观看中产生共鸣，激发他们的参与热情。宣传片还可以通过网络平台进行广泛传播，扩大活动的影响力，让更多的学生了解和关注，增强他们的参与意愿。

2. 在活动进行中，互动游戏和团队合作是增强学生之间互动和情感交流的重要方式。通过设计多样化的互动环节，可以增强学生之间的了解和信任，提升他们的合作意识和团队精神。例如，在组织班级运动会时，可以设计一些团队项目，如接力赛、拔河比赛等，让学生通过合作和竞争，增进彼此的了解和友谊。在这些项目中，学生需要相互配合、共同努力，才能取得好成绩，这种合作过程不仅能够增强他们的团队合作意识，还能在共同的努力和成功中，增强彼此的情感联系。

团队合作还可以通过小组活动来实现。教师和班级管理者可以组织学生进行分组合作，让他们在小组中共同完成任务和项目。例如，可以组织学生进行课题研究、小组讨论、实验操作等活动，通过分组合作，让学生在共同解决问题和完成任务的过程中，增强彼此的信任和默契，提升团队合作能力和集体荣誉感。在这些活动中，教师应注重引导和鼓励，帮助学生克服困难、解决矛盾，增强他们的信心和积极性。

3. 活动的组织和实施过程中，教师和班级管理者应注重细节管理，通过细致入微的关怀和支持，增强学生的归属感。例如，在活动现场，可以通过设置休息区、提供饮品和小食等方式，让学生感受到关怀和照顾；在活动过程中，可以通过及时的鼓励和表扬，增强学生的成就感和自信心。通过这些细节上的关怀和支持，学生能够感受到来自班级的温暖和关爱，增强他们的归属感和参与热情。

4. 活动结束后的总结和反馈，也是情感激发的重要环节。教师和班级管理者应组织学生进行总结和分享，通过交流心得和感悟，进一步增强学生的情感共鸣和集体认同感。例如，可以组织班级座谈会，让学生分享活动中的收获和感受，表达对班级的建议和期望；可以制作活动纪念册或视频，记录活动中的精彩瞬间，增强学生的集体记忆和情感共鸣。通过这些总结与反馈，学生不仅能够反思和提升自己的能力，还能在集体的回顾中，感受到班级的温暖和支持，增强他们的归属感和认同感。

（三）情感交流和反馈是建设开放性温暖班级的重要手段

在多元文化背景下，高校班级建设不仅需要科学的组织和管理，还需要通过情感交流和反馈来增强班级的凝聚力和向心力。活动总结阶段，情感交流和反馈作为一种有效的情感共鸣机制，可以让学生感受到集体的温暖和支持，增强他们的认同感和归属感，从而为班级的持续发展奠定坚实的基础。

1.班级活动后，教师应组织学生进行总结和反馈，通过交流心得和感悟，增强学生对班级的认同感和归属感。组织班级座谈会是一个有效的方式。在座谈会上，学生可以分享他们在活动中的收获和感受，表达对班级的建议和期望。例如，在一次志愿服务活动后，学生可以在座谈会上分享他们帮助他人的经历和感受，讨论活动中遇到的问题和解决方案。通过这种开放的交流，学生不仅能够反思和提升自己的能力，还能感受到集体的关爱和支持，增强对班级的认同感和归属感。

写感悟日志也是一种有效的情感交流方式。教师可以鼓励学生在活动结束后撰写感悟日志，记录他们在活动中的体验和感悟。这种个人化的记录方式，能够让学生深入反思活动的意义和自己的成长，并在文字中表达他们的情感。例如，在一次班级旅行后，学生可以写下他们在旅行中的见闻和收获，记录与同学们的互动和友谊。这种感悟日志不仅是个人成长的记录，还可以在班级内部分享，形成集体的情感共鸣，增强学生对班级的认同感和归属感。

制作活动纪念册或视频是增强集体记忆和情感共鸣的另一种有效方式。通过记录活动中的精彩瞬间和感人故事，学生可以在回顾中重温活动的美好时刻，增强对班级的归属感。例如，在班级运动会结束后，可以制作一部记录运动会全过程的视频，展示每个项目的激烈竞争和学生们的欢声笑语。这种视觉和听觉的再现，能够激发学生的情感共鸣，让他们感受到集体的力量和温暖，增强班级的凝聚力和向心力。

2. 情感交流和反馈不仅是活动后的总结，还应成为班级建设的常规环节。通过定期的情感交流和反馈，可以持续增强班级成员之间的关系，提升班级的凝聚力和向心力。例如，可以定期组织班级座谈会，讨论班级事务和活动计划，听取学生的意见和建议；可以定期收集学生的感悟日志，了解他们的思想动态和情感需求，并根据学生的反馈调整班级活动和管理策略。这种持续的情感交流和反馈，不仅能够增强学生对班级的认同感和归属感，还能促进班级的持续发展和进步。

3. 情感交流和反馈应注重多样化和个性化。不同学生有不同的情感表达方式和需求，教师应根据学生的特点，提供多样化的情感交流和反馈方式。例如，对于喜欢表达的学生，可以通过座谈会和感悟日志进行情感交流；对于喜欢动手的学生，可以通过制作活动纪念册和视频进行情感反馈。通过这种多样化和个性化的情感交流和反馈，能够更好地满足学生的情感需求，增强他们对班级的认同感和归属感。

在具体实施过程中，教师和班级管理者应注重细节管理，通过细致入微的关怀和支持，增强学生的归属感。例如，在班级座谈会上，教师应关注每个学生的发言，给予积极的反馈和鼓励；在收集感悟日志时，教师应认真阅读每篇日志，给予个性化的回应和指导；在制作活动纪念册和视频时，教师应注重展示每个学生的参与和贡献，增强他们的成就感和荣誉感。通过这种细致入微的情感交流和反馈，学生能够感受到来自班级的关爱和支持，增强他们的归属感和参与热情。

第七章　多元融合下高校班级
建设的评估体系构建

第一节 评估体系构建的必要性

一、班级建设是学校建设的重要内容

班级建设作为高校建设的重要组成部分，不仅直接影响学生的学术表现和综合素质培养，更是体现学校办学思想、人才培养质量和管理水平的关键因素。通过科学有效的班级建设评估，可以提升学校的办学质量，促进学生的全面发展，增强学校的核心竞争力和社会影响力。因此，构建科学的高校班级建设评估体系，对于提高班级建设水平和学校管理水平，具有重要的现实意义和战略意义。通过评估体系的构建，可以规范班级管理，促进学风建设，提高人才培养质量，为高校的可持续发展提供坚实的保障。

（一）班级建设是高等学校办学思想的集中体现

高校的办学思想不仅体现在宏观的教育方针和战略规划中，也体现在微观的班级管理和学生教育中。班级作为高校教育的基层单位，其建设质量直接关系学校的教育理念能否真正落实到每一个学生身上。通过科学有效的班级建设，学校可以更好地贯彻教育方针，促进学生的全面发展。例如，通过班级活动的组织与管理，可以有效引导学生树立正确的价值观和世界观，培养他们的社会责任感和创新精神。因此，评估班级建设是否有效，是确保学校办学思想得以贯彻落实的重要手段。

（二）班级建设是人才培养质量的重要体现

优良的班级建设不仅能够促进学生的学术进步，还能提升他们的综合素质。班级作为教学活动的基本组织单位，通过规范的班级管理和丰富的班级活动，可以为学生提供一个良好的学习环境和成长空间。具体来说，科学的班级建设可以帮助学生养成良好的学习习惯，提高他们的学术成绩；通过班级讨论、课题研究等活动，可以激发学生的学习兴趣和创新思维，提升他们的科研能力和实践能力。班级建设还可以通过团队合作和集体活动，培养学生的合作精神和领导能力，促进他们的全面发展。因此，评估班级建设是否有效，是确保学校人才培养质量的重要举措。

（三）班级建设是高校管理水平的体现

高校的管理水平不仅体现在行政管理和教学管理中，也体现在班级管理中。班级作为学校面向学生实施教育与管理活动的基层组织，其管理水平直接反映了学校的管理能力和服务意识。通过科学的班级管理，学校可以更好地服务学生，满足他们的学习和生活需求。例如，通过建立健全的班级管理制度，可以规范学生的行为，维护班级秩序；通过班级导师和辅导员的指导，可以及时了解学生的思想动态和心理状态，提供有针对性的帮助和支持。科学的班级管理不仅能够提高学校的管理水平，还能增强学生的归属感和满意度，提升学校的整体形象和声誉。因此，评估班级建设是否有效，是提高学校管理水平的重要方法。

优良的班级是保证和提高教育质量的重要条件，是学校求生存、树信誉、创品牌、谋发展的基础。而优良班级的形成离不开科学的评估体系。班级是学生学习和生活的主要场所，是培养和践行优良学风的重要阵地。通过科学的班级评估体系，可以营造良好的学习氛围和生活环境，促进学生形成良好的学习习惯和行为规范。例如，通过班级自律委员会的建设，可以引导学生自我管理、自我约束，形成良好的学风；通过开展班级学术讲座、读书会等活动，可以激发学生的学习兴趣，营造浓厚的学习氛围。优良的学风不仅能够提高学生的学术成绩，还能促进他们的全面发展，增强学校的核心竞争力和社会影响力。

班级是学生生活及开展活动的集体单位和促进大学生全面发展的重要组织载体。每一个学生都生活在班集体中，班级不仅是学生学习的场所，也是他们生活、娱乐和交友的重要空间。通过科学的班级建设评估体系，可以为学生提供一个健康、积极、向上的生活环境，促进他们的身心健康和全面发展。例如，通过班级体育活动的开展，可以增强学生的体质，培养他们的团队合作精神和竞争意识；通过班级文艺活动的组织，可以丰富学生的文化生活，提高他们的艺术素养和审美能力。科学的班级评估体系不仅能够提升学生的综合素质，还能增强他们的归属感和幸福感，为他们的未来发展打下坚实的基础。

二、班级建设是检验学校教育水平的重要抓手

在高校教育水平的评估中，班级建设是一项重要指标。班级建设的有效性直接影响学校的整体教育水平，而评估体系的构建是确保这一有效性的关键。班级建设主要从良好的班级环境、学生的管理、班级作为高校教育的载体、学生的形象表现四个方面来影响学校的教育水平。这四个方面，从宏观来看是考察学校；从微观来看，实际是考察班级氛围、班级学生管理、班级教育活动和班级中学生个体的形象表现。因此，构建科学的班级评估体系是检验学校教育水平的基础和提高班级建设水平和学校管理水平的重要手段，也是学校教育工作的落脚点和促进学校可持续发展的重要保障。

（一）良好的班级环境

良好的班级环境是班级建设的重要组成部分，直接体现学校的教育水平。班级环境不仅包括物理环境，如教室的布置和设施的完善，还包括文化环境，如班级的文化氛围和人际关系。一个整洁、有序且富有文化氛围的班级环境可以激励学生勤奋学习，积极进取。例如，教室的布置应体现出学习的氛围，可以设置图书角、展示墙等，展示学生的作品

和优秀的学习成果。同时，班级的文化氛围也应注重营造积极向上的人际关系，通过开展班级集体活动和讨论会等，促进学生之间的交流与合作。这种环境不仅有助于提高学生的学习效果，还能培养他们的集体荣誉感和归属感，从而提高学校的整体教育水平。

（二）学生的管理

学生的管理是优秀班集体形成的关键因素，也是学校教育和管理水平的体现。一个优秀的班集体离不开完善的学生管理工作体系、科学的规章制度和规范化的日常管理工作。例如，学校应建立健全的学生管理制度，包括考勤制度、奖惩制度等，通过严格的管理，规范学生的日常行为，促进他们养成良好的学习和生活习惯。同时，班主任和辅导员应积极参与班级管理，通过与学生的交流和沟通，了解他们的思想动态和学习需求，提供及时的指导和帮助。通过科学的管理和有效的指导，能够促进班级的良好发展，提升学生的整体素质，从而提高学校的教育水平。

（三）班级是高校教育的载体

班级是高校教育的基本载体，是开展科学文化、社会实践和其他素质教育活动的重要平台。学校需要通过班级来组织和开展各种丰富多彩的教育活动，以培养学生的综合素质和能力。例如，学校可以通过班级组织学术讲座、科技竞赛、社会实践等活动，激发学生的学习兴趣和创新精神，提升他们的实践能力和社会责任感。同时，班级还应积极开展体育、艺术等素质教育活动，促进学生的全面发展。通过这些活动，学生不仅可以掌握丰富的知识，还能提升他们的综合素质和能力，促进他们的全面发展，从而提高学校的整体教育水平。

（四）学生的形象表现

学生的形象表现是检验学校教育水平的重要标准，而学生的形象表现主要来源于班级建设。透过学生群体的形象表现，可以从一个侧面反映出学校的教育水平。例如，学生的行为举止、言谈礼仪、学习态度等，都是学校教育水平的具体体现。一个优秀的班集体，学生应表现出良好的精神风貌和学术素养，积极参与各类活动，展现出积极向上的人生态度和较高的综合素质。学校可以通过班级评估体系，定期对学生的形象表现进行评估，发现问题及时调整，通过加强教育和引导，提升学生的整体形象，从而提高学校的教育水平。

第二节 评估体系的构建方式

一、以规范建设为保障，促进班级评建工作的规范化

高校班级建设的评估体系是提高班级建设水平和质量的重要保障。通过规范建设，可以确保班级评建工作的有序开展，促进学校整体教育水平的提高。加强学生工作管理制度建设，强化班级建设中的制度建设，是提高班级建设水平和质量的重要保证。

第一，高校应对照教育部门高校教育工作水平评估指标体系，结合学校的实际情况，全面审视并完善现有的各项规章制度。这一过程应坚持"坚持有效的、改进不足的、补充急需的、完善不配套的"思路。具体而言，对那些在日常工作中行之有效的做法，应通过制度加以规范，确保这些做法能够长期有效地执行。例如，对于一些在学风建设中取得显著成效的做法，可以通过制订相关的学风建设实施意见和具体的操作细则，使这些成功经验制度化，从而在全校范围内推广。

对于那些平时坚持不够的工作内容，应及时进行纠正，确保各项规章制度能够切实执行。例如，一些高校可能在学生素质拓展方面存在不足，可以通过加强学生素质拓展的意见和具体措施，明确素质拓展的目标和方法，确保学生德、智、体、美、劳全面发展。此外，对于需要调整的制度，应进行必要的修改和补充，以适应新的教育形势和学生需求。例如，在学风建设方面，可以根据实际情况，制订和完善班级和二级学院的学风建设评估办法，确保学风建设能够真正落实到位。

为了促进班级评建工作的规范化，各二级学院也应根据自身实际情况，制订和完善各项规章制度和实施细则。这些制度和细则应涵盖班级管理、学风建设、学生素质拓展等各个方面，形成从班级到二级学院的一整套制度保障体系。例如，在学风建设方面，二级学院可以制订具体的学风建设实施细则，明确各班级和学生的具体职责和要求，确保学风建设能够有序进行。此外，各二级学院还可以根据实际情况，制订学生管理和评价制度，确保学生在学习、生活、行为等方面都有明确的规范和标准。

第二，在构建班级建设评估办法及建立与之相配套的评建工作机制时，高校应不断明确班级建设的指导思想和工作思路。班级建设的指导思想应以提高学生综合素质和全面发展为目标，班级建设的工作思路应以规范管理、提高质量为核心。具体来说，高校应深化和出台一系列班级建设的举措，并建立一整套"评建结合"的长效机制。例如，在班级建设的评估方面，高校可以制订具体的评估标准和指标体系，涵盖班级管理、学风建设、学生素质拓展等各个方面，确保评估工作有据可依。

第三，为了确保班级建设评估体系的有效实施，高校应建立与之相配套的评建工作机制。一是成立专门的评建工作小组，负责班级建设评估工作的组织和实施。评建工作小组应由学校领导、相关职能部门负责人和专家学者组成，确保评估工作的权威性和科学性。二是制订具体的评估工作流程，明确评估工作的各个环节和步骤。例如，可以通过问卷调查、实地考察、座谈会等方式，全面了解和评估班级建设的实际情况。三是建立评估结果反馈机制，将评估结果及时反馈给各班级和二级学院，帮助他们发现问题、总结经验、改进工作。

二、以细化、可衡量为考核基石，构建班级评估体系的标准化

在高校班级建设与评估工作中，构建一个科学合理、标准统一、以量化考核为基准的评估体系，是提高班级建设水平和质量的重要保障。细化和可衡量的考核指标不仅能够确保评估工作的客观性和公正性，还能为各个方面、各个单位、每个环节和每个成员提供明确的指导和操作规范。

第一，建立科学合理的评估指标体系是构建班级评建体系标准化的基础。评估指标体系应涵盖班级建设的各个方面，包括学风建设、学生管理、班级环境、学生素质拓展等。每一个方面都应有具体的量化指标，以确保评估工作的客观性和可操作性。例如，在学风建设方面，可以设定具体的考勤率、作业完成率、考试及格率等指标；在学生管理方面，可以设定具体的班级纪律、活动参与度、班级凝聚力等指标。这些量化指标应根据学校的实际情况和教育目标进行科学设计，确保能够全面、准确地反映班级建设的实际情况。

第二，制订相应的量化考核标准是确保评估体系有效运行的关键。量化考核标准应明确规定各个指标的具体要求和评分标准，使评估工作有章可循、标准明确。例如，在考勤率指标中，可以规定学生的出勤率达到95%为优秀，90%～95%为良好，80%～90%为合格，低于80%为不合格；在活动参与度指标中，可以规定学生参与班级活动的次数和质量，确保每个学生都能够积极参与班级建设。这些量化考核标准应尽可能详细和具体，确保每一个评估指标都能够得到客观、公正的评价。

第三，为了确保评估工作的有效实施，学校还应制订与之相配套的

实施办法和奖惩制度。实施办法应明确评估工作的组织和流程，规定评估的时间、方式、步骤等。例如，可以规定每学期进行一次班级建设评估，由学校评估小组负责具体实施；评估小组应由学校领导、教师代表和学生代表组成，确保评估工作的权威性和公正性。在评估过程中，可以通过问卷调查、实地考察、座谈会等方式，全面了解和评估班级建设的实际情况。评估结果应及时反馈给各班级和二级学院，帮助他们发现问题、总结经验、改进工作。

第四，奖惩制度是确保评估工作有效性的另一个重要保障。奖惩制度应根据评估结果，对表现优秀的班级和个人给予奖励，对存在问题的班级和个人给予相应的惩罚。例如，可以设立"优秀班级奖""优秀班主任奖""优秀学生奖"等，对在班级建设中表现突出的班级和个人给予表彰和奖励；对评估结果不合格的班级和个人，可以给予相应的整改措施和处罚，督促他们改进工作，提高班级建设水平。这种奖惩分明的制度，不仅能够激励各班级和学生积极参与班级建设，还能通过公平公正的评估和奖励机制，促进整体班级建设水平的提高。

第五，在构建班级评建体系的过程中，应注重评估指标和考核标准的动态调整和优化。随着教育形势和学生需求的不断变化，评估指标和考核标准也应进行相应的调整和优化，以确保其科学性和适用性。例如，可以定期组织专家学者对评估体系进行评估和修订，根据实际情况增加或调整评估指标和考核标准，确保评估体系能够及时反映班级建设的实际情况和发展需求。

三、利用信息技术构建高校班级建设评估体系

在信息化快速发展的时代，利用信息技术构建高校班级建设评估体系，不仅可以提高评估工作的效率和准确性，还能为学校提供更全面、更细致的学生发展数据。数字化评估与反馈机制的构建，通过信息化平台实现学生活动数据的汇总与分析，为班级建设提供科学的依据和指导。

第一，信息化平台为高校班级建设提供了一个高效的数据管理和评估工具。在信息化平台中，可以全面记录学生的各类活动参与情况，包括班级活动、主题教育、志愿服务、社会实践等。

第二，信息化平台上的学生成长记录，是评估学生综合素质的重要依据。学校可以将学生在信息化平台上的活动数据与课程考试成绩、第二课堂表现等数据结合起来，进行综合素质评价。这种综合评价不仅能够全面反映学生的学术成绩和活动表现，还能激励学生积极参与各类教育活动。例如，在学生综合素质评价中，可以设定不同的权重，将课程考试成绩、第二课堂表现、信息化平台上的活动参与度等结合起来，进行量化评估。这种综合评价机制，不仅能够客观、公正地反映学生的综合素质，还能激发学生全面发展的动力。

第三，班主任可以利用信息化平台上的数据，进行科学的班级管理和决策。通过统计分析班级学生的活动参与情况、学业成绩、素质拓展等数据，班主任可以全面了解班级学生的发展状况，发现存在的问题和不足，并及时调整和改进班级管理措施。例如，如果发现班级学生在某些活动中的参与度较低，班主任可以有针对性地组织相关活动，提升学生的参与积极性；如果发现班级学生在某些方面的成绩存在波动，班主任可以及时与学生沟通，了解情况，提供帮助和指导。这种基于数据的科学管理和决策，不仅能够提高班级建设的效率和效果，还能促进学生的全面发展。

第四，为了确保信息化评估系统的有效运行，学校还应建立相应的管理和保障机制。一是建立信息化评估系统的管理机构，负责系统的维护和管理，确保数据的准确性和安全性。例如，可以成立信息化评估中心，负责数据的收集、处理、分析和反馈，确保评估工作有序进行；可以制订数据安全管理制度，确保学生数据的保密和安全。二是建立信息化评估系统的使用和操作规范，明确评估工作的流程和标准，确保评估工作的科学性和公正性。例如，可以制订信息化评估系统的操作手册，培训教师和班主任掌握系统的使用方法，确保评估工作能够顺利开展。

通过信息化评估系统，学校可以实现评估工作的数字化和智能化，提高评估工作的效率和效果。例如，通过信息化评估系统，可以实现数据的自动收集和处理，减少人工操作的错误和烦琐；可以实现评估结果的自动生成和反馈，及时向学生和班主任提供评估结果和改进建议；可以实现数据的动态分析和预测，全面掌握学生的发展状况和趋势，为教育决策提供科学依据。这种数字化和智能化的评估方式，不仅能够提高评估工作的效率和效果，还能为学校的教育管理和决策提供有力支持。

参考文献

[1] 人民日报理论部.大家手笔 [M].北京：人民日报出版社，2023.

[2] 李明欢."多元文化"论争世纪回眸 [J].社会学研究，2001（3）：99–105.

[3] 刘祎男.新形势下高校班级文化建设途径探索 [J].黑龙江科学，2016，7（10）：144–145.

[4] 安然，Berry J，张果.多元文化课堂中的双向适应：以中国某高校为例 [J].国际学生教育管理研究，2022（1）：54–68.

[5] 肖铮，张志雄.文化自信与新时代中国现代化发展理念研究 [M].厦门：厦门大学出版社，2021.

[6] 袁旭阳.浅析费孝通"中华民族多元一体格局"的形成 [J].黑龙江史志，2015（13）：19–20.

[7] 张国钧.多元文化背景下高校思想政治教育的理性思考 [J].现代经济信息，2022（5）：161–163.

[8] 曹三妹.多元文化融合的内陆地区高校民族班学生教育管理实践探析 [J].教育观察，2020，9（14）：2.

[9] 张任，唐许辉.基于文化育人理念的新时代高校班级建设探索 [J].公关世界，2023（14）：136–138.

[10] 郭靖."五育并举"视角下高校班集体队伍建设初探 [J].山西青年，2022（9）：153–155.

[11] 田合超.基于目标管理的高校特色班级建设研究 [D].成都：西南石油大学，2024.

[12] 程琳，田伟贵，李哲.浅谈高校班级文化建设的重要性 [J].卫生职业教育，2016，34（1）：3.

[13] 罗亚莉，牟星，马晓丽.班级建设与专业教学融合促进学生发展的实践探讨 [J].卫生职业教育，2021，39（19）：3.

[14] 李腊生.网络文化与思想政治教育 [M].武汉：武汉大学出版社，2023.

[15] 柴雅倩.多元文化背景下大学生理想信念教育研究 [D].太原：中北大学，2022.

[16] 王天航，宋紫欣，牛梦园.立德树人视域下高校班级建设的文化维度研究探析 [J].天南，2023（4）：100–102.

[17] 刘和俊，姚水玲.高职院校党团班联动机制建设路径研究 [J].教育研究，2022，5（5）：16–18.

[18] 华蕾.高校辅导员加强班级建设工作的策略研究 [J].教师，2023（26）：3–5.

[19] 李佳泇，刘艳辉，葛靖阳.新时代实践育人视域下高校辅导员班级建设的路径探析：以暑期社会实践助推生物工程高精尖班级建设为例 [J].才智，2023（18）：139–142.

[20] 柳伟.大学生职业生涯规划教育与校企协同就业育人作用研究 [J].理论界，2023（4）：77–81.

[21] 高婷.论高校班委选拔存在的问题及对策 [J].齐齐哈尔师范高等专科学校学报，2021（2）：112–113.

[22] 孔华.基于协同治理的高校学生党支部与团支部，班委会"三位一体"班级治理模式及其有效实现 [J].2021（2019–25）：140–143.

[23] 翟艾吟.浅析"班团一体化"建设的"有效化"路径研究 [J].2021.

[24] 樊英鸽.班团一体化机制下的学生干部队伍培育 [J].产业与科技论坛，2021.

[25] 成晨.基于高校党团班一体化建设的思政提升协同机制构建 [J].产业与科技论坛，2023，22（5）：279–281.

[26] 陈滴滴.探索实施班长负责制　提升高校学生班级自主意识：以 ×× 级新闻班为例 [J].女人坊（新时代教育），2021（2）：1.

[27] 李敏.高校党、团、班构建"三位一体，协同共建"工作机制研究：以体育类院校研究生为例 [J].人生与伴侣，2023（27）：29–31.

[28] 李小红.高校辅导员班级管理与班风建设标准化对策分析[J].中国标准化，2022（6）：3.

[29] 贺弘扬.高等职业院校联办本科班班主任管理模式初探索：以杨凌职业技术学院土木工程联办本科20001、22003班为例[J].现代职业教育，2023（22）：101-104.

[30] 刘次林."大思政"的学理依据和育人机制[J].上海教育，2023（7）：46-47.

[31] 冉小平，何思璇，罗华玺."三全育人"背景下高职院校班级育人团队建设：以重庆建筑科技职业学院为例[J].教育教学论坛，2021（42）：4.

[32] 成荷萍.多元文化背景下高校班集体现状及特点探析[J].中南林业科技大学学报(社会科学版)，2014（1）：154-157.

[33] 白重恩，蔡昉，樊纲，等.中国式现代化的新路径[M].北京：中译出版社，2023.

[34] 龚文翰.班委能力"职业化"教育发展路径探究：以武汉生物工程学院计算机与信息工程学院为例[J].公关世界，2022（6）：27-28.

[35] 杜永春.新时代高校学生干部选拔路径探析：以班委会学生干部选拔为例[J].铜陵学院学报，2022，21（3）：66-69.

[36] 周惠斌，杨鹰，刘家良.新形势下研究生"党团班"创新模式的实践研究[J].创新与创业教育，2018（3）：104-107.

[37] 陈云涛，凌云志，等.大学生诚信文化理论与实践：修订版[M].杭州：浙江工商大学出版社，2019.

[38] 秦哲.积极心理学视野下大学生心理危机干预构想[M].北京：航空工业出版社，2019.

[39] 王林祥，章佳萍.职业生涯规划视域下班级建设的路径研究[J].改革与开放，2016（20）：113-114.

[40] 教育部.关于加强高等学校辅导员、班主任队伍建设的意见[Z/OL].http://www.moe.gov.cn/s78/A12/szs_lef/moe_1407/moe_1409/s3016/s3017/201006/t20100608.

[41] 赵雪梅，朱德友.新时代高校基层党建工作研究与探索[M].武汉：武汉大学出版社，2022.

[42] 习近平.在中央党校（国家行政学院）中青年干部培训班开班式上的讲话 [N]. 新华日报，2019-03-01.

[43] 王海燕.基于网格化管理的高校学生人性化管理探索：以网格化在班级管理中的应用为例 [J]. 现代商贸工业，2019，40（23）：76-78.

[44] 刘春生.浅论互联网思维下的高校班级管理发展趋势 [J]. 才智，2014（34）：17-17，19.

[45] 钟林燚，梁蕊.三全育人视阈下高校第二课堂育人的创新探索 [J]. 教育研究，2022，5（3）：37-39.

[46] 张明瑞，张伟.创新创业教育背景下高校第二课堂育人理念探究与路径创新 [J]. 高教学刊，2022，8（34）：30-33.

[47] 卢思宇.基于"双创"育人理念的高校第二课堂建设研究 [J]. 林区教学，2023（11）：66-69.

[48] 林传伟.高校第二课堂教育活动开展的现实困境与应对策略 [J]. 中国成人教育，2022（5）：4.

[49] 陈梦霖.新时代高校班集体建设评价指标体系构建及应用 [J]. 学校党建与思想教育，2022（5）：4.